NICETTE BRUNO
MÃE DE TODOS

CACAU HYGINO

LETRAMENTO

Copyright © 2022 by Editora Letramento
Copyright © 2022 by Cacau Hygino

Diretor Editorial | **Gustavo Abreu**
Diretor Administrativo | **Júnior Gaudereto**
Diretor Financeiro | **Cláudio Macedo**
Logística | **Vinícius Santiago**
Comunicação e Marketing | **Giulia Staar**
Assistente de Marketing | **Carol Pires**
Assistente Editorial | **Matteos Moreno e Maria Eduarda Paixão Alves**
Designer Editorial | **Gustavo Zeferino e Luís Otávio Ferreira**
Revisão | **Sarah Júlia Guerra**
Foto Capa | **Edu Rodrigues (Dker Stúdio)**

Todos os direitos reservados. Não é permitida a reprodução desta obra sem aprovação do Grupo Editorial Letramento.

Dados Internacionais de Catalogação na Publicação (CIP) de acordo com ISBD

H994n	Hygino, Cacau	
	Nicette Bruno: mãe de todos / Cacau Hygino. - Belo Horizonte, MG : Letramento, 2022.	
	300 p. ; 14cm x 21cm.	
	Inclui bibliografia. ISBN: 978-65-5932-210-7	
	1. Biografia. 2. Nicette Bruno. I. Título.	
2022-1894		CDD 920 CDU 929

Elaborado por Vagner Rodolfo da Silva - CRB-8/9410

Índice para catálogo sistemático:
1. Biografia 929
2. Biografia 920

**GRUPO ED.
LETRAMENTO**

Rua Magnólia, 1086 | Bairro Caiçara
Belo Horizonte, Minas Gerais | CEP 30770-020
Telefone 31 3327-5771

editoraletramento.com.br ▲ contato@editoraletramento.com.br ▲ editoracasadodireito.com

Dedico esse livro à amada Nicette Bruno, que partiu antes mesmo de ver esta obra concluída, e ao querido Paulo Goulart. Agora juntos em outro plano, tenho a certeza de que comemoram o lançamento desta biografia com muita felicidade. Um casal excepcional que fez a diferença no mundo e na arte brasileira.

AGRADECIMENTOS

Agradeço especialmente aos filhos de Nicette, os atores Bárbara Bruno, Beth Goulart e Paulo Goulart Filho, pelo incentivo, apoio e ajuda na pesquisa deste livro. Eles têm importantes papeis nesta história.

Ao editor Gustavo Abreu, que abraçou esta biografia com muito amor e dedicação.

Ao querido ator Ary Fontoura, vizinho e grande amigo de Nicette, que nos deu de presente o prefácio deste livro.

À atriz Nathalia Timberg, a quem Nicette tinha muita admiração e carinho, por suas lindas palavras em nossa quarta capa.

À atriz Irene Ravache, pelas belas palavras no Posfácio.

Ao autor Silvio de Abreu, responsável por um dos maiores sucessos de Nicette em sua carreira, a Dona Lola de *Éramos Seis*, que trouxe com suas palavras um pouco sobre a atriz e ser humano Nicette Bruno, dando-nos de presente uma linda orelha

Ao dramaturgo Lauro César Muniz por sua obra de ficção em homenagem a nossa biografada.

A Vanessa Goulart, neta de Nicette, pelas lindas e emocionantes fotos familiares que me cedeu.

Ao meu parceiro de vida Marcus Montenegro, pelo seu constante e grande apoio em minhas obras e, principalmente nesta, que tem um sabor especial não só pra mim, mas pra ele também.

À fotógrafa Vera Donato, que, desde meu primeiro livro, tem sido uma parceira. Neste, ela deixa um registro especial de Nicette: os bastidores de seu último ensaio fotográfico antes de sua partida.

A Julieta que, durante 23 anos, esteve ao lado de Nicette e nos deu de presente seu depoimento emocionante, demonstrando todo seu amor pela atriz.

A Marcelo Del Cima, por sua parceria de sempre com fotos de sua Coleção Marcelo Del Cima. Relíquias que só ele tem no Brasil em seu deslumbrante e histórico acervo.

Ao fotógrafo Anderson Rocha, pelos cuidados com as fotos da Coleção Marcelo Del Cima, cedidas para este livro.

Ao fotógrafo Edu Rodrigues (Dker Studio) pelas fotos da capa, eternizadas neste livro.

A Dani Kobert, makeup artist, pela sua parceria de sempre em meus projetos literários.

A Sarah Guerra, revisora e preparadora, que me ajudou com muito detalhismo e cuidado nos ajustes e correções desta biografia.

À fotógrafa Cristina Granato, sempre presente em meus trabalhos, seja na cobertura do evento, seja com suas fotos.

Ao Designer Editorial Gustavo Zeferino, pelo lindo trabalho de Design deste livro.

A Carol Faria, que me cedeu lembranças fotográficas inesquecíveis da vida de Nicette.

A Leandro Bellini e ao fotógrafo Cláudio Pompeo da Fundação Cesgranrio, pela imagem da homenagem feitas a Nicette no Prêmio Cesgranrio de Teatro.

Aos depoentes desta obra:

ADRIANA GARAMBONE;	CHARLES MOELLER;
ANA BOTAFOGO;	CININHA DE PAULA;
ANA LÚCIA TORRE;	CLAUDIA RAIA;
ANGELA VIEIRA;	CLAUDIO BOTELHO;
BÁRBARA BRUNO;	CRISTIANA OLIVEIRA;
BETH GOULART;	CRISTINA PEREIRA;
BEMVINDO SEQUEIRA;	DHU MORAES;

DUCA RACHID;
EMANUELLE ARAÚJO;
EVA WILMA;
FAFY SIQUEIRA;
FERNANDA MONTENEGRO;
FRANÇOISE FORTON;
GABRIELA DUARTE;
GIUSEPPE ORISTÂNIO;
GLÓRIA PIRES;
IRENE RAVACHE;
ISABELLE DRUMMOND;
ISA XAVIER;
LEILOCA NEVES;
MARCELO MÉDICI;
MARCOS CARUSO;
MARCUS MONTENEGRO;
MAURO MENDONÇA;
MARCO RODRIGO;
NANNY PEOPLE;
NÍVEA MARIA;
PAULO GOULART FILHO;
REGIANA ANTONINI;
RODRIGO FAGUNDES;
ROSAMARIA MURTINHO;
SIMONE GUTIERREZ;
SUELY FRANCO;
THELMA GUEDES;
TONY RAMOS;
TOTIA MEIRELES.

O amor. Tudo o que fiz e que faço, é com base nesse sentimento. É o amor pela minha família, pela minha profissão, pelos outros. Não sou uma pessoa que vive egocentricamente. Eu me abro para tudo que acontece ao meu redor. Não posso dizer que sou totalmente feliz, porque vivo num mundo conturbado, com muitas injustiças, muita pobreza de um lado e ostentação de outro. Isso tudo me machuca muito. Não me conformo com certas situações. Estamos vivendo um momento muito terrível. Uma doença devastadora e falta de amor nos seres humanos. Sou feliz, mas, não fosse isso, diria que sou extremamente feliz.

Nicette Bruno.

15	INTRODUÇÃO AS MULHERES DA MINHA VIDA	47	O GRUPO DE TEATRO AMADOR DA ASSOCIAÇÃO CRISTÃ DE MOÇAS
18	PREFÁCIO UMA LONGA AMIZADE Ary Fontoura	48	JULIETA, SUA PRIMEIRA PROTAGONISTA
		49	QUERIDA SUZANA, SUA PRIMEIRA EXPERIÊNCIA NO CINEMA
21	FICÇÃO REAL COMÉDIA DE LAURO CÉSAR MUNIZ	50	CAPÍTULO 4 A ESTREIA NO TEATRO PROFISSIONAL
21	PERSONAGENS:		
21	CENOGRAFIA:	52	EMOÇÃO À FLOR DA PELE
28	CAPÍTULO 1 A MATRIARCA ROSA D'ANIBALLE BRUNO	53	A REVIRAVOLTA APÓS A FILHA DE IÓRIO
31	ENTRE A ARTE E A MEDICINA	54	A IMPORTÂNCIA DE MARIA JACINTHA
32	OS SARAUS DE ROSA	55	OS ENSINAMENTOS DE DULCINA DE MORAES
34	OS IRMÃOS BRUNO		
37	CAPÍTULO 2 A SEPARAÇÃO DOS PAIS	57	CAPÍTULO 5 ANJO NEGRO COM ZIEMBINSKI
38	A ANULAÇÃO DO CASAMENTO DE ELEONOR	58	A TÉCNICA CORPORAL DE ZIEMBINSKI
		60	FAUSTO ACABOU VIRANDO UMA COMÉDIA
39	SYNÉSIO PEDE A GUARDA DE NICETTE	63	CAPÍTULO 6 A QUERIDA NONOCA
42	NICETTE FAZ AS PAZES COM SYNÉSIO	65	ESSA FOI FORTE
43	CAPÍTULO 3 A FORMAÇÃO DA ARTISTA	67	E O TEMPO ESQUENTOU!
		68	A VERDADEIRA DOROTÉIA DE NELSON
44	OS PRIMEIROS PASSOS ARTÍSTICOS	71	A PARTIDA DE NONOCA
46	ESTUDANDO ARTE		

73	**CAPÍTULO 7** **O TEATRO DE ALUMÍNIO**	97	**CAPÍTULO 10** **TURNÊ PELO SUL**
74	CIA NICETTE BRUNO E SEUS COMEDIANTES	98	DE VOLTA À CIDADE MARAVILHOSA
76	NICETTE ASSUME O TEATRO DE ALUMÍNIO	99	O TEATRO LIVRE COM O AMIGO ANTÔNIO ABUJAMRA.
78	**CAPÍTULO 8** **O PRIMEIRO ENCONTRO COM PAULO GOULART**	103	**CAPÍTULO 11** **O INÍCIO DOS TRABALHOS NA TELEVISÃO**
80	QUANDO O SININHO TOCOU.	104	O INÍCIO DOS TRABALHOS NA TV PAULISTA
81	PAULO CANTA PARA NICETTE	106	TEATRO NICETTE BRUNO
81	O INÍCIO DO NAMORO DE NICETTE E PAULO	107	O INÍCIO DAS NOVELAS
84	SAIR SOZINHA: NUNCA!	109	**CAPÍTULO 12** **PAULO PEDE NICETTE EM CASAMENTO**
85	PAULO INTEGRA A COMPANHIA TEATRAL DE NICETTE	112	A SUPERFESTA DE CASAMENTO
87	**CAPÍTULO 9** **FECHAMENTO DO TEATRO DE ALUMÍNIO**	114	VIDA A DOIS
		116	A PRIMEIRA GRAVIDEZ
88	AS CRÍTICAS	119	DONA JANDIRA EM BUSCA DA FELICIDADE
89	A TRISTEZA DE NICETTE	121	**CAPÍTULO 13** **RUMO A CURITIBA**
90	SÃO PAULO ACOLHE NICETTE	122	TEATRO DE COMÉDIA DO PARANÁ (TCP)
92	INAUGURAÇÃO DO TEATRO ÍNTIMO NICETTE BRUNO (TINB)	124	*UM ELEFANTE NO CAOS* ENTRE O RIO DE JANEIRO E CURITIBA
92	A PROGRAMAÇÃO DO TEATRO ÍNTIMO NICETTE BRUNO	126	PAULO FAZ A *MEGERA DOMADA* EM SÃO PAULO
94	TEATRO ÍNTIMO NICETTE BRUNO DESCOBRE NOVOS TALENTOS	127	PAULO ALÇA NOVOS VOOS
96	SONHO INTERROMPIDO		

129	**CAPÍTULO 14** **OS FANTOCHES, A PRIMEIRA NOVELA DE NICETTE**	154	**CAPÍTULO 17** **A TRAJETÓRIA NA REDE GLOBO**
130	A CONTINUAÇÃO DA CAMINHADA NA EXCELSIOR	156	*TENDA DOS MILAGRES; SELVA DE PEDRA E BEBÊ A BORDO*: DÉCADA DE 1980
133	A GORDINHA	157	*RAINHA DA SUCATA; PERIGOSAS PERUAS; MULHERES DE AREIA E A PRÓXIMA VÍTIMA*: OS ANOS 1990
134	*MEU PÉ DE LARANJA LIMA*, O SEGUNDO TRABALHO COM IVANI RIBEIRO.		
136	A *FÁBRICA* E SUA INOVADORA TEMÁTICA	163	ANOS 2000
		164	O INESQUECÍVEL *SÍTIO DO PICA-PAU AMARELO*
137	UMA BELA TRAJETÓRIA NA TUPI	167	DE VOLTA ÀS NOVELAS, A TODO VAPOR
140	O SUCESSO DE *AS DIVINAS... E MARAVILHOSAS*	176	SUAS PERSONAGENS NA TV
143	**CAPÍTULO 15** **OS EFEITOS DOS RAIOS GAMA NAS MARGARIDAS DO CAMPO**	178	**CAPÍTULO 18** **O TEATRO PAIOL**
		181	O PROJETO PAIOL
		182	TEATRO JOVEM PAIOL
147	**CAPÍTULO 16** **PAPAI CORAÇÃO**	183	TEATRO NAS UNIVERSIDADES
148	UM DOS MAIORES SUCESSOS DE NICETTE NA TELEVISÃO: *ÉRAMOS SEIS*.	185	**CAPÍTULO 19** **O PALCO, A GRANDE ESCOLA DE NICETTE**
		189	GRANDES MOMENTOS NO TEATRO
151	ÚLTIMOS TRABALHOS NA TUPI: *SALÁRIO MÍNIMO* E *COMO SALVAR MEU CASAMENTO*.	192	*SOMOS IRMÃS*
		193	MAIS MOMENTOS MÁGICOS NO PALCO
152	NICETTE ESTREIA NA GLOBO	195	*PERDAS E GANHOS*: O PRIMEIRO MONÓLOGO DE NICETTE

198	O QUE TERÁ ACONTECIDO A BABY JANE?	223	**CAPÍTULO 23** UM BRINDE À VIDA: UMA HOMENAGEM ÀS ATRIZES BRASILEIRAS.
200	A PARTICIPAÇÃO ARREBATADORA EM *PIPPIN* — O MUSICAL	228	**CAPÍTULO 24** NETOS E BISNETOS: UM TEMPERO DIFERENTE.
203	QUARTA-FEIRA, SEM FALTA, LÁ EM CASA		
204	PRÊMIO CESGRANRIO E FESTIVAL DE TEATRO CESGRANRIO	230	**CAPÍTULO 25** UMA ESTRELA BRILHA NO CÉU
207	**CAPÍTULO 20** A FAMÍLIA UNIDA NA VIDA E NA ARTE	236	POSFÁCIO
		238	DEPOIMENTOS
209	AS JULIETAS DE NICETTE	281	CRONOLOGIA
212	A TURMA DE QUERIDOS FUNCIONÁRIOS	281	TEATRO
214	**CAPÍTULO 21** O ESPIRITISMO	284	TELEVISÃO
		288	CINEMA
216	**CAPÍTULO 22** A PARTIDA DE PAULO	291	FOTOS
220	PALAVRAS DE PAULO		

INTRODUÇÃO
AS MULHERES DA MINHA VIDA

Gosto de escrever para as mulheres e sobre as mulheres. A vida sempre me leva a escrever sobre elas. Quando menos espero, lá estou eu entrevistando alguma representante do sexo feminino ou escrevendo uma peça sobre alguma delas. Olha só: no meu primeiro livro, *Mulheres Fora de Cena*, lançado pela Editora Globo em 2005, eu invadi a privacidade de 165 personalidades femininas e juntamente com minha amiga e parceira de trabalho, a fotógrafa Vera Donato, registrei momentos íntimos dessas mulheres. Depois, minha querida amiga Virna, ex-jogadora da Seleção Brasileira vôlei, me convidou para escrever sua biografia, intitulada *Virna – no suor e na luta a trajetória de uma guerreira*. Continuando minha a trajetória no mundo feminino, logo estava lançando o livro infantil, *Aninha Quer Dançar*, inspirado na bailarina Ana Botafogo. Publiquei outros livros e, nesse período, escrevi, em parceria com uma outra grande amiga, a atriz e roteirista, Daniele Valente, minha primeira peça, que se chamava *100 dicas para arranjar namorado* e tinha como temática a vida amorosa das mulheres. Em seguida, veio o monólogo musical *Herivelto como conheci*, em parceria com a atriz Yaçanã Martins, filha do cantor e compositor Herivelto Martins.

A estrela desse espetáculo era nada mais, nada menos que Marília Pêra, que interpretava a aeromoça Lurdes Torelly Em 2022, o espetáculo voltou aos palcos, em comemoração aos 110 anos do cantor e compositor, só que dessa vez estrelado por Totia Meireles. Não bastando isso, lá vem mulher novamente.

Coloquei no papel a biografia da atriz Nathalia Timberg, intitulada *Nathalia Timberg – Momentos*. Na sequência vieram *Simples assim irene*, fotobiografia de Irene Ravache e Zezé Motta – *Um canto de luta e resistência*, biografia da nossa maior diva negra brasileira. No meio disso tudo, ainda escrevi a comédia *Deu a Louca na Branca*, interpretada por Cacau Protásio; *Lisa, Liza e Eu*, monólogo musical estrelado por Simone Gutierrez e ainda *Através da Iris*, monólogo sobre a fashionista americana Iris Apfel, interpretado magistralmente por Nathalia Timberg. Coincidências da vida escrever para todas essas mulheres? Não sei, mas acredito que, de alguma forma, eu as compreendo bem. Devo ter sido mulher em outra encarnação.

E depois de tantas mulheres, cheguei à Nicette Bruno. Essa excepcional atriz, um ser humano único. Quem a conhece tem vontade de colocá-la no colo. É acima de tudo uma grande mulher — apesar de ter estatura pequena! Costumam falar que Nicette é uma pequena grande mulher. Nicette é um sonho de pessoa! Sempre disponível, com histórias deliciosas sobre sua vida privada e profissional. E não é só isso. Nicette leva nas costas todos os momentos pelos quais o teatro brasileiro passou. Enfrentou bons e maus momentos para se manter na difícil carreira artística, que exige muito estofo; persistência; coragem e amor. Claro, o talento conta muito, mas sem esses ingredientes é difícil enfrentar o mundo artístico e se posicionar como uma das mais queridas e prestigiadas atrizes brasileiras.

Em todos os nossos encontros, almoçávamos juntos, frequentemente rodeados de filhos e amigos, às vezes só eu e ela. Depois, íamos para sala, sentávamo-nos um de frente para o outro, começávamos a conversar. E ouvidos abertos que lá vem história!

Junto a toda a trajetória de Nicette, vem Paulo Goulart. Os dois sempre foram um casal querido pelo público. E não era para menos! Carisma, honestidade, competência e, acima de tudo, o amor que sempre transmitiram para as pessoas. Paulo e Nicette construíram uma carreira juntos—embora cada um tivesse sua identidade e seu espaço individual. Apresentaram muitos espetáculos dividindo a cena e, em vários deles, foram acompanhados por membros da família. A arte de Nicette e Paulo é perpetuada pelos filhos do casal. Tiveram três talentosos filhos que seguiram seus passos: Bárbara, Beth e Paulinho, todos juntos em prol da arte.

Cada uma das mulheres com quem trabalhei tinha uma qualidade que se destacava, independentemente do trabalho artístico. Convivendo com Nicette, logo percebi o quanto ela é humilde, generosa e verdadeira. Mesmo com uma carreira recheada de sucessos, ela tem um olhar simples. Nunca se deixou levar pela vaidade, que, na sua profissão, pode ser uma armadilha cruel. Poucos sabem lidar com a arte e a fama com sabedoria e pés no chão como Nicette soube. E o que, nisso tudo, importa para ela, diante de tão magnífica carreira, é a vida.

Viver intensamente, viver para a família, viver para os amigos. Nicette aproveita feliz cada pedacinho de sua vida. Não precisa dos flashes, das capas de jornais e revistas. Isso tudo faz parte do trabalho, mas para ela não é o essencial. Não alimenta sua alma dessa forma. Momentos simples da vida, como um almoço na companhia dos amigos ou um lanche da tarde com alguém querido, já a deixam plenamente feliz. Isso sim é saber viver e apreciar a vida! Nas páginas deste livro, não procurei fazer um raio x de Nicette, mostrando filigramas da sua imensa carreira. Resolvi mostrar os momentos de felicidade e amor pelos quais ela passou. Vida e Arte se fundem. Nicette vai além dos palcos do teatro em que se apresentou. Ela sempre representou a mãe que os brasileiros gostariam de ter, através de seus personagens, e a mãe das pessoas que a rodeavam, pelo imenso carinho e amor com que as tratava. Nicette sempre foi a mãe de todos.

CACAU HYGINO

PREFÁCIO
UMA LONGA AMIZADE

Falar de Nicette é falar de Paulo também. Um dos casais mais queridos das artes e do público brasileiro, com quem tive o prazer de construir uma longa e linda amizade. Eu os conheci em Curitiba, onde eu morava, quando chegaram na cidade, junto com a mãe Eleonor, de quem acabei me tornando um grande amigo também. Nicette e Paulo foram trabalhar com Claudio Correa e Castro, que os convidara a fazer parte do corpo docente do Teatro de Comedia do Paraná.

Eu não conhecia Nicette e Paulo pessoalmente, apenas pelo trabalho que faziam. Eu viajava muito, estava sempre no eixo Rio-São Paulo, para saber tudo o que estava acontecendo no teatro e nas artes de uma forma geral, queria levar novidades para Curitiba. Sempre ouvi falar de Nicette porque, desde cedo, ela teve uma vida muito ativa no teatro, era uma desbravadora dos palcos e seu nome já corria pelo Brasil. Quando ela começou com o Teatro Íntimo Nicette Bruno e quando realizou o projeto do Teatro de Alumínio, ambos em São Paulo, eu acompanhei tudo. Um dia, resolvi ver de perto o que acontecia e entrei num ensaio que estava sendo realizado. Fiquei quietinho, calado, assistindo de longe, e pude perceber o grande talento que tinha Nicette. Entrei e saí, sem que me conhecessem.

Por influência da Nicette, eu fundei o Teatro de Bolso em Curitiba, uma espécie de Teatro Íntimo. Eu achava tão legal o que ela estava fazendo em São Paulo que, em 1956, resolvi me arriscar a fazer o mesmo. Eu estava sempre perseguindo as ideias de Nicette e Paulo!

Passado algum tempo, quando eu já morava no Rio de Janeiro, por volta de 1964, fui assistir ao espetáculo *A Megera Domada*, de Shakespeare, no Teatro Municipal, montagem que já havia sido apresentada por eles em Curitiba. Foi aí que, pela primeira vez, me aproximei de Nicette e de Paulo. Ao final da peça, fui cumprimentá-los e me apresentar. Nessa época, apareceu a Rede Globo na minha vida, foi quando fiz uma novela chamada *Uma Rosa Com Amor*, protagonizada por Marilia Pêra e Paulo. Depois, além de começarmos uma grande amizade, que se estendeu à Nicette, Paulo e eu fizemos algumas novelas juntos: *Jogo da vida, Plumas e paetês, Gabriela, Verão vermelho, Morde e assopra*... Nossa amizade cresceu progressivamente.

Alguns anos depois, Nicette e Paulo comentaram que estavam procurando uma casa no Rio de Janeiro para morar. Eu morava num Condomínio de Casas e, coincidentemente, a casa em frente à minha estava à venda. Avisei os dois, que imediatamente foram visitá-la. Quando eles entraram, Nicette falou: é aqui que eu quero viver! Meia hora depois, eles já eram meus vizinhos. Compraram a casa. Até hoje sou vizinho de Nicette.

Nicette e eu trabalhamos juntos no teatro apenas uma vez, a peça era *Mãos ao Alto*, montada no Rio de Janeiro e escrita por Paulo. Mas, nas telas, nos encontramos várias vezes. Um dos trabalhos de que sempre me lembro, é o filme *A Guerra dos Rocha*, uma comedia muito engraçada, que nos divertiu muito durante as gravações. E tem *O Sitio do Pica-Pau Amarelo*, que fizemos juntos durante quatro anos. Fizemos também a novela *Bebê a Bordo* e vivemos, no folhetim *Sete Pecados*, um par romântico. Eu fazia o Romeu, um homem rico e solitário, que fingia ser pobre para se aproximar de uma paixão da juventude, Juju, representada por Nicette. Essas são apenas algumas das lembranças dos vários trabalhos que fizemos.

Nicette e Paulo sempre foram muito agregadores. Sempre faziam almoços e jantares, reunindo familiares e amigos. Eu acompanhei todo o pessoal da família, desde o começo. Outra coisa que nos uniu foi a espiritualidade. Nicette e Paulo sempre foram muitos espiritualizados e eu sempre os ouvi muito a respeito desse assunto. Eles já me tiraram de várias situações complicadas por meio da sabedoria de sua espiritualidade... E mesmo depois da partida de Paulo, Nicette e eu frequentemente nos vemos e temos boas discussões. Uma amizade longa de 60 anos! Uma amizade fantástica com uma atriz que tem uma história extraordinária para ser contada.

Ary Fontoura

FICÇÃO REAL
COMÉDIA DE LAURO CÉSAR MUNIZ

PERSONAGENS:

Nicete (real)

Nicette Bruno (ficção)

CENOGRAFIA:

Camarim de um teatro, bancada com espelhos; gavetas; cadeiras junto à bancada e um sofá. Uma peruca negra, longa, em uma "cabeça" (manequim) sobre a bancada.

Nicette Bruno está agitada, abrindo e fechando gavetas, tomando apetrechos de maquiagem, uma peruca loira, clara e longa. Fala ao celular.

NICETTE BRUNO: Lotado? Justamente hoje, que está lotado, não faremos o espetáculo? Não! Eu não posso fazer dona Rosita, a solteira, sem os trajes da peça! Quem? Nicette sou eu! Ah... a outra Nicete?

Nicete entra seguida de um camareiro, que deixa uma mala dentro do camarim e, ao sinal dela, se retira.

NICETTE BRUNO: Ah! Ela acaba de chegar!

NICETE: Com os figurinos da Rosita! Que loucura!

NICETTE BRUNO: Não! Claro que não... Você se orgulha de ser a melhor dona de casa do Brasil!

NICETE: Nada disso! Faço o que posso...

NICETE: Eu sou Nicete com um "t" só. Você é Nicette com dois tês!

NICETTE BRUNO: Com dois tês. Eu não tinha dois tês! Mas quando entrei em um palco, olhei o teatro grande e disse: Nicete, você merece mais um "t"! Com muito orgulho!

NICETE: Minha casa é o meu mundo. Quando eu entro na minha casa eu me sinto protegida. Se tem alguma coisa fora do lugar eu logo tomo uma providência para que cada coisa tenha seu lugar, por que...

NICETTE BRUNO: Porque... te basta...

NICETE: Me basta não... É minha vida! Tudo para mim! Meu marido, meus filhos...

NICETTE BRUNO: Filhos... Tenho tantos filhos... 500 filhos quando o teatro está lotado! Ou então os muitos filhos de meus personagens! Filhos de Nora, de Lady MacBeth, de meus queridos autores, Nelson Rodri... Rodrigues, ou... Machado, Paulo Goulart, Goethe, Tennessee ou até Shakespeare, Molière, ou... Dias Gomes, Boal, Callado... Lauro...

NICETE: Meu genro.

NICETTE BRUNO: Meu também.

NICETE: Como assim?

NICETTE BRUNO: Mistérios... Você é a rainha do lar...

NICETE: E você a rainha do palco!

NICETTE BRUNO: Meu palco é minha vida! O palco, os estúdios da televisão... Tantas personagens! Tantos capítulos, todas as noites no país inteiro... e no mundo!

NICETE: 120 países! É o que dizem...

NICETTE BRUNO: Por que você decidiu lavar dona Rosita em sua casa?

NICETE: Meu marido, seu produtor! Eu achei certo porque Juju é a melhor lavadeira de fantasias...

NICETTE BRUNO: Claro! É a sua empregada!

NICETE: Em minha casa tenho vários autores: Nicete, Nicete, Nicete, Nicete...

NICETTE BRUNO *(Riso expansivo)*: Claro! Grandes autores! Sempre com o mesmo argumento e o mesmo tema! Para animar os que te visitam!

NICETE: Eu vivo a realidade!

NICETTE BRUNO: Eu vivo a ficção! A realidade dos gênios!

Ao fundo, cada vez mais forte, ouvimos o público aplaudindo cadenciadamente exigindo o espetáculo!

NICETE: O público!

NICETTE BRUNO: Vou me vestir. Abra a mala!

Nicete vai à mala enquanto Nicette Bruno coloca a peruca de espanhola. Nicete abre a mala e dá um grito.

NICETE: Ah! Não... Não!

NICETTE BRUNO: O que foi?

NICETE: Não são os seus figurinos!

Nicette Bruno corre até a mala!

NICETTE BRUNO: Meu Deus! O que é isso?

NICETE: Minha fantasia de carnaval!

NICETTE BRUNO: Sua fantasia...

NICETE: A empregada trocou as malas! Vou buscar a sua!

NICETTE BRUNO: Não dá tempo!

O Público sobe com as palmas e agora gritos e batidas de pés.

NICETE: Coisa do tempo do meu carnaval...

NICETTE BRUNO: Fantasia de baiana! O que eu vou fazer com isso?

NICETE: Veste!

NICETTE BRUNO: Baiana?

NICETE: Minha baiana, minha fantasia... Linda.

NICETTE BRUNO: O que é que a baiana tem? O que é que a baiana tem com dona Rosita a solteira?

NICETE: Nada. Mas... Então...

NICETTE BRUNO: Vou cancelar o espetáculo!

NICETE: Não! Não! E o embaixador da Espanha?

NICETTE BRUNO: O que ele tem com Carmen Miranda?

NICETTE: E o governador? O ministro da cultura!

NICETTE BRUNO: O que vão dizer?

NICETTE: Veste! Veste! Veste! Espanha e Brasil!

NICETTE BRUNO: Espanha e...

Nicete pega a fantasia de baiana e vai em direção a Nicette.

NICETTE BRUNO: Você fez isso de propósito!

NICETE: Não! Não!

NICETTE BRUNO: Você me inveja!

NICETE: Não, Nicette! Não! Estou aqui para te ajudar!

Nicete ajuda Nicette a se vestir.

NICETTE BRUNO: Na verdade... Você e eu...

NICETE: O que tem?

NICETTE BRUNO: No fundo, nós duas... Somos uma só...

NICETE: É... Nós duas... Duas Nicetes... Nicette e Nicete... Somos uma só...

As duas se abraçam fortemente. Olham-se longamente e, de forma magica (trucagem teatral), viram uma só!

ESCURECIMENTO GERAL.

Sem perda de tempo, um foco em lateral do palco com Nicette diante do público, que aplaude freneticamente. Nicette abre os braços, pede a atenção do público para se justificar:

NICETTE BRUNO: Queridos! Meus queridos! Perdoem-me pelo atraso. Tenho que lhes dar uma explicação! Meus figurinos de Dona Rosita não chegaram a mim! Este traje é de... Esta fantasia... É de carnaval porque...

O público aplaude e, em seguida, grita em coro:

PÚBLICO: Canta! Canta! Canta!

Nicette Bruno, surpresa, olha para o Maestro e sorri, fazendo um sinal. A orquestra faz a introdução e a atriz canta:

Eu fui às touradas de Madri!
Parará tim bum-bum-bum!
Parará tim bum-bum-bum!
E quase não volto mais aqui
Para ver peri, beijar Ceci
Parará tim bum-bum-bum!
Parará tim bum-bum-bum!
Eu conheci uma espanhola
Natural da Catalunha
Queria que eu tocasse castanhola
E pegasse o touro a unha
Caramba, caracoles,
sou do samba, não me amole
Pro Brasil eu vou fugir
Que é isso, é conversa mole
Para boi dormir
Parará tim bum-bum-bum!
Parará tim bum-bum-bum!
Parará tim bum-bum-bum!
Parará tim bum-bum-bum!

O ser humano tem que deixar de lado o preconceito. As pessoas não são iguais. Cada um tem seu próprio caminho, seu próprio gosto e sua própria escolha. Temos que respeitar as individualidades e conviver harmoniosamente uns com os outros, sem julgamentos. O Teatro me ajudou a olhar as pessoas por dentro e a entender cada um, mesmo com seus defeitos. Ninguém é perfeito, ninguém é melhor que ninguém. Graças a Deus a arte me deu esse olhar libertador sobre o ser humano. Esse entendimento da alma humana. Da arte eu vim, na arte construí minha vida e é na arte que espero encerrar meu ciclo aqui na terra um dia.

Nicette Bruno.

CAPÍTULO 1
A MATRIARCA ROSA D´ANIBALLE BRUNO

Nicete Xavier Miessa, popularmente conhecida como Nicette Bruno, nasceu em Niterói, em sete de janeiro de 1933, filha da atriz Eleonor Bruno e do economista Synésio Campos Xavier. Foi na terra de Araribóia, que, desde cedo, Nicette aprendeu a respirar arte. Tudo começou a partir de sua saudosa e querida avó, Rosa D`aniballe Bruno, uma italiana que veio para o Brasil quando tinha três anos de idade. Médica que amava a arte, Rosa, paralelamente à medicina, se dedicava à música, cantando e dando aulas de canto. Seus irmãos, Deodato, Vicente e Artur, tocavam piano e violino, e assim como ela, tinham outras profissões: médico, arquiteto e engenheiro. Rosa era casada com Joseph Bruno.

O italiano Pasquale, pai de Rosa e bisavô de Nicette, trabalhava como alfaiate na Itália. Em busca de melhores oportunidades, ele resolveu vir para o Brasil. Naquela época, era comum usar a expressão "fazer a América" e esse era o seu objetivo: conquistar espaço em terras brasileiras para poder viver bem exercendo sua profissão.

Assim que colocou os pés no Brasil, Pasquale começou a montar sua Alfaiataria. À época, acontecia a Primeira Grande Guerra e ele acolhia jovens vindos de fora, rapazes italianos entre 16 e 17 anos, que emigravam sob recomendação de seus familiares e amigos para aprenderem o ofício de Alfaiate.

Aos oito anos, Rosa perdeu sua mãe. Meses depois, seu pai, se casou com outra mulher. Esse foi um momento conturbado, que acabou separando a família. Rosa foi morar com Alécio, irmão de sua mãe, enquanto se dedicava aos estudos.

Quando estava com 15 anos, Rosa conheceu alguns dos aprendizes de seu pai. Todos os imigrantes que vinham trabalhar com Pasquale ficavam hospedados na mesma residência em que ela e o tio moravam, uma casa enorme de três andares no bairro de Santa Tereza, no Rio de Janeiro. O local parecia uma pousada. Um belo dia, olhando pela janela, Rosa avistou um grupo de rapazes chegando e um deles chamou sua atenção. Um menino lindo, com uma vasta cabeleira a encantou. Não demorou muito, ela foi apresentada a ele e acabou se apaixonando. Para sua sorte, a recíproca era verdadeira. Mas, como nem tudo na vida são flores, Pasquale foi contra o namoro. Ele alegou que o rapaz não tinha condições financeiras e nem maturidade suficiente para manter uma família.

Voluntariosa, Rosa disse a seu pai que se ele não a deixasse ficar com o rapaz, ela fugiria de casa. A ameaça estava dada. Naquela época, moças e rapazes tinham por hábito fazer isso mesmo. Era como se fosse Romeu e Julieta, de Shakespeare. O amor acima de tudo.

Pasquale disse então que, a partir daquele dia, não a considerava mais sua filha. Resultado: deserdou Rosa. Porém Alécio, que sempre apoiou decisões da sobrinha, não só incentivou namoro, como, posteriormente, organizou o casamento. Logo que se casou, Rosa, com seu marido, continuou morando na mesma residência que morava com o tio.

Passado algum tempo, Rosa e Pasquale voltaram a se falar. Nada como um dia após o outro para amenizar a intempéries da vida. Rosa passou a trabalhar na alfaiataria do pai, especializada em fardas do exército. Sua função era pregar botões nos paletós e coletes. Foi durante esse período de trabalho que começaram a vir os filhos. Quando ficou grávida do terceiro filho, já cansada daquele ofício repetitivo, resolveu dar um novo rumo a sua vida e estudar Medicina.

Avó Rosa aos 16 anos em 1923 - Acervo Pessoal Nicette Bruno

"Vovó não queria mais aquela vidinha morna e sem graça, como ela costumava dizer. Decidiu então, que iria fazer uma faculdade de Medicina".

ENTRE A ARTE E A MEDICINA

Paralelamente, Rosa continuou estudando canto e música, suas outras duas grandes paixões. Absolutamente focada em seus objetivos, ela mergulhou de cabeça nos estudos e entrou para a faculdade com louvores. Aluna exemplar, se formou médica, especializando-se em obstetrícia.

Formada, conseguiu um emprego num posto de saúde, onde atendia-se somente grávidas. Assustada com a falta de informação das pacientes, que não faziam nem o pré-natal, Rosa arregaçou as mangas. Junto com doutor Barcellos, seu professor na faculdade de medicina, e uma equipe médica, criaram o Dispensário Maternal de Niterói, que acabou se tornando referência na América do Sul.

Com um coração enorme, Rosa sempre gostou de ajudar e costumava fazer muitos trabalhos beneficentes. Espírita, ela fazia parte da Federação espírita do Rio de Janeiro. Muito solícita e querida por todos, doava um pouco do seu tempo às pessoas necessitadas. Foi ela quem fez o casamento e o parto de sua filha Eleonor —que gestava Nicette— tudo em sua própria residência.

À frente do seu tempo, Rosa foi uma das primeiras mulheres a dirigir um automóvel no Brasil. Ela decidiu comprar um carro para fazer visitas na periferia, convidando mulheres carentes para se consultarem no Dispensário e fazerem o pré-natal. Não era uma tarefa das mais fáceis, pois nem todos a recebiam de braços abertos. Em alguns lugares, as pessoas chegavam a bater a porta na sua cara. Mesmo com todas as dificuldades, ela nunca desistia. Rosa considerava este trabalho uma missão de vida.

Com o aumento progressivo de sua clientela, Rosa se juntou à Maria Peixoto, sua grande amiga, e desenvolveu o projeto ainda mais. Seu caminho trilhado na Medicina era brilhante!

"Vovó era diferenciada. Uma mulher que unia na vida medicina, arte e ainda era espiritualizada, só podia ser diferente".

OS SARAUS DE ROSA

E claro, junto à Medicina, Rosa ainda tinha seu envolvimento com a arte. A arte era seu respiro. Todas as noites de Sábado, Rosa reunia familiares e amigos em sua residência, em Icaraí, Niterói, para saraus que duravam até de madrugada. Era uma casa imensa, repleta de quartos e muitos salões. A casa era tão grande que Nicette morava lá com seus pais, seus tios e primos.

Apesar de muito pequena, Nicette sempre participava de todos os saraus. Assistia, fascinada, às apresentações de sua avó, que cantava e tocava piano. Participavam também: a mãe de Nicette, Eleonor, que era cantora e professora de declamação, e os tios, Paschoal e Flordéa, bailarinos, além dos três irmãos de Rosa. Vários outros membros da família, artistas ou amantes da arte, complementavam o grupo. Era casa cheia toda semana!

O local tinha uma grande energia de amor, respeito e compreensão. Era uma família que aglutinava pessoas fantásticas, consanguíneos e agregados. Rosa era uma mulher diferenciada. Ela tinha uma visão ampla da importância do estudo, que foi valorizado na educação dos filhos, todos criados com esse sentido de responsabilidade e respeito.

Apesar de moderna, Rosa era rígida e dava grande importância aos princípios familiares. Ela nunca permitia que as crianças da casa ficassem acordadas até tarde. Por volta das 20 horas, todas já tinham que estar na cama, de banho tomado e com os dentes escovados. Nicette sempre se deitava cedo, mas muito contrariada. Ela queria participar mais, ouvir mais músicas e histórias. Apesar disso, também ficava feliz por ter tido uma noite mágica e com muita arte.

Entendendo o encanto e os desejos da filha, Eleonor dava sempre um jeitinho de permitir que Nicette participasse dos encontros por mais tempo. Quando Rosa se recolhia para dormir, ela aproveitava a brecha, tirava a filha da cama e a levava pra cozinha, dizendo a todos que a menina tinha perdido o sono. E Nicete ficava lá, quietinha, ouvindo tudo, diante de uma mesa cheia de bolos deliciosos e de um café quentinho e cheiroso.

"Eu ainda não sabia o que significava a palavra compensada, por ser ainda muito criança. Mas no fundo, era assim que eu me sentia, depois de uma noite mágica daqueles saraus".

Nicette aos 3 anos - Acervo Pessoal Nicette Bruno

OS IRMÃOS BRUNO

Paschoal e Flordéa, filhos de Rosa, estudaram balé com a bailarina e coreógrafa russa Maria Olenewa, no Teatro Municipal do Rio de Janeiro. Olenewa, radicada no Brasil, foi a responsável pela criação de escolas de balé onde estudaram, além dos tios de Nicette, grandes bailarinas, como Hulda Bittencourt, Medeleine Rosay e Eros Volusia. Paschoal e Flordéa era bailarinos fantasistas e formavam a dupla Irmãos Bruno. Eles viajam para se apresentar em outros estados e chegaram a fazer parte da companhia de teatro de Juan Daniel, ator espanhol, pai do diretor Daniel Filho.

Irmãos Bruno - Flordea e Paschoal - Acervo Pessoal Nicette Bruno

Pelos idos de 1940, a dupla participou de um show chamado "No mundo da lua", uma montagem do famoso diretor Ziembinski, realizada no Cassino da Urca. Nesse espetáculo, Paschoal e Flordéa apresentavam juntos um número chamado

Irmãos Bruno. Quando chegavam em casa, depois do show no Cassino, sentavam-se à mesa com a família e contavam as histórias e curiosidades daquela noite de apresentações. Nicette, como sempre, ficava ali quietinha, ouvindo tudo, imaginado como seria estar no palco como eles e sonhando com o dia em que chegaria a sua vez. A família instigava sua veia artística cada vez mais.

Tio Paschoal - Acervo Pessoal Nicette Bruno

Tia Flordea - Acervo Pessoal Nicette Bruno

"Na casa da vovó sempre se respirou arte, cultura, conhecimento. Era uma família que tinha um sentimento muito grande em relação à arte".

CAPÍTULO 2
A SEPARAÇÃO DOS PAIS

Quando Nicette tinha dois anos, seus pais, Eleonor e Synésio, se separaram, o que foi um choque para aquela família unida e feliz. Synésio, como a maioria dos homens daquela época, era muito machista. Era uma pessoa maravilhosa, mas, infelizmente, tinha esse outro lado. Ele era um homem honesto e trabalhador, que começou a pegar no batente ainda jovem, em Niterói, assumindo o cargo de perito contador no Tesouro Nacional.

Eleonor queria seguir os passos de Rosa, seu desejo era cursar medicina também. Synésio, todavia, foi contrário à ideia, não deixando a esposa estudar. Para se justificar, ele dizia tinha condições financeiras boas o suficiente para sustentar a família sozinho. Eleonor bateu o pé e afirmou que não abriria mão de seus estudos. Synésio a colocou contra a parede, fazendo-a escolher entre a faculdade e o casamento. "Mamãe não pensou duas vezes e respondeu 'a faculdade'. O triste disso tudo é que acabou na separação dos meus pais", conta Nicette.

Nos finais de semana, Synésio buscava a filha, que passava os dias com ele; os avós, Ada e Raul; e os tios, Marilza e Acelino. Ada, a avó paterna de Nicette, era uma criatura maravilhosa, com quem era muito bom conviver. Assim também o eram os tios Marilza e Acelino. Essa parte da família era muito agradável, mas rígida. Além disso, os parentes de Synésio compartilhavam de suas ideias machistas.

Rosa, vendo a filha nessa situação, sentia muita pena de Eleonor. Eleonor se casou muito nova, com apenas 17 anos. À época, Synésio tinha 21 anos de idade, um pouco mais velho, mas igualmente jovem.

"Vovó ficou preocupada, com medo de que a vida de mamãe se acabasse, já que, naquela época, ser desquitado era um escândalo".

A ANULAÇÃO DO CASAMENTO DE ELEONOR

Nesse meio tempo, uma situação acabou ajudando Eleonor a anular seu casamento com Synésio, tirando-a da situação de desquitada.

O engenheiro e militar niteroiense Amaral Peixoto, nomeado Interventor Federal do Estado do Rio de Janeiro em 1937, queria se casar com Alzirinha Vargas, filha do Presidente da República, Getúlio Vargas. Ele era desquitado e conseguiu, com a ajuda de seu advogado, a anulação do primeiro casamento. O advogado de Peixoto, por coincidência, trabalhava também para a família de Rosa.

Ele ainda atendia três outros casais que desejavam a anulação matrimonial e sugeriu que Rosa se aproveitasse da situação e tentasse anular o casamento de Eleonor, que faria parte da sequência de anulações. Como Eleonor era ainda muito jovem, ele propôs a seguinte estratégia: Rosa deveria se tornar a grande vilã da estória, usando a desculpa de que obrigara a filha a casar-se cedo. Tal justificativa faria com que fosse mais fácil convencer o juiz a anular o casamento. E deu certo. O casamento de Eleonor foi anulado.

Quando Nicette completou seis anos, Synésio decidiu casar-se novamente. Sua futura esposa, civilizadamente, foi à casa de Eleonor pedir-lhe informações sobre o ex-marido. Eleonor deu as melhores referências possíveis de Synésio como homem e pai de família. Ele realmente tinha um ótimo caráter, cumpria com suas obrigações de pai e de marido, apesar do forte machismo que intervinha em seu comportamento. E no dia do casamento foi uma paz, Nicette até carregou as alianças do casal na igreja.

Tempos depois, o relacionamento entre as duas famílias mudou. Ser artista no Brasil não era bem-visto e a família Bruno sofria com esse preconceito. Rosa mantinha uma mesa cativa no Cassino da Urca, onde sempre ia assistir aos shows da família. Apoiava e valorizava o trabalho dos filhos, apesar da posição marginalizada à época ocupada pela classe artística. Ainda hoje é difícil viver da arte, mas as questões são outras.

Rosa era sempre muito rígida em relação aos cuidados com a educação da família e ainda que muito moderna, preocupava-se com a moral dos filhos e os alertava sobre os estereótipos que poderiam recair sobre eles. Até Eleonor, já separada, tinha hora marcada para chegar em casa, nunca depois das 22 horas. Apesar disso, nada era proibido, tudo era esclarecido. Rosa confiava em toda a sua família, mas valia-se da rigidez para protegê-la do sofrimento e da discriminação.

"Vovó dizia sempre: Existe na vida o preconceito. Vocês são artistas, vítimas do preconceito, então não deem margem para comentários".

SYNÉSIO PEDE A GUARDA DE NICETTE

Synésio, sabendo das frequentes idas de Rosa ao Cassino da Urca e de seu envolvimento com arte, resolveu pedir a guarda de Nicette, com receio que a filha também sofresse algum tipo de rejeição ou fosse discriminada por fazer parte de uma família de artistas. Embora fosse essa a sua principal justificava, não foi a constante presença da família Bruno no Cassino que motivou sua atitude. Houve antes um acontecimento que chamou sua atenção.

Certa vez, quando levava Nicette para casa em seu carro, no caminho de Niterói para o Rio, Synésio começou a fazer-lhe uma série de perguntas. Numa delas, questionou à filha se ainda aconteciam as reuniões na casa de sua avó e se nelas compareciam muitos homens. Como sabia que o diretor da faculdade de

Eleonor mantinha certo interesse por ela — Synésio conseguia saber de tudo —perguntou se ele já tinha ido lá e se tinha pernoitado. Sem saber o significado da palavra pernoitado, na sua inocência infantil, Nicette disse que sim. E foi a partir daí que Synésio resolveu pedir a guarda da menina.

Synésio com a filha Nicette - Acervo Pessoal Nicette Bruno

Nicete foi chamada ao juiz, sendo questionada sobre a relação de seus pais e de sua família. Ela já estava com sete anos de idade e por causa da situação, não queria mais falar com seu pai. O juiz quis testá-lade todas as formas na hora do interrogatório. Nicette foi três vezes ao juiz, mas, cada vez que ia, emocionalmente era um terror, ela tinha até febre.

Nicette lembra da conversa que teve com o juiz na última vez em que depôs:

— *Por que você não quer falar com seu pai e morar com ele? Perguntou o juiz.*

— *Porque ele se separou da minha mãe e quer me colocar num colégio interno. Respondeu Nicette.*

— *Não! Seu pai quer seu bem, ele é um homem bom, trabalhador e honesto, como sua mãe disse. Retrucou o magistrado.*

— *Mamãe diz mesmo que ele é isso tudo, mas eu estou muito aborrecida com ele.*

— *Não quer mesmo morar com ele? Ele vai fazer um quarto só para você.*

— *Não, eu adoro minha mãe!*

Como a menina permanecia impassível, o juiz colocou umas moedinhas e uns doces na mesa, pensando que, talvez assim, ganharia a confiança de Nicette. "Não quer um docinho? Essas moedinhas são para você", insistia. Mas Nicette não cedeu aos truques do juiz e recusou os presentes: "Obrigado moço, mas não quero".

Nicette respondeu ao juiz perguntas sobre todas as coisas. Ela era muito sincera em suas respostas e falava maravilhas de Eleonor. Dessa forma, conseguiu demonstrar que recebia, de Eleonor, uma criação fantástica, e, da família, muito amor. As falas da menina foram envolvendo o juiz, que, ao final da sessão, na hora de dar a sentença final, chamou Eleonor e disse: "Parabéns! Sua filha ganhou a causa!".

Por anos, Nicette e Synésio não se falaram. O contato foi retomado apenas quando a menina completou 18 anos.

NICETTE FAZ AS PAZES COM SYNÉSIO

Durante os anos em que Nicette se recusou a falar com o pai, Synésio separou-se novamente. Por causa disso, ele decidiu sair de Niterói e pediu transferência para a Prefeitura de Petrópolis, onde conheceu sua nova namorada. Ela era sua secretaria, uma mulher bem mais jovem por quem se encantou. O sentimento era recíproco e os colegas de trabalho logo começaram a namorar.

Quando Nicette completou 18 anos, ela resolveu procurar Synésio. Achou que já era a hora de fazer as pazes com ele. Eleonor sempre lhe dizia: "Nicette vai procurar seu pai. Ele te ama. Aconteceu isso tudo, mas foi comigo, você não tem nada a ver com essa situação". Seguindo o conselho de Eleonor, Nicette entrou em contato com o pai. Telefonou para ele em Petrópolis e quando a chamada foi atendida disse: "Pai, quero muito falar com você". Nicette e Synésio se emocionaram, mal conseguiam conversar. Ela chorava de um lado e ele do outro. Conseguiram, enfim, marcar um encontro.

No dia combinado, Nicette foi à Prefeitura de Petrópolis. Quando ela e o pai se encontraram, na sala de Synésio, não disseram nada, foram direto para um longo e saudoso abraço.

"Assim que sai do abraço com ele, olhei bem nos olhos dele e falei: pai, o senhor cometeu a maior injustiça com a minha mãe".

CAPÍTULO 3
A FORMAÇÃO DA ARTISTA

Naquela época, era comum que as mães ensinassem suas filhas a declamar. Além disso, as meninas costumavam fazer aulas de balé e piano. Eleonor fez com que Nicette criasse o hábito de ler e estudar. Ela não obrigava a filha a fazer nem um, nem outro, apenas incentivava, e assim fez com que Nicette criasse o gosto pela literatura. Tudo isso fazia parte da educação típica de uma menina da época. E com Nicette não seria diferente. "Estudar balé e piano, não só agregava o espírito artístico a gente. Nos dava também noções de postura e boas maneiras, além de nos enriquecer culturalmente também", conta.

Nicette sempre se destacava na escola e era sempre selecionada para fazer o discurso de final de ano. Ela gostava de participar de todas as atividades extracurriculares e festas onde ela pudesse mostrar seus dotes artísticos. Para que tudo desse certo, para que Nicette pudesse dar conta de todos os seus afazeres e ainda tivesse horas de lazer, como toda criança deve ter, Eleonor criou uma tabela de horários. Hora de levantar; de ir pro colégio; de almoçar; de brincar; de estudar piano; de estudar dança; de jantar e de dormir. E, na hora do lazer, a brincadeira preferida de Nicette nada mais era que fazer teatrinho.

"Eu achava muito sem graça brincar de boneca, de casinha, de cozinhar. Tudo que as meninas gostavam de brincar, eu não gostava! Meu negócio era o teatrinho!"

OS PRIMEIROS PASSOS ARTÍSTICOS

Nicette ainda estava aprendendo a ler e a escrever quando deu início à sua carreira artística. Aos 4 anos, um amigo da família a levou na Rádio Guanabara para um teste com o radialista Alberto Manes. Ela passou no teste e logo começou a participar de um programa infantil que acontecia todos os domingos às 10 horas. Nicette cantava e declamava.

Bem pequena ainda, ela se exibia para amigos e familiares, declamando e cantando. No seu repertório artístico constavam grandes poetas como Castro Alves, Casimiro de Abreu e Olavo Bilac. Um dos textos que lhe vem na memória é "O Pássaro Cativo", de Olavo Bilac: "Dás-lhe alpiste, e água fresca, e ovos e tudo./ Por que é que, tendo tudo, há de ficar/ O passarinho mudo,/ Arrepiado e triste sem cantar?/ É que, criança, os pássaros não falam./ Só gorjeando a sua dor exalam", recita.

Era um encantamento geral, ver aquela menininha já com tantos dotes artísticos, se apresentando como uma profissional. A arte pulsava em suas veias.

Nicette também adorava dançar e não podia ouvir uma música, que lá estava ela dando seus passinhos de dançarina aprendiz. Pouco tempo depois, entrou para o curso de balé do Teatro Municipal do Rio de Janeiro, sua professora era Tamara Capeller.

Antes de decorar o texto, sua mãe sempre falava "vai brincar mais um pouco!". Seu aprendizado musical, começou quase que junto com o teatro, aos 6 anos. Nicette começou a estudar piano no Conservatório Nacional e passou a se apresentar também como pianista no programa de Alberto Manes.

A oportunidade lhe era oferecida sem a menor pressão, mas a arte já estava na veia daquela garotinha e ela aceitava feliz os convites que lhes eram feitos.

"Me apresentar para a família e os amigos, assim como tocar piano era um prazer, uma brincadeira. Minha infância foi muito feliz. Nada me foi imposto. Fazia porque queria."

Nicette na adolescência na aula de piano - Acervo Pessoal Nicette Bruno

ESTUDANDO ARTE

Como antigamente não existiam escolas de teatro, o contato com as artes cênicas, com a arte de uma forma geral, muitas vezes acontecia por meio dos professores da escola. Nicette estudou no Instituto Lafayette na Tijuca, celeiro de alguns atores que se destacaram na carreira teatral, como Nathalia Timberg. Lá, onde ela cursou o ginasial, havia uma disciplina chamada "Expansão cultural", ministrada pela professora Dalila Geraldo. Dalila era uma grande professora de História e uma exímia declamadora de contos e poesias. Ela mostrava aos alunos que declamar não era um bicho de sete cabeças e sim uma atividade muito prazerosa.

Dessa forma, ela fazia com que eles valorizassem a língua portuguesa e compreendessem a importância de bons textos. Nas festas da escola, Dalila fazia questão de que seus alunos declamassem poemas, encenassem peças ou tocassem alguns instrumentos, participando de concertos. Nicette sempre se apresentava tocando piano e não fazia feio. Para perder a timidez e tocar para o público desconhecido, ela fazia algumas audições de piano. Chegou a ser aluna do maestro Fontainha, no Conservatório de Música. Ao longo das décadas de 30, 40 e 50, Fontainha foi um grande destaque nacional como pedagogo e pianista.

"Aos 11 anos, já sabia que queria ser atriz. Eu era muito convicta disso, era bem madura para minha idade".

O GRUPO DE TEATRO AMADOR DA ASSOCIAÇÃO CRISTÃ DE MOÇAS

Quando tinha 11 anos, Nicette entrou para o grupo de Teatro da Associação Cristãs de Moços (ACM). Podemos dizer que lá foi onde ela começou a realmente abraçar a carreira de atriz. Estudava muito, lia autores clássicos e contemporâneos. Era uma imersão na literatura que, depois, passava aos palcos. Desde cedo, Nicette aprendeu que é preciso uma entrega absoluta para fazer teatro. Não é só decorar o texto e subir no palco. Antes disso acontecer, a preparação é árdua e intensa.

No grupo de teatro da ACM, que era amador, os atores eram orientados por diretores profissionais do rádio ou do teatro. Grandes estrelas do Teatro surgiram nesse grupo, dentre elas, Nathalia Timberg, Sérgio Britto, Sergio Cardoso, Paulo Porto, Sonia Oiticica e tantos outros que fizeram do teatro seu ofício.

Nicette deixou o grupo da ACM, e logo ingressou no Teatro Universitário (TU), de Jerusa Camões. O Teatro Universitário foi um movimento estudantil de teatro amador que, na década de 1940, renovou o panorama do teatro carioca. Jerusa Camões foi uma das criadoras do TU. Depois de tantos espetáculos apresentados com sucesso, o Ministro Gustavo Capanema cedeu salas na sede da União Nacional dos Estudantes (UNE) e concedeu uma dotação de orçamento para a produção de peças, o que fez com de grupo amador se transformassem em um grupo de teatro profissional. Surgia então o Teatro do Estudante.

> "O ator só encontra o personagem com um estudo profundo e exaustivo, aprendi isso cedo. Só assim o personagem floresce, só assim o teatro acontece".

JULIETA, SUA PRIMEIRA PROTAGONISTA

Entre os doze e os treze anos, Nicette realizou o sonho de ser Julieta, sua primeira protagonista, em uma montagem Romeu e Julieta, de Shakespeare, no Teatro Universitário. Ela contracenava com Luís Delfino, que fazia o Romeu. Luís Delfino foi casado com a cantora Marlene e com ela teve Sérgio Henrique, seu único filho. Ele integrou vários programas humorísticos da Rede Globo, dentre eles: "Chico City", "Viva o Gordo", "Satiricom", "Planeta dos Homens" e "Escolinha do Professor Raimundo".

A peça protagonizada por Nicette e Delfino era dirigida por Esther Leão, atriz; diretora; professora de técnica vocal e encenadora portuguesa, que, apaixonada pelo Brasil, veio morar aqui. Esther marcou o teatro brasileiro nas décadas de 40 e 50 e foi diretora do Teatro do Estudante. Esther dirigiu vários atores, corrigiu a voz de muitos deles e também de políticos importantes, como Carlos Lacerda. Ela foi a primeira mestra de estreantes como Nathalia Timberg; Cacilda Becker; Fernanda Montenegro; Vanda Lacerda; Glauce Rocha e muitos outros. Esther faleceu no Brasil em 1971, aos 79 anos.

Ainda muito jovem, Nicette desempenhou bem o papel que lhe fora atribuído. Apesar do grande aprofundamento da obra de Shakespeare e da complexidade de seus personagens, Nicette conseguiu fazer um bom trabalho, graças, ela diz, ao hábito da leitura e sua dedicação imersiva. Se Eleonor não tivesse introduzido tal costume à filha, Nicette, provavelmente, não estaria pronta para mergulhar num papel como o de Julieta, nem teria noção do real valor da obra em questão.

"O hábito da literatura desde criança, meu deu o estofo necessário, para eu poder interpretar Julieta. A leitura é um grande alimento do ator".

QUERIDA SUZANA, SUA PRIMEIRA EXPERIÊNCIA NO CINEMA

Julieta foi um sucesso! A jovem Nicette, de apenas 13 anos já era vista como um talento promissor dos palcos brasileiros. A sua interpretação logo lhe rendeu um convite para atuar, em 1947, no filme *Querida Susana*, produzido por Alípio Ramos e dirigido por Alberto Pieralisi. O filme era estrelado por Madeleine Rosay, à época a mais jovem "Primeira Bailarina" do Brasil. Ao seu lado, estavam os atores Silvino Neto; Anselmo Duarte; Nicette Bruno e Tônia Carrero, que também era estreante.

O filme tinha uma história simples. Anselmo Duarte fazia um americano, que um grupo de alunas de uma escola de moças queriam sequestrar. O grupo era liderado pela personagem de Madeleine Rosay e, dentre as demais integrantes, estavam os papéis de Nicette e Tônia. A proposta do filme era exaltar a beleza do Rio de Janeiro. Nicette lembra que, no primeiro dia de filmagem, parecia uma atriz experiente, agiu naturalmente ao ouvir a palavra ação e não ficou apavorada. Assim estava provado que, além do interesse pela formação teórica teatral, Nicette também tinha uma vocação para a carreira.

"Interpretar para mim era algo natural. Além de tudo, era realmente algo vocacional. Estava na veia. Não havia mistério".

CAPÍTULO 4
A ESTREIA NO TEATRO PROFISSIONAL

O primeiro trabalho profissional de Nicette nos palcos foi na peça *A Filha de Iório*, em 1947, quando ela tinha 14 anos. O espetáculo aconteceu no Teatro Municipal do Rio de Janeiro com a Temporada de arte, produzida por Maria Jacintha na Companhia Dulcina-Odilon. *A Filha de Iório*, é uma tragédia pastoral do escritor italiano Gabriele D´Annunzio e conta a história trágica de amor de uma jovem e um pastor casado com uma mulher que não ama. O elenco era numeroso, mas podemos destacar a presença de Leonardo Vilar; Aracy Cardoso; Cacilda Becker; Sérgio Cardoso; Wanda Cosmo; Carlos Zara e Marly Bueno.

Peça A Filha de Iório - Acervo Pessoal Nicette Bruno

Foi o ator Luís Delfino quem indicou Nicette para o papel. O convite foi uma grande surpresa! Nicette estava em casa se arrumando para ir ao colégio, quando, inesperadamente, Eleonor atendeu a um telefonema. Chamavam Nicette para um teste para o papel de Ornela, em A Filha de Iório. A princípio, quem tinha pegado o papel era a jovem atriz Wahita Brasil, que acabou ficando doente duas semanas antes da estreia. Por sorte de Nicette e azar de Wahita, a diretora Dulcina de Moraes, sem tempo para testar mais atrizes, aceitou a sugestão de Luís Delfino, que disse a ela que Nicette tinha um futuro promissor. A menina era talentosa, carismática e só precisava de uma chance para mostrar seu trabalho.

Eleonor buscou Nicette na escola e a levou para a Companhia Dulcina-Odilon. O tempo era curto, e Nicette, que não conseguiria trocar de roupa sem se atrasar, foi de uniforme mesmo. Maria Jacintha, a tradutora do texto, foi quem a recebeu quando chegou. Nicette estava com alguns livros embaixo do braço e uma bolsa escolar. Assim que Jacintha a viu, achou-a muito menininha para a grande responsabilidade de papel tão denso, e perguntou a Nicette: "Tem certeza de que consegue fazer um personagem dessa magnitude?". Mesmo nervosa, Nicette não titubeou na resposta: Tenho!

E lá foi Nicette ser testada pela grande Dulcina de Moraes, que também faria a peça, interpretando Mila Di Cobra. Sem demonstrar, durante o teste, que gostara de Nicette, assim que terminaram, Dulcina olhou nos olhos da menina e disse: "Esteja no ensaio às nove horas da noite". Nicette quase "teve um treco", como ela mesmo disse. Dulcina ficou encantada com a ótima leitura de Nicette e com a segurança que a jovem atriz trasmitia. Ela achou que Nicette leu a personagem com muita delicadeza e pureza, tudo o que ela precisava.

Nicette só cometeu um deslize. Quando foi com Eleonor acertar a participação na peça, o gerente da companhia lhe perguntou a idade. Nicette tremeu da cabeça aos pés, achando que, por ter só 14 anos, eles não a aceitariam no espetáculo. Então ela mentiu e disse que tinha 16 anos. Dulcina, sempre muito esperta, olhou pra Nicette e disse: "Já começou mentindo! Meu amor, deixa para mentir quando tiver mais velha. Aí você vai mentir para diminuir a idade!". Mas nada atrapalhou Nicette. Ela foi aceita no espetáculo e ainda ganhou uma medalha de ouro como atriz revelação. O que viria a confirmar que estava no caminho certo. Com esse espetáculo só veio a certeza do que ela queria para sua vida.

"Na estreia de A Filha de Iório é que eu tive realmente o primeiro fervor interno do que seria a profissão de atriz. Eu não poderia ser outra coisa na vida."

EMOÇÃO À FLOR DA PELE

Nicette estava em cena quando a cortina se abriu, era a cena em que a sua personagem preparava as roupas do casamento de Mila, em A Filha de Iório. O teatro estava lotado, plateia toda escura, um breu, não dava para ver nada. Nicette teve uma sensação estranha, mas instigante. Começou a cantar e ficou arrepiada dos pés à cabeça, quando percebeu que a plateia não se continha de tanta emoção. A troca de energia com o público era algo avassalador em sua alma. Naquele momento teve a certeza de que era realmente aquela carreira que iria abraçar, ela entendeu o real significado do teatro.

"O teatro faz com que as pessoas se interliguem em energia e aprendizado, é uma felicidade. É isso que nós desejamos quando subimos no palco. Por isso é que o poeta diz que os artistas são grandes fingidores. E jogadores, porque nós jogamos para o público devolver. É uma troca de energia".

Assim que a peça acabou o teatro inteiro se pôs de pé, aplaudindo o elenco. Foi uma grande ovação, junto com gritos de "bravo!". Dona Conchita de Moraes, mãe de Dulcina, que também estava no espetáculo, imediatamente pegou Nicette pelos braços e delicadamente a conduziu até a boca de cena para ser aplaudida por sua estreia oficial. A partir daquele dia, a vida de Nicette mudou para sempre.

> "É indescritível a emoção que senti, quando estreei A Filha de Iório. A minha emoção estava tão à flor da pele, que mesmo depois de tantos anos, me lembro como se fosse hoje".

A REVIRAVOLTA APÓS *A FILHA DE IÓRIO*

Realmente a vida de Nicette mudou depois da sua estreia em *A Filha de Iório*, foi uma reviravolta. Aquele espetáculo deu uma guinada em sua profissional, ela se tornou mais forte e mais preparada para novos desafios. Nicette, agora, podia, realmente, ser considerada uma atriz. A participação em outros espetáculos e companhias de teatro, deixava-a muito atarefada e com muitos compromissos. Se não fosse sua mãe, tão organizada em relação a agenda de Nicette, a jovem não daria conta. Era uma loucura, como costuma dizer.

E sua rotina era a seguinte: pelas manhãs, estudava piano. Na parte da tarde, estudava no InstitutoLafayette e à noite ia ao teatro apresentar a peça. Todas as quintas, pedia dispensa das duas últimas aulas, porque era dia de matinê e a peça começava ás quatro da tarde. Durante todo esse processo de trabalho e estudo, Nicette foi oficializada atriz profissional com registro na carteira. Naquela época, a profissão ainda não era regularizada. No registro vinha escrito: "diversões públicas".

"Mamãe me ensinou a cumprir horários, ser organizada e disciplinada. Foi uma experiência que levei para a vida, porque disciplina na carreira de um ator é fundamental".

A IMPORTÂNCIA DE MARIA JACINTHA

Não podemos falar da carreira profissional de Nicette, sem dissertarmos um pouco sobre a importância de Maria Jacintha. Ensaísta, tradutora, professora, autora, critica e diretora teatral Brasileira, Maria Jacintha marcou o início da carreira de Nicette. Nicette tinha sede de aprender, gostava de estudar, e Jacintha, percebendo esse seu interesse, a orientou bastante. Como profunda conhecedora do teatro francês — ela, inclusive, era professora de francês também—Jacintha montava grupos de estudos para leituras de peças francesas. Esse contato com textos ajudou no amadurecimento artístico de Nicette, deu-lhe um profundo conhecimento artístico, mesmo que muito jovem, e ainda contribuiu culturalmente. Com Maria Jacintha, Nicette integrou os elencos de *Dias Felizes*, de André Pagnol, *3200 Metros de Altitude*, de Julien Luchaire e *Já é Manhã no Mar*, da própria Jacintha, todos no Teatro de Arte. E, novamente no Teatro Universitário de Jerusa Camões, ela participou de *O Fantasma de Canterville*, peça baseada no texto de Oscar Wilde.

"Maria Jacintha me fez mergulhar no estudo e na cultura".

OS ENSINAMENTOS DE DULCINA DE MORAES

"Quero que vocês façam teatro com T maiúsculo", dizia Dulcina de Moraes, uma mulher moderna, à frente do seu tempo. Ela era considerada pela crítica a mais importante atriz brasileira no século XX. Atriz, diretora, produtora e professora de teatro, ela influenciou três gerações de artistas, ao iniciar um projeto voltado para formação e a profissionalização da carreira de ator. Nicette também foi influenciada por ela: "Dulcina exerceu forte influência sobre meu modo de representar, que levo comigo até hoje, na arte, no coração e na vida", conta.

Cada gesto, cada palavra, suas inflexões, seu modo de agir e caminhar em cena foram fundamentais no aprendizado de Nicette. Isso tudo ela aprendeu com Dulcina de Moraes. Sua companhia, Dulcina–Odilon, fundada em 1935, foi uma das mais importantes. Lá, eram encenadas peças de dramaturgos brasileiros e internacionais. Foi a companhia de Dulcina que trouxe, pela primeira vez, ao público Brasileiro autores como Bernard Shaw, Garcia Lorca, D´Annunzio. E ainda abrilhantou espetáculos de autores nacionais como Viriato Correia, Raimundo Magalhães e da própria Maria Jacintha, que fazia parte do grupo.

Naquela época não existiam escolas profissionalizantes e nem faculdades de teatro, então o que valia era o conhecimento profundo, rígido e embasado como o que Dulcina passava para Nicette. Esses ensinamentos formaram sua grande base artística. Quando os atores eram chamados para participar das companhias, eles recebiam uns libretos onde vinha escrito: a fala em vermelho e as deixas em azul. Os atores tomavam conhecimento da peça no primeiro dia de ensaio. Dulcina foi a primeira pessoa a exigir que fossem entregues cópias da peça para cada ator, antes do início dos ensaios, para que eles tivessem conhecimento da trama e estudassem o texto.

Daí começava uma mudança, galgada no conhecimento. Dulcina foi uma figura importante para a transformação do teatro brasileiro, assim como Bibi Ferreira, que Nicette faz questão de mencionar: "Dulcina reformulou todo o comportamento do Teatro Brasileiro e com a admirável Bibi Ferreira, a quem rendo homenagens a cada dia, transmitiu toda uma consciência maior sobre o teatro", diz.

Nicette lembra que, certa vez, Dulcina perguntou-lhe se ela realmente gostaria de seguir a carreira teatral. Na hora, Nicette respondeu que era o que ela mais queria para sua vida. Então Dulcina olhou bem nos seus olhos e disse palavras que a nortearam durante toda sua carreira: "Duas paralelas vão caminhar ao lado da sua trajetória. O sucesso e o fracasso. Procure tirar o máximo de conhecimento e proveito do fracasso, para não deixar o sucesso lhe subir à cabeça".

"Nunca chorei demais com um fracasso, nem me entusiasmei com o sucesso. É tudo efêmero".

CAPÍTULO 5
ANJO NEGRO COM ZIEMBINSKI

Depois do espetáculo *A Filha de Iório*, em 1947, Nicette aterrizou, em 1948, na peça *Anjo Negro*, de Nelson Rodrigues. Dois trabalhos sucessivos para o Teatro Popular de Arte (TPA), companhia de Maria Della Costa e Sandro Polloni. Ela tinha apenas 15 anos e foi dirigida por Ziembinski, seu segundo diretor depois de Dulcina. Ele era polonês, formado em arte dramática na Universidade de Cracóvia. Aos 23 anos já tinha sido diretor do Teatro Nacional de Varsóvia e do Teatro Lodz. Chegou ao Brasil em 1941, sem saber falar uma palavra em português. A ideia de Ziembinski era ir para os Estados Unidos, onde dirigiria um grupo de teatro polonês. Ao parar no Rio de Janeiro, encantou-se pela cidade maravilhosa e ficou de vez no Brasil, onde faz uma prestigiada carreira como diretor e ator.

Ziembinski tinha uma técnica que aplicava com os atores que dirigia e, também, com seus alunos de interpretação. Essa técnica foi passada para Nicette, que a assimilou tempos depois. Ela era muito jovem, as informações chegavam e ela apenas as recebia. Conforme ganhava amadurecimento cênico, ia colocando em prática o que aprendia. E foi assim na peça *Anjo Negro*. Ela fazia Ana Maria, uma jovem cega, filha do casal Ismael (Orlando Guy) e Virginia (Maria Della Costa). A menina era fruto de um adultério de sua mãe. Como vingança, seu pai a deixava trancada num mausoléu de vidro, onde ela deveria ficar até completar dezesseis anos. Em dado momento do enredo, Ana Maria morre sufocada, é uma cena complicada, que Nicette precisou fazer em total silêncio. Essa técnica foi ensinada por Ziembinski, que lhe dava todos os caminhos para a realização da sua personagem.

Nicette aprendeu com ele como segurar sua emoção e só extravasar, ou explodir, como ela costuma falar, sem usar nenhum som. Nenhuma palavra era emitida. Essa emoção vinha do olhar e da máscara facial. Algo dificílimo para uma atriz com tão pouca experiencia, mas feito por Nicette com muita competência e segurança. Nelson Rodrigues, percebendo o empenho e a entrega da jovem Nicette, ficou muito entusiasmado com o seu talento e sugeriu que ela lesse os trabalhos do intelectual Antônio Olinto, que certamente aprofundariam seus estudos teatrais. E toda a leitura de Antônio Olinto que Nicette fez contribui fortemente para sua formação como atriz.

"Antônio Olinto, me apresentou aos grandes autores e filósofos. Com ele aprendi o verdadeiro sentido da formação e da criação do teatro".

A TÉCNICA CORPORAL DE ZIEMBINSKI

Após participações na Companhia de José César e Sarah Borba, Nicette faz, em 1949, *O Sorriso de Gioconda*, de Aldous Huxley, com Dulcina de Moraes. No mesmo ano, a atriz participa também da montagem de *Os Homens*, de Louis Ducreux. Nessa montagem, Nicette aprendeu mais uma técnica com Ziembinski, desta vez corporal. Quando ela saia de cena, em menos de um minuto, trocava um figurino pelo outro. Ela entrava com uma camisola e em seguida colocava um figurino de passeio completo com direito a chapéu, luvas e guarda-chuva. Ziembinski a ensinou a soltar apenas o botão de sua camisola, enquanto, na coxia, seu tio Paschoal a esperava com a saia aberta, para ela colocar e, depois, com muita rapidez, vestir o resto da roupa.

Apenas uma vez não deu certo. Paschoal não pôde estar presente no dia da apresentação e Nicette acabou voltando ao palco com a mesma roupa da cena anterior. Não teve tempo de trocar. Mas tudo isso foi um aprendizado para ela, que foi ganhando experiência e segurança com os contratempos.

Ziembinski entendia muito bem os atores, porque também era ator. Toda vez que ele dirigia uma peça, interpretava o personagem de cada ator do elenco para mostrar o que esperava da atuação. Isso, por um lado, era muito bom, porque facilitava o entendimento dos atores a respeito de suas personagens, mas, por outro, beneficiava um certo comodismo. Muitos atores nem tentavam arriscar interpretações próprias e os menos experientes copiavam a interpretação que Ziembinski fazia como exemplo. Isso foi criando um vulto tão forte que os críticos teatrais começaram a chamar alguns atores de Ziembiskinhos, já que esses copiavam o diretor.

À época, vários diretores Europeus estavam vinham trabalhar no Brasil, a convite das próprias companhias teatrais brasileiras. Numa dessas, Nicette acabou trabalhando com outro diretor Polonês, Turkov. Ele chegou ao Brasil na mesma época que Ziembinski, todavia suas diretrizes de direção eram bem diferentes das de seu colega de profissão. Ele buscava o trabalho do ator para elaborar o que pretendia como diretor.

Nicette em Anjo Negro ao lado de Maria Della Costa - Coleção Marcelo Del Cima

FAUSTO ACABOU VIRANDO UMA COMÉDIA

Em 1948, o Hotel Quitandinha, em Petrópolis, inaugurava seu teatro mecanizado, com o primeiro palco giratório do Brasil, na primeira edição Festivais Dramáticos Quitandinha. Nesse festival foram encenados dois espetáculos: a tragédia *Fausto*, de Goethe, na qual Nicette interpretava Margarida e a comédia *Êle*, de Alfred Savoir, na qual ela fazia a personagem Bobinha. Mas foi a encenação de Fausto que virou uma grande comédia. A montagem era grandiosa, contava com 22 cenários, vários atores, orquestra, coro e corpo de baile. Prometia ser um grande sucesso, mas não foi. A estreia estava marcada, mas não faltava ensaiasse o elenco composto também por Graça Mello, que fazia Fausto; Luiz Tito, como Mefistófeles; Luiza Barreto Leite, que era Marta. A direção dos atores estava sob a batuta de Herbert Martin, enquanto, paralelamente, a orquestra, o corpo de baile e o coro ensaiavam com outra pessoa. Herbert Martin nada entendia de teatro e muito menos de direção de atores. Instaurou-se o caos. Era uma peça toda feita em versos e o elenco estava completamente perdido. A solução encontrada foi convidar Ziembinski para dirigi-los.

Por 20 dias os atores ensaiaram intensivamente. Mesmo assim, não se sentiam confortáveis para levar à cena uma montagem daquela grandiosidade, o espetáculo não estava pronto. Era preciso mais tempo de ensaio para a maturação da peça. No período de ensaios todos ficaram hospedados no Quitandinha, mas sequer tinham pisado no tal palco giratório. Somente na véspera tomaram conhecimento da sua existência e não chegaram a ensaiar nele. A única forma de se defenderem era a própria interpretação de cada um.

No dia da estreia, além do grande público e de personalidades notáveis de Petrópolis, chegaram caravanas de críticos vindos de vários locais do Brasil. O teatro ficou lotado. Quando as cortinas se abriram, o público teve uma decepção.

Nicette, em um determinado momento do espetáculo, fez um monólogo como se estivesse tendo uma visão de Fausto na igreja. Assim que acabasse o texto, as luzes teriam que se apagar e o palco teria que girar, mas nada disso aconteceu. Nicette ficou parada, completamente "vendida" em cena, sem saber o que fazer. O contrarregra, percebendo o sufoco pelo qual passava Nicette, gritou da coxia: "saia, por favor, senhorita! Já acabou!" E o que era para ser emocionante virou uma comédia, porque a plateia morreu de rir!

Em outra cena da peça, que também deu errado, Nicette, Tito, Graça Mello e Luiza tinham que se encontrar passeando no meio de um jardim. Nicette e Luiza ficaram esperando a entrada de Tito e Graça Mello, que não subiram ao palco. Eles ficaram presos no meio dos sarrafos e elas não puderam fazer nada, não tinham como improvisar, já que a peça era em versos.

Luiza começou a gritar como se estivesse vendo os dois atores chegando: "Eles estão vindo!", disse. Mas Tito e Graça Mello entraram, de repente, pelo fundo do palco: vinham da direção contrária à apontada por Luiza. O elenco passou por mais um vexame e, mais uma vez, o público não conteve as gargalhadas.

E os vexames não pararam por aí. Nicette precisava vestir uma camisola, mas não tinha tempo de correr até o camarim para trocar e voltar. Então deixou a peça pendurada numa arara, na coxia. Na hora em que deveria acontecer a troca, a camisola não estava lá. Nicette ficou nervosa, o elenco e a equipe começaram a procurar sua camisola e não a encontram. Com o movimento do palco giratório, a peça ficou presa em um prego, indo de um lado para o outro no cenário. Nicette percebeu e conseguiu pegar a camisola, que estava completamente rasgada. Nicette só chorava, não tinha o que fazer. E para completar, o administrador fugiu com todo o dinheiro da bilheteria, deixando todos a ver navios. Ao invés da peça estampar as capas dos jornais por conta de seu sucesso, como sonhara o elenco, só se falava do enorme fracasso da montagem e do golpe aplicado pelo administrador.

"Mamãe tentava me acalmar na coxia: 'Filha, fica calma e faz o que tem que fazer. Cumpra sua função.' E foi o que eu fiz, na medida do possível".

CAPÍTULO 6
A QUERIDA NONOCA

Eleonor Bruno, a Nonoca - Acervo Pessoal Nicette Bruno

Não podemos deixar falar de Eleonor Bruno, mãe de Nicette e uma das grandes responsáveis e incentivadoras pela trajetória profissional da filha. Maria Eleonora Xavier de Paiva, conhecida artisticamente como Eleonor Bruno e apelidada carinhosamente de Nonoca, fez uma solida carreira nas artes cênicas. Uma carreira concebida por obra do destino, que ela agarrou com unhas e dentes. Mas, antes disso, estudou canto lírico e chegou a se apresentar cantando em espetáculos amadores beneficentes. Em um deles cantou árias da ópera La Boheme, no Cassino do Copacabana Palace.

Formada em Medicina e seguindo os passos de sua mãe, Nonoca também se especializou como Obstetra. Enquanto fazia residência num hospital de apoio à mulher, em Niterói, Eleonor acompanhava Nicette, ainda menor de idade, em todos os trabalhos e testes.

E foi numa dessas que Nonoca tornou-se atriz. Certa vez, acompanhando Nicette num ensaio com Dulcina de Moraes, ouviu da diretora: "você é tão bonita, uma voz tão linda, tem que trabalhar como atriz!". O tempo passou e, um belo dia, Dulcina a convidou para fazer um pequeno papel, como experiência, na peça *Já é manhã no mar*, escrita por Maria Jacinta. Nonoca interpretou um personagem de apoio. Deu tão certo e ela gostou tanto da experiência que começou a investir na carreira de atriz.

Nonoca não era uma comediante, mas tinha uma ótima pegada de humor. Trabalhou em várias companhias teatrais, como as de Dercy Gonçalves; Jayme Costa e Nicette. Viajou bastante e conheceu muitas capitais brasileiras, participando de espetáculos como *Dorotéia; Weekend, Prisioneiro da Quinta Avenida; Efeitos dos raios gama nas margaridas do campo*. Destacou-se na peça *Dona Rosita, a Solteira*, de Garcia Lorca, dando um show de interpretação.

Nonoca também fez muitas novelas, como *Papai coração; Um dia o amor; Uma rosa com amor; A volta de Beto Rockfeler; O preço de um homem* e a inesquecível *Beto Rockfeler*, na qual fez a mãe do protagonista, Beto Rockfeler —interpretado por Luiz Gustavo—, e de Neide —interpretada por Irene Ravache. A sempre bem-humorada e querida Nonoca também teve em sua vida muitas histórias divertidas, contadas pela família.

ESSA FOI FORTE

Nonoca era muito vaidosa. Adorava passear com Julieta, secretária de Nicette, principalmente para ir ao cabeleireiro, na Praça Antero de Quental, no Leblon. E de lá, ela gostava de ir à famosa Pizzaria Guanabara, para comer linguaça calabresa acebolada e tomar chopp. Às vezes ela ia com Julieta para Cobal Leblon fazer compras e, depois das compras, sempre queria sentar-se em algum barzinho pra tomar chopp. Coisas de Nonoca! Foi várias vezes para a casa de Julieta em Barra Mansa, no estado do Rio de Janeiro, onde ficava tomando sol. Quando Julieta perdeu sua mãe, Nonoca falou para ela: "não precisa ficar triste não, agora sou sua segunda mãe".

Apaixonada por Nicette e pelos netos, Nonoca sempre foi muito querida por todos. Uma figura meiga, adorável. As pessoas adoravam pedir conselhos a ela e adoravam a sua companhia. Todas as suas amigas que ficavam grávidas queriam Nonoca por perto na hora do parto. Dercy Gonçalves adorava levar Nonoca para cima e pra baixo. Não desgrudava dela! Nonoca, apesar de não ser uma comediante, tinha a comédia na alma. Ela é famosa por ter algumas estórias divertidas na família. Todas elas com muita inocência, mas que tiravam o riso de todos.

Em uma delas, Nonoca viajava com a família no famoso Trem de Prata, que fazia o percurso Rio-São Paulo, numa das últimas viagens que o trem fez antes de encerrar seus serviços. Estavam ao lado de dela: Nicette, Beth Goulart, João Gabriel, filho de Beth, Vanessa Goulart, filha de Bárbara, e Dedéia (Flordea). Na hora do jantar, uma pessoa da tripulação perguntou o que ela desejava comer, carne ou espaguete para ela! Nonoca respondeu: Spaguetti! E todos morreram de rir! Claro que fizeram Spaguetti para Nonoca!

Em outra situação, ela estava numa festa, sentada ao lado da mãe de um amigo da família. A tal senhora tinha mais ou menos a mesma idade que Nonoca e começou a puxar assunto:

— Tudo bem, Nonoca?
— Tá tudo bem!
— Você está enxergando bem?
— Estou, enxergo muito bem!
— Você está ouvindo bem?
— Ouço bem sim, graças a Deus.
— Está caminhando bem?
— Caminho muito bem.
—E os dentes?

Nonoca parou, olhou para os lados e falou bem alto: "Essa foi forte!". A frase virou um bordão entre os membros da família. Quando se veem em uma situação muito complicada, eles se olham e falam: "Essa foi forte!".

Nicette e sua mãe Eleonor Bruno, a Nonoca - Acervo Pessoal Nicette Bruno

E O TEMPO ESQUENTOU!

Nonoca não brigava com ninguém, somente uma coisa a tirava do sério: mexer com alguém de sua família. E, se esse alguém fosse Nicette, o tempo esquentava mesmo.

Como falei anteriormente, Dercy Gonçalves amava a companhia de Nonoca. Dercy adorava jogar bingo e, durante uma temporada que fazia em São Paulo com seu grupo de teatro, convidou Nonoca para acompanhá-la. Nonoca tinha pavor de jogo, mas, como era para acompanhar Dercy, uma querida amiga, aceitou o convite.

No local, havia uma sala cheia da comes e bebes, onde várias senhoras aguardavam seus maridos, que jogavam. Nonoca ficou nessa sala, papeando com as outras senhoras, enquanto aguardava Dercy jogar.

Durante o período em que esteve lá, apareceu um vendedor de joias, que fora ali para mostrar suas peças às senhoras presentes. Papo vai, papo vem, surgiu uma conversa sobre o teatro em São Paulo. Sem papas na língua, o senhor vendedor começou a desfiar o rosário. Ele dizia: "fulana tem o teatro, porque tem um caso com um político, beltrana tem uma companhia porque é caso de um italiano; a sicrana famosa tomou o marido da outra; e uma tal de Nicette, uma menininha mimada, só tem aquele teatro porque a mãe dela se vira para bancar".

Nonoca contou até dez para não pular no pescoço do vendedor, mas não se conteve e disse: "O senhor é um linguarudo, falando dessas atrizes maravilhosas sem saber. Elas é que fazem o teatro acontecer no Brasil. E você sabe quem é a mãe dessa menininha mimada chamada Nicette? Sou eu!"

O tal senhor, envergonhadíssimo, não sabia onde enfiar a cara. Saiu de lá escorraçado por Nonoca e pelas senhoras presentes que a apoiaram. Essa era Nonoca. Podiam falar mal dela, mas, se mexessem, com sua família, não deixava barato.

"*Sou parecida com mamãe. Trato todos com muito amor e respeito, mas, se mexer com algum filho meu, viro uma fera!*"

A VERDADEIRA DOROTÉIA DE NELSON

O biógrafo Ruy Castro descreveu Nonoca, nas páginas de *Anjo pornográfico: a vida de Nelson Rodrigues*, biografia lançada pela editora Companhia das Letras em 1992, da seguinte forma: "um bijú, um biscuit: pequenina, cabelos castanhos claros, cheinha de corpo e tímida e — o que deve ter tocado uma nota plangente nos músculos cardíacos de Nelson — soprano lírico. Essas palavras não foram à toa, pois Nonoca teve um romance com o dramaturgo durante dois anos. A verdadeira Doroteia de Nelson foi Nonoca.

Aos 13 anos, quando Nicette estreava profissionalmente como atriz na peça *Anjo negro*, de Nelson Rodrigues, Nonoca foi levá-la ao Teatro Phoenix, no Rio de Janeiro, e encontrou o autor. Nelson, de cara, encantou-se com Nonoca . Encantou-se tanto que escreveu para ela a famosa peça DOROTÉIA, que estreou no Teatro Phoenix em sete de março de 1950.

Eleonor Bruno e Nelson Rodrigues - Acervo Pessoal Nicette Bruno

    Em 2002, Beth Goulart, filha de Nicette e neta de Nonoca, em homenagem à avó, estreou o espetáculo *Dorotéia minha*, baseado em cartas e bilhetes de amor escritos por Nelson para Nonoca na década de 40. O espetáculo foi escrito pela própria Beth, que buscou nas histórias reais de sua avó a base para a sua estreia como dramaturga. Assim Beth define o espetáculo: "A raiz de Doroteia Minha nasceu de uma história verdadeira de amor, que aconteceu com a minha avó e Nelson. Um amor profundo e arrebatador. É a história de amor entre um homem e uma mulher que pode acontecer com qualquer um. Trato de questões pessoais que são universais. É um espetáculo em homenagem ao amor, ao teatro e à minha avó".

Beth estava procurando um texto para montar no teatro, quando descobriu os escritos que Nelson fez para Nonoca. Ela encontrou o original de Dorotéia. Escrito em 1949, o documento trazia uma dedicatória para sua avó, que logo depois interpretou a peça no teatro, com direção de Ziembinski. Beth perguntou à Nicette o que aquela dedicatória significava e foi então que Nicette lhe contou sobre os escritos, que ela chamava de "amor eterno" e "amor imortal".

"Eleonor

Sonhamos juntos esta peça, ela viveu em nós, viveu profundamente em nossos diálogos e nas profundezas de nossas almas. Só depois, é que eu lhe dei uma forma. Fui eu que a realizei, mas veio de ti o frêmito da inspiração. Poderei escrever: ela nasceu à tua sombra e à sombra de nosso amor... Amo dizer o teu nome na terra Eleonor... Beija-te nos olhos e na alma.

Nelson

(Trecho de dedicatória de Nelson Rodrigues da peça Doroteia para Eleonor Bruno)

Já doente e velhinha, vivendo com Nicette e Paulo, no apartamento do casal, à época no bairro da Lagoa no Rio de Janeiro, Nonoca não teve condições de assistir ao espetáculo da neta, mas lhe deu toda a liberdade de contar aquela história de amor. Em 2012, sua bisneta Vanessa Goulart, também a homenageou, interpretando a bisavó na série *Dercy de verdade,* produzida pela Rede Globo de televisão e protagonizada pelas atrizes Fafy Siqueira e Heloisa Périssé.

A PARTIDA DE NONOCA

Nonoca atuou até 1999. Depois disso, sua saúde começou a ficar debilitada. Ela era cuidada por Nicette e por Julieta, braço direito de Nicette há muitos anos que acabou se transformando num membro da família e continua ao lado de Nicette até hoje. Com a senilidade, Nonoca ficava quietinha no quarto, no apartamento de Nicette. Sempre muito ausente, o que era de se estranhar, pois era muito participativa. Nonoca costumava ficar de mãos dadas com Nicette e Julieta no quarto e quando as via falava: "Minhas duas filhas".

Era 24 de dezembro de 2004, véspera de Natal. Rio de Janeiro em pleno verão, os netos e os agregados, que se encontravam na casa de Nicette para passar a noite de Natal, foram todos à praia. Em casa, só estavam Nicette, Paulo, Paulinho, Julieta e sua cunhada Vilma. De repente, Nonoca começou a passar mal, sentia um pouco de falta de ar. Acabara de chegar um enfermeiro, que, diariamente, aplicava-lhe um medicamento, quando a falta de ar de Nonoca ficou mais intensa. Nesse momento, nem Nicette, nem Julieta tiveram coragem de ver a cena e saíram do quarto. Passados aproximadamente cinco minutos, Paulo saiu do quarto e andou em direção a Nicette e Julieta e disse: "ela já foi". Nonoca faleceu aos 91 anos, por insuficiência respiratória.

Eleonor Bruno em cena - Acervo Pessoal Nicette Bruno

"Graças a Deus, aqui em casa temos um pouco de compreensão espiritual. Você entende o processo da vida e não te dá a sensação de desespero e nem de revolta. Quando Nonoca partiu, eu senti a dor da perda, mas entendi e aceitei seu momento de partida".

CAPÍTULO 7
O TEATRO DE ALUMÍNIO

Em 1951, aos 18 anos, Nicette foi convidada por Themistocles Halfeld, conhecido como Halfed, o fotógrafo das estrelas, para ser a titular em uma companhia de teatro itinerante que ele queria montar seguindo moldes estadunidenses. Era um teatro com cobertura de alumínio. Ele montava a estrutura, depois, desmontava e levava para outro lugar. A ideia era fazer isso no Rio de Janeiro, no Passeio Público. Imediatamente, Nicette convidou a mestra Dulcina de Moraes para dirigir o primeiro espetáculo e de imediato começaram a montagem. Só que levaram um balde de água fria na cabeça!

O arquiteto Lúcio Costa, então diretor do Patrimônio Histórico Nacional, não permitiu a montagem do teatro, pois, segundo ele, descaracterizaria a imagem do jardim. Nicette não pensou duas vezes. Como muita coragem e ousadia, ela foi atrás do Presidente Getúlio Vargas, que ocupava o cargo na época, e pediu uma audiência urgente. E conseguiu. Getúlio a recebeu de braços abertos no Palácio do Catete. Segundo Nicette, ele era gordinho, baixinho, mas com um sorriso impressionante e um grande carisma. Ele a chamava de menina.

Quando acabou o encontro, ele a autorizou a construir o Teatro de Alumínio no Passeio Público. Disse que ela poderia ir embora tranquila. Nicette saiu toda animada do encontro, mas, como era muito garota, por inexperiência de vida, não saiu com nenhum documento oficial escrito e nada aconteceu. Era a palavra dela contra a do Presidente da República. Ela não tinha poder para ir contra ele. Todavia, a situação causou uma grande repercussão na mídia. Jornais do Brasil inteiro falaram sobre o assunto, o que acabou chamando a atenção de Brasil

Bandeck, Secretário de Cultura de São Paulo. Ele enviou um telegrama a Nicette, oferecendo-lhe a Praça da Bandeira, futuramente o Paço Municipal, para a montagem do Teatro de Alumínio. Com muita felicidade, Nicette aceitou o convite! Eis que em 1952, o Teatro de Alumínio é inaugurado na Praça da Bandeira, em São Paulo, com 500 lugares.

"O teatro era de alumínio, mas dentro dele pulsava nosso coração e nossa arte. Ele tinha vida!".

CIA NICETTE BRUNO E SEUS COMEDIANTES

Com a inauguração do Teatro de Alumínio, surgiu também a companhia teatral que estaria a frente de todas as peças do projeto: Nicete Bruno e Seus Comediantes. Ao chegar em São Paulo, Nicette, que nunca tinha feito teatro fora do Rio de Janeiro, lembra que causava estranhamento com seu "carioquês" e que, por causa disso, teve que se preparar ao máximo para neutralizar o sotaque chiado do carioca. "Sofri preconceito por conta do meu sotaque carioca, mas trabalhei duro a voz, fiz aulas de prosódia e neutralizei minha fala", conta.

Para a inauguração, Nicette convidou Dulcina de Moraes para dirigir a peça *De amor também se morre*, de Margaret Kennedy. Mas a diretora estava com a agenda cheia e declinou o convite. Quem fez a direção do espetáculo foi o diretor polonês Turkow.

De Amor também se morre, é baseado no romance *The Constant Nymph*, da própria Margaret Kennedy, best-seller em 1924. Dois anos após o livro estourar, a autora decidiu adaptar a obra para o teatro, o que fez em parceria com Basil Dean. A peça, que tem três atos, foi representada na Broadway de dezembro de 1926 a abril de 1927. Aqui, no Brasil, a montagem estreou com grande sucesso no Teatro de Alumínio. A fila chegava a dar a volta no quarteirão. No elenco, além de Nicette, estavam Felipe Wagner, Fernando Villar, Kleber Macedo e Margarida Rey.

"Ofereci ingressos a preços populares. De Amor também se morre, foi o primeiro espetáculo teatral com preço popular no Brasil".

Nicette em 1951 ao completar 18 anos e estreava o Teatro de Aluminio - Acervo Pessoal Nicette Bruno

NICETTE ASSUME O TEATRO DE ALUMÍNIO

O inesperado veio a acontecer. O fotógrafo e Halfeld, parceiro de Nicette no Teatro de Aluminio, resolveu dar adeus a São Paulo e voltar para o Rio de Janeiro, largando a companhia. Ele queria retomar seus trabalhos fotográficos em seu estúdio, que ficava em terras cariocas.

A essa altura, Nicette tinha quase 19 anos. Para o Teatro não parar de vez, Nicette não viu outra solução a não ser assumir o Teatro de Alumínio. E foi o que ela fez. Muita gente ficaria desempregada, caso as atividades se encerrassem. A companhia era composta por vários atores que tinham saído do Rio pra São Paulo, perfazendo um total de 22 pessoas.

Nicette e o produtor Abelardo Figueiredo, seu grande amigo e secretário da companhia, não faziam a menor ideia de como administrar um teatro. Entendiam somente da parte artística. Mas não tiveram saída. Administraram juntos uma gestão caótica. Nicette acabou pedindo ajuda financeira a seus parentes, que concordaram em ajudá-la a, pelo menos, terminar a temporada que estava em cartaz. As temporadas seguintes, se a companhia sobrevivesse, teriam que se manter apenas com o trabalho dos dois. E para completar toda essa desestruturação, vários atores do elenco deixaram a companhia.

Nesse mesmo período, Nicette estava fazendo televisão e começando a conhecer as pessoas do meio. Um belo dia, ela conheceu o diretor italiano Ruggero Jacobbi. Além de diretor, ele era cenógrafo, crítico teatral, cineasta e roteirista. Ele trabalhava no Teatro Brasileiro da Comédia (TBC), a companhia considerada a de mais alto valor artístico da cidade de São Paulo. No TBC, Ruggero trabalhou com Gianni Ratto, Flaminio Bollini, Luciano Salce e Adolfo Celi.

Ruggero era também diretor da TV Paulista, onde Nicette trabalhava naquele momento. Ele ficou muito impressionado de vê-la, tão jovem, conduzindo uma companhia de teatro e tentando administrar um projeto tão grande como o Teatro de Alumínio. Então, vendo o esforço da jovem atriz, ele se associou a Companhia, dirigindo o segundo espetáculo.

Nicette queria montar a peça *Rainha do Ferro Velho*, de Garson Kanin, mas era uma produção muito grandiosa, que demandava gastos incompatíveis com o orçamento da companhia. Então Ruggero, sugeriu a peça *A senhorida minha mãe*, de Louis Verneulli, pois era uma produção mais barata e com menos atores. Mas, para fazer este espetáculo, precisavam de um galã. Ruggero disse que conhecia um jovem bonito, talentoso e promissor que poderia ser o galã da peça: Paulo Goulart. Naquela época, Paulo estava atuando na novela *Helena*, baseada no romance de Machado de Assis e produzida pela TV Paulista.

CAPÍTULO 8
O PRIMEIRO ENCONTRO COM PAULO GOULART

O primeiro encontro com Paulo Goulart foi na montagem de *Senhorita minha mãe*, de Loius Verneuil, em 1952. Nicette nem reparou nele. O único interesse dela naquele momento era ter a certeza poderia contar com o tal galã para o espetáculo. Ela queria começar logo os ensaios, estava ansiosa para o momento em que tudo entraria nos eixos novamente. Queria seguir em frente. Nem passava por sua cabeça que contracenaria com o homem com quem se casaria e que seria o amor da sua vida. "Na primeira vez que vi Paulo, nem prestei atenção nele, que fazia teste para participar do espetáculo. Depois me falaram: 'Olha, Paulo está gostando de você'. E eu: 'É mesmo, que maravilha'. Aí é que fui olhar para ele com outros olhos e achei ele bonitão", conta.

Naquela época não havia patrocínio como há hoje em dia. Nicette, Eleonor e Abelardo, arregaçaram as mangas para que a peça fosse montada. Eles levantaram toda a produção e ainda tiveram ajuda de Paschoal, tio de Nicette, que além de ator era figurinista. Para Nicette foi um grande aprendizado se envolver numa produção e poder participar de todos os processos. "Naquele tempo, tínhamos que colocar a mão na massa. O espetáculo acontecia pelos nossos próprios esforços, pelo nosso suor", lembra.

O espetáculo foi um grande sucesso! Nicette, fazia o par romântico de Paulo na peça. Ele interpretava o filho de um viúvo que queria se casar com uma jovem, interpretada por Nicette, por isso o título de *Senhorita minha mãe*. Antes de se relacionar, o casal teve uma grande afinidade cênica. Era uma química surpreendente! Paulo se destacava por sua interpretação e aproveitava absolutamente tudo. No dia da estreia, aconteceu uma coisa inusitada. O seu personagem tomava chuva e por causa disso, espirrava muito. Num determinado momento da cena, quando Paulo espirrou, uma pessoa da plateia gritou: saúde! Paulo não perdeu tempo e rebateu: obrigado! A plateia foi ao delírio! Os atores que estavam em cena ficaram um pouco assustados com a ousadia de Paulo, que tomara aquela atitude logo na estreia. Ninguém falou nada, mas trocaram olhares que já diziam tudo. Nicette não gostou nada daquilo e do jeito moderno que levava a interpretação de Paulo. Ela chegou a colocar um aviso na coxia, dizendo que os atores deveriam falar o texto corretamente, sem invenções. Seu propósito, na verdade, era chamar a atenção de Paulo por conta da forma improvisada como respondeu à fala que veio da plateia.

Para a sorte de Paulo, o famoso crítico teatral paulista, Décio de Almeida Prado, estava na plateia naquela noite de estreia. Na hora de escrever a crítica, enalteceu Paulo por seu talento histriônico. Paulo tinha uma ótima comunicabilidade com a plateia, ele sempre interagia com o público, que reciprocamente o respondia. Ele tinha o riso frouxo, sempre ria durante os espetáculos. Paulo era famoso por pelos risos em cena, que com o tempo e a experiência, foi aprendendo a controlar. Contam que, certa vez, quando Paulo contracenava com Fernanda Montenegro em uma peça dirigida por Sérgio Britto, ele tinha que olhar para a testa da atriz e ela para a dele, para não rirem durante a cena. Os olhos não podiam se cruzar, se não a risada vinha! Sérgio Britto ficava louco com ele!

"Eu e Paulo tivemos uma química enorme logo no primeiro trabalho. Tudo muito espontâneo! E, quando existe espontaneidade, aí, sim, a química é maravilhosa!".

QUANDO O SININHO TOCOU.

"Tinha eu 15 anos/ Era apenas uma flor que espreita a primavera" (Olegário Mariano).

Na segunda-feira de folga da companhia, todos foram convidados para uma festa em Santo Amaro. Na festa, Abelardo Figueiredo chegou no ouvido de Nicette e disse: "Acho que vai ter romance na companhia". E Nicette pergutou: "De quem?". Abelardo respondeu: "Do galã com a mocinha". Logo depois, revelou a Nicette que Paulo estava interessada nela havia algum tempo. E com essa informação, Nicette começou a prestar atenção em Paulo ali na festa mesmo.

Como sempre acontecia nas festas daquela época, as pessoas cantavam, declamavam poemas ou tocavam algum instrumento. E assim pediram para Nicette declamar algum poema. Dias antes, num intervalo de ensaio, Paulo viu Nicette declamar o poema *Único Amor,* de Olegário Mariano. Paulo, então, sugeriu a ela que declamasse o mesmo poema. Nicette aceitou a sugestão.

Enquanto recitava o poema, ela olhava em volta das pessoas, mas não avistava Paulo. Quando terminou, intrigada, ela saiu à sua procura e o encontrou numa salinha de música bem reservada, que estava na penumbra. Nicette olhou para Paulo e disse: "Ué, você pediu para eu dizer o poema e você sumiu!". Ele respondeu: "Eu queria que você dissesse aquele poema só pra mim e não pra todo mundo". Ali, diz Nicette, o sininho do amor bateu! Depois da cantada do poema, Paulo a levou ela para dançar e quando terminou a música já estavam de mãos dadas, o que insinuava um possível namoro. Na volta, pegaram o bonde de Santo Amaro até a Praça das Bandeiras, acompanhados de Eleonor e Paschoal.Muito galanteador, na volta, Paulo falou palavras românticas para Nicette e ela também as disse para ele. Começaram a se olhar de um jeito diferente. Um sentimento de carinho profundo, prestes a virar amor.

PAULO CANTA PARA NICETTE

Passados alguns dias, durante os ensaios, novamente os integrantes da Companhia resolveram mostrar seus dotes artísticos, até que alguém falou para Paulo: "Nicette já declamou o poema para você, você não vai fazer nada pra ela?" Surpreso, Paulo falou que não sabia fazer nada e então novamente alguém perguntou: "Você não canta nada?". E ele resolveu cantar "Índia", de Roberto Carlos, para Nicette, pois era a única música que ele dizia que sabia cantar. O mais engraçado de tudo isso é que de índia, Nicette não tinha nada, ela era loiríssima.

"Índia" foi apenas uma brincadeira, porque, na realidade, a música que fazia parte da trajetória romântica do casal foi "Eu sei que vou te amar", de Tom Jobim. Durante toda a vida de Nicette e Paulo, essa era a música tocada ou cantada pelo casal, em seus momentos de romantismo.

O INÍCIO DO NAMORO DE NICETTE E PAULO

O encantamento de Paulo por Nicette foi crescente. Ele perguntava ao elenco da companhia se ela estava solteira ou tinha algum pretendente. Apaixonando-se cada dia mais por ela, jogava-lhe olhares insinuantes, mas Nicette nem ligava, embora a equipe e o elenco do teatro percebessem o que estava acontecendo.

O primeiro beijo que Paulo deu em Nicette foi na porta do camarim. Nicette estava entrando no camarim e Paulo estava parado no corredor perto da porta, quando, de repente, ele a puxou e deu-lhe um beijo inesperado. Depois dessa cena, Nicette e Paulo selaram de vez o amor um pelo outro e começaram definitivamente a namorar.

Mas o começo de namoro com Paulo não foi tão simples. O pai de Paulo não apoiava o namoro, pois achava que o fato Nicette já estar sob os holofotes poderia atrapalhar os caminhos de Paulo, que ainda galgava sua trajetória profissional. À época, além de atuar, Paulo fazia faculdade de Química Industrial, porém, mais tarde, abandonou o curso para dedicar-se integralmente ao teatro.

Realmente Nicette estava sob a mira dos holofotes! Seu início de carreira foi um grande estardalhaço. Ela já havia ganho prêmio revelação como atriz, trabalhado com Dulcina de Moraes; atuado na polêmica *Anjo de Negro,* de Nelson Rodrigues; inaugurado o grande teatro mecanizado do Quintadinha e comandava uma companhia de teatro que levava seu o nome. Era muita coisa para uma jovem em início de carreira. Por causa disso, ela teve um grande reconhecimento da imprensa, do público, dos críticos e dos grandes artistas da época. Bibi Ferreira, que assistiu à estreia de Nicette no teatro, dizia aos quatro cantos, que além do muito talento, Nicette tinha uma voz espetacular para os palcos.

Certo dia, seu Afonso, pai de Paulo, resolveu falar com Eleonor, questionando o namoro de Nicette e Paulo. Ele resolveu pedir sua ajuda para que pudessem juntos interromper o namoro dos dois jovens. Eleonor ouviu aquilo tudo e, categoricamente, disse a ele: "Eu não costumo me intrometer nos sentimentos da minha filha. Ela sempre foi tão equilibrada. A única coisa que eu posso lhe dizer, é que minha filha é uma criatura tão maravilhosa que eu sempre desejei para ela um príncipe e ela foi gostar justo do seu filho!".

O pai de Paulo entendeu o recado e nunca mais falou nada. O namoro de Nicette e Paulo seguiu tranquilamente. Na verdade, Nicette sabia que a atitude de Afonso não passava de uma proteção ao filho, que ela não era o real motivo dos temores do sogro. Afonso tinha o mesmo cuidado que todos os pais têm com seus filhos: a preocupação com futuro. Naquela época essa preocupação era ainda mais acentuada pelas famílias. Nicette nunca teve problemas com o pai de Paulo, ele a adorava! Ele percebia a grande paixão que Nicette sentia por Paulo.

Nicette nunca revelou essa história para Paulo. Paulo foi embora dessa vida sem saber do acontecimento. Nicette achou melhor poupá-lo, já que o fato não tinha importância diante da grande paixão que o casal sentia um pelo outro.

O início de namoro de Nicette e Paulo - Acervo Pessoal Nicette Bruno

"No início, foi uma grande paixão, que foi se transformando num grande amor que nos uniu a vida inteira. Paulo sempre dizia para mim: 'Estou te namorando'".

SAIR SOZINHA: NUNCA!

Nicette nunca saiu sozinha, nem com Paulo. Tinha sempre a companhia de alguém, principalmente da sua mãe Eleonor e do seu tio Paschoal.

Nicette e sua mãe, moravam em um hotel na esquina da rua Ipiranga com a rua São João, em São Paulo, onde hoje fica o Sindicato dos Artistas da cidade. Elas tinham acabado de chegar do Rio e ainda não tinham apartamento para morar, estavam estruturando a vida. Quando saiam do ensaio, Paulo sempre as acompanhava até em casa.

Eleonor sempre subia na frente, para deixar Nicette e Paulo conversando mais à vontade. Nesses momentos, Nicette aproveitava e dava uns beijinhos em Paulo. Mas tudo isso tinha um tempo determinado, logo depois, Eleonor a chamava da janela, "Nicetinha, vamos subir, tá na hora!", e Nicette atendia tranquila ao chamado da mãe.

Parecia uma cena de cinema. Nicette subia, ia para a janela e ficava olhando Paulo ir embora. Quando ele chegava na esquina da Rua Ipiranga, eles davam adeus um para outro. Nicette diz que lembra bem o clima romântico da novela de época *Éramos Seis*, de 1977, na qual interpretou Dona Lola, a personagem principal.

"Era uma delícia o clima romântico daquela época. Me lembra a novela Éramos Seis, tudo muito puro e verdadeiro".

PAULO INTEGRA A COMPANHIA TEATRAL DE NICETTE

Nicette não tinha condição de administrar sozinha a companhia, era uma função de muita responsabilidade e muito difícil. Então, quando Paulo começou a namorá-la, passou a participar ativamente dos problemas da companhia e resolveu ajudar. Abelardo Figueiredo ficou como administrador geral e Paulo com a produção e área artística junto com Nicette. Os pais de Paulo, seu Afonso e Dona Elza, e seu irmão Milton, acabaram abraçando a Companhia e ajudaram muito também.

Mas nada era fácil, os obstáculos eram constantes. Certa vez, Nicette acordou com um contrarregra batendo em sua porta. Tinha um caminhão parado na frente do Teatro de Alumínio e vários homens estavam recolhendo todas a cadeiras do teatro. Nicette ficou muito nervosa e imediatamente foi correndo até o local. Quando chegou lá, ficou abaladíssima com o que viu, assim como todos os envolvidos, até que descobriu que as cadeiras não tinham sido pagas propositalmente, pela outra administração, e que, por uma ordem da justiça, tinham que ser retiradas do local. Ela não sabia absolutamente de nada sobre aquela dívida, as cobranças nunca chegaram até ela. Na sua cabeça, estava tudo devidamente quitado.

Nicette já estava há quatro meses naquela batalha, dedicando-se exaustivamente ao projeto, não achava justo o que estava acontecendo. E como as notícias correm logo, a imprensa inteira chegou na porta do teatro, buscando informações. Mas as notícias que saíram na mídia ao invés de prejudicar, acabaram ajudando. Os paulistanos se solidarizaram com aquela situação e resolveram abraçar a causa. Várias lojas de móveis próximas ao teatro, emprestaram suas cadeiras. Duas lojas deram mais de 100 cadeiras e isso foi a salvação do Teatro de Alumínio. Assim, Nicette não precisou fechar a casa e a peça *Amor x Casamento*, de Maxwell Anderson, pôde continuar a temporada.

Nicette ficou imensamente grata a todos os comerciantes que lhe apoiaram naquele momento. Antes da apresentação de cada espetáculo, sempre agradecia aos donos das lojas que emprestaram as cadeiras e dizia que se o público não estivesse à vontade nelas, poderia pegar o dinheiro de volta na bilheteria. Nicette falava isso, pois tinha consciência que não estava oferecendo o conforto necessário à plateia. Mas em respeito a ela, estava cumprindo a missão de apresentar o espetáculo. O público se sentia extremamente respeitado e ficava até o último momento da peça, que era calorosamente aplaudida.

CAPÍTULO 9
FECHAMENTO DO TEATRO DE ALUMÍNIO

Os tristes acontecimentos não paravam de chegar. Aproximadamente dez dias depois da confusão das cadeiras, Nicette recebeu uma intimação da prefeitura para fechar o teatro. Isso porque ela não era proibido manter aberta uma casa de espetáculo sem poltronas. Ela foi obrigada a interromper as atividades do Teatro de Alumínio.

Nicette entrou em desespero. Era muita notícia ruim! Ela foi novamente atrás de Brasil Bandeck, secretário de Cultura, para pedir ajuda. E, para sua sorte, conseguiu dar continuidade às suas peças. Eles estavam construindo teatros da prefeitura em alguns bairros e Nicette e sua companhia foram convidados a se apresentar nos espaços com seu o repertório: *Amor x Casamento*, *De amor também se morre* e *Senhorita minha mãe*. Inauguraram os teatros Arthur de Azevedo, na Mooca; João Caetano, na Vila Mariana; Leopoldo Fróes, na Praça da República; São Paulo, na Liberdade e Colombo, no Brás.

> "Não era fácil. Não tínhamos dinheiro para nada, tínhamos que nos virar. A gente era contrarregra, maquinista, montávamos cenários, pintávamos tecidos. Para divulgar as peças, saíamos em caravana em carros pelos bairros de São Paulo, anunciando as apresentações pelo alto falante".

AS CRÍTICAS

Nicette foi muito criticada por ser uma jovem atriz carioca tentando entrar no mercado paulistano. Puxava o "s" e o "x" e sofria enorme preconceito era enorme por assim. Leonor, então, resolveu procurar uma professora de prosódia e canto para Nicette: chamava-se Alice Pincherle, era mãe da atriz Nydia Licia, falecida em 2015. Com muito estudo e força de vontade, Nicette neutralizou seu sotaque. "O ator não pode ter nenhuma pronúncia, o sotaque tem que ser neutro, a não ser que o personagem peça", explica Nicette.

Alguns jornais também, resolveram pegar no pé da jovem atriz. Alguns debochavam do Teatro de Alumínio chamando-o de "cirquinho de lata", como neste trecho do jornal "A Noite", publicado em 1951:

> Muitos transeuntes na Praça da Bandeira vem exercitando a imaginação nos últimos dias, para descobrir a finalidade daquela armação de forma ovalada, como um esqueleto de um animal pré-histórico, que de repente começou a se levantar à esquerda de quem entra na Avenida 9 de Julho. Trata-se — esclarecemos — da ossatura do próximo Teatro de Alumínio, que o carioca, acostumado a ver esquecido e enferrujado na sua terra, apelidou de "cirquinho de lata".

As críticas continuavam, não só em relação ao Teatro de Alumínio e à Nicette, mas também e injustamente sobre a peça *De amor também se morre*. A imprensa Paulistana não dava tréguas: "De amor também se morre, original de Margareth Kennedy, em tradução de Maria Jacinta, talvez obtivesse êxito lá pelos idos de 1850. Hoje está muito longe da realidade. É fraco em todos os sentidos", escreveu o jornal Correio de São Paulo.

A TRISTEZA DE NICETTE

Numa época em que os teatros eram imensos, surge um teatro de apenas 280 lugares: o *Teatro íntimo Nicette Bruno (TINB)*. Nicette estava passando por um momento de tristeza, por ser obrigada a fechar o teatro e consequentemente, finalizar as atividades de sua companhia. Estava deixando para trás um sonho ao qual se entregou de corpo e alma, dando todo seu sangue e seu suor. Um sonho interrompido. E não era só isso. Existia ainda o lado humano. Seus colegas de palco e técnicos da companhia, estavam perdendo seus empregos. Era um momento muito delicado da sua vida. A responsabilidade era muito. Ela não tinha mais um palco próprio. Não tinha mais atores, nem equipe. Não tinha mais a companhia para apresentar seu repertório de peças e dar continuidade aos futuros projetos.

Era sete de janeiro de 1953 e Nicette completava 20 anos, mas ela não estava motivada a comemorar. O grande incentivo para que não desistisse de tudo era a grande união que mantinha com Paulo; sua mãe; seu tio Pascoal e com a atriz Kléber Macedo, que, juntos, não deixavam que ela se rendesse. E, claro, acima de tudo, seu amor pelo teatro a fazia continuar: "O amor que eu tinha ao teatro foi minha válvula propulsora para me manter erguida e enfrentar os obstáculos", relembra Nicette.

O dia de seu aniversário de 20 anos, era também era o dia em que Dulcina de Moraes estreava uma peça no Teatro Santana. Um Teatro enorme que tinha camarotes e frisas. Ruggero Jacobbi, com muita pena de Nicette, que passava por aquilo tudo, para animá-la, resolveu convidá-la, juntamente com sua turma, para irem à estreia de Dulcina. Também naquele dia, saiu uma espécie de crítica, no jornal Diário de São Paulo, escrita pelo jornalista Arruda Dantas, que enaltecia a força, a garra e a coragem de Nicette. Em um dos trechos, dizia-se: "Quiséramos ser um milionário para nos fazermos mecenas e descer, do alto, no coração da cidade, o maior e o melhor teatro para aquela moça que tivera um sonho e o vira naufragar".

No intervalo da peça de Dulcina, um senhor se aproximou de Nicette e comentou que tinha lido no jornal que era o aniversário dela e que ela estava muito triste com o fechamento do Teatro de Alumínio. E para surpresa de Nicette, ele se ofereceu para, junto a ela, procurar um local para construir um novo teatro. O nobre senhor era um industrial paraense e se chamava Isnardo Carlo Alberto Baccini. Quando terminou o espetáculo, eles trocaram contatos e, no dia seguinte, Paulo, Ruggero e Abelardo, marcaram um encontro com Baccini e iniciaram um planejamento. Todos participavam das buscas por um local, até que encontram um espaço imenso, num prédio recém-construído, na Rua Vitória, perto da Praça Júlio Mesquita, quase na Avenida São João, em São Paulo. Baccini conseguiu alugar o espaço para fazerem o teatro e Nicette era felicidade pura! E para surpresa deles, o espaço pertencia ao escritor Oswald de Andrade.

Abelardo Figueiredo foi então falar com o colunista Clovis Garcia, a fim de pedir uma nota no jornal sobre o acontecido. Conversa vai, conversa vem, ele descobriu que Clovis, além de jornalista, era arquiteto. Não perdeu tempo e perguntou se Clovis não poderia fazer um projeto para o teatro. Clovis não só aceitou, com fez um lindo projeto, com tudo que a casa tinha direito.

Parecia que o sonho de Nicette estava começando a ganhar vida novamente. Mas com nada era tão fácil para ela, que ainda teve que enfrentar mais críticas.

SÃO PAULO ACOLHE NICETTE

Para tentar apaziguar os ânimos, antes de começarem as obras do teatro, Nicette, sempre adepta da paz e harmonia, organizou um super coquetel e convocou toda a imprensa paulistana para a cobertura, além de vários artistas importantes da época. Ela achava que, com essa atitude, a classe artística e imprensa paulistana fossem quebrar o gelo e interromper as críticas que faziam a ela. Nicette pensava que assim seria acolhida, afinal, ela não era uma intrusa, mas sim uma atriz que queria exercer sua arte em São Paulo. O preconceito era nítido e notório. Mas sempre muito persistente e convicta de suas vontades, Nicette não desistiu de fincar seu nome na cidade.

Quem fazia as honras com a chegada da imprensa no coquetel era a própria Nicette. Ela recebia os jornalistas de braços abertos na entrada. Sempre muito comunicativa, simpática e verdadeira, ela conversava com os jornalistas ressaltando que gostaria que eles a considerassem uma atriz paulistana, que abrissem os braços para ela. Ela, até hoje, lembra-se de seu discurso:

"Está sendo inaugurado hoje um espaço paulista de teatro. Tenho o prazer e a alegria de, como uma nova paulistana, comunicar a todos vocês que nós temos, a partir de agora, um local para realizarmos nossos trabalhos e não só com espetáculos da nossa companhia, estamos abertos a outras companhias e atores de São Paulo para apresentarem seus trabalhos. A casa é de todos".

Nicette ainda falou das novidades que aconteceriam no Teatro Íntimo Nicette Bruno (TINB), que abrigaria oficinas de teatro, eventos culturais, leituras de peças e estudos teatrais. Fora isso, usou também um pouco do lado sentimental. Disse a todos que viveu em Niterói até os 17 anos, mas que estava construindo sua vida e sua carreira em São Paulo e que precisava muito do apoio integral de todos, pois já se considerava uma cidadã paulistana. Valeu a pena. A partir dali, a imprensa paulistana abraçou Nicette como uma atriz da cidade, fazendo com que ela construísse toda a sua carreira artística com base em São Paulo.

"No início eu me sentia uma intrusa em São Paulo, mas, no final de tudo, São Paulo me acolheu pra sempre, na vida e na arte".

INAUGURAÇÃO DO TEATRO ÍNTIMO NICETTE BRUNO (TINB)

A decoração que Clovis Garcia fez para o Teatro Íntimo Nicette Bruno (TINB) era muito chique e, ao mesmo tempo, moderna. No hall de entrada as paredes eram amarelas e as poltronas todas vermelhas. Existia um bar verde claro e uma sala grande e comprida, nas cores azul e branco. Clovis brincou com as cores para fazer um ambiente descontraído e alto astral.

A peça de inauguração do TINB foi a *Ingênua até certo ponto*, de Hugh Herbert, montada em 1953 com direção de Armando Couto. Essa peça foi para as telas do cinema americano em com o título de *The moon is blue* estrelada por Maggie Mcnamara, Willian Holden e David Niven. O filme, inclusive, causou polêmica na época, era considerado ousado demais. O elenco da peça, além de Nicette e Paulo, era composto por Elisio de Albuquerque e Luiz Tito.

A estreia foi um acontecimento! Além de lotada e apoiada por toda a imprensa, contava com a presença de vários atores e personalidades de prestígio do Teatro Brasileiro: Paulo Autran; Tonia Carrero; Henriette Morineau; Maria Jacintha; Narto Lanza; Claude Vincent e tantos outros. Era um momento de renascimento para Nicette!

"O teatro tem essa magia, ele faz a gente renascer. Ele alimenta a nossa alma."

A PROGRAMAÇÃO DO TEATRO ÍNTIMO NICETTE BRUNO

O Teatro Íntimo Nicette Bruno (TINB) tinha uma programação especial e intensa para todos os gostos. O local funcionava todos os dias da semana, da seguinte forma: às segundas, único dia de folga da companhia, peças de vanguarda eram apresentadas por grupos e atores independentes de São Paulo; de terça a domingo, sempre havia apresentação da companhia, alternando dentre as peças de seu repertório; aos sábados, o TINB tinha uma programação especial com poesia e música. Peças infantis também eram apresentadas semanalmente. Logo na primeira semana do lançamento do TINB, a cantora e atriz Inezita Barroso se apresentou cantando músicas folclóricas. Inezita costumava se apresentar em recitais no Teatro Brasileiro de Comédia (TBC), Cultura Artística e Colombo. E o encenador, ator e declamador português João Villaret fez um recital de poesia. João fez parte, em Portugal, da companhia Os Comediantes de Lisboa e se apresentava aos domingos pela RTP, declamando poemas dos maiores e mais diversificados autores portugueses.

Também aos sábados, depois da meia-noite, acontecia o que eles chamavam de Improviso. Tratava-se de um projeto de humor, no qual toda semana era apresentado um quadro diferente sob a direção de Adolfo Celi. Acontecia de tudo um pouco no Improviso: esquetes de humor, contos, histórias curtas, piadas e até mesmo bate papo com pitadas de humor. Na verdade, o nome era Improviso, mas, nas montagens, não havia nada improvisado, era tudo ensaiado e as apresentações para o público era impecáveis. O Improviso era um enorme sucesso, mas precisou ser interrompido. Como o horário das apresentações era depois da meia-noite, era necessário um alvará de licença que permitisse que o TINB funcionasse como casa de espetáculos noturnos.

O TINB também primava pela formação artística e tinha aulas de história do teatro; interpretação; canto; corpo; história da arte; oficinas de cenografia e figurino; debates; wokshops e seminários de arte. Outro detalhe é que, por mais que fosse um espaço de teatro, todas as terças exibiam-se filmes de arte.

TEATRO ÍNTIMO NICETTE BRUNO DESCOBRE NOVOS TALENTOS

No Teatro Íntimo Nicette Bruno eles conseguiram a participação luxuosa de atores como Tônia Carrero, Sérgio Cardoso, Rubens de Falco, Paulo Autran, Ruy Afonso, Elizeth Cardoso, Elizabeth Henreid e Renato Consorte. Mas não só atores consagrados se apresentavam lá. O TINB dava oportunidade para novos talentos se também. Cabia a Abelardo e a Rugerro agir como uma espécie de caçador de talentos. Eles sempre buscavam trazer algum artista iniciante do TBC, para mostrarem seus dotes artísticos. Um desses talentos foi o diretor Antunes Filho, que era assistente do TBC e, no TINB, teve a oportunidade de dirigir, em 1953, a comedia *Weekend* de Noel Coward. Mais tarde, Antunes foi considerado pela crítica e pelos artistas como um dos principais diretores brasileiros. Ele foi o criador do Centro de Pesquisa Teatral (CPT) do SESC Consolação, em São Paulo, formando diversas gerações de atores com seu método e suas técnicas.

O Teatro Íntimo Nicette Bruno também foi responsável por lançar o ator Ruy Afonso na carreira de diretor, o que aconteceu na montagem do espetáculo *É proibido suicidar-se na primavera*, também em 1953. O conceituado artista plástico Darcy Penteado, fez, igualmente, sua estreia no TINB, participando da peça dirigida por Afonso. Sua participação arrebatou o Prêmio Governador do Estado. Rubens Petrille de Aragão, que trabalhou pouco como diretor, também estreou no TINB, na peça *Amor x Casamento*. E no TINB também foram lançados os atores Walmor Chagas e Guilherme Correa.

O TINB foi muito além das peças. Ele era acima de tudo um formador de plateia e um incentivador da arte. E, para Nicette, a casa de espetáculos representava uma grande conquista.

"O Teatro Íntimo Nicette Bruno representou a conquista de uma jovem batalhadora e empreendedora. Eu era muito nova, não tinha experiência, mas tinha a força empreendedora. Eu não tinha medo, ia em frente.

Eleonor Bruno, Elísio de Albuquerque, Paulo Goulart e Nicette na peça Weekend -
Acervo Pessoal Nicette Bruno

SONHO INTERROMPIDO

Um grande acontecimento cultural em São Paulo e um marco na arte teatral brasileira, o Teatro Íntimo Nicette Bruno (TINB) durou pouco, menos de dois anos. Um sonho interrompido de Nicette, não por vontade própria, mas por falta de experiência em finanças e negócios, por parte dela e de sua equipe. O mundo deles era o palco e a criação. O lado administrativo não era o forte do grupo, embora se esforçassem para tal. Eram todos muitos jovens, com a ânsia de abraçar o mundo, e, infelizmente, perderam-se. Baccini e seus sócios, Amin Brunetti Atta e Sakari Kotaka, os únicos que entendiam de administração, não eram do mundo das artes. Eles eram admiradores e incentivadores do teatro, mas só isso não bastava para manter toda aquela estrutura. Mesmo com o apoio da classe artística brasileira e o comparecimento do público, as despesas eram muito altas. O jeito foi alugar o espaço para outra empresa que desse continuidade ao belo trabalho da companhia de Nicette. Depois do Teatro de Alumínio, esse foi outro baque pelo qual Nicette passou: duas grandes perdas em um curto período.

"Eu queria saber mesmo era do palco. Que peça que iríamos encenar e de que forma iríamos tocar o público".

CAPÍTULO 10
TURNÊ PELO SUL

Depois que alugaram o Teatro Íntimo Nicette Bruno (TINB), Nicette e sua companhia ficaram seis meses viajando. Era o que chamavam de repertório Mambembe. Eles levaram seis peças na integra como repertório. Quando começaram uma turnê pelo Sul, na cidade de Porto Alegre, eles conseguiram uma parceria com a Secretaria de Transporte da cidade: um trem onde um vagão seria só para os cenários e outro só para o transporte da equipe. Um feito maravilhoso, já que viajaram por várias cidades. As apresentações foram um grande sucesso!

O esperado era que Nicette e sua companhia ficassem em Porto Alegre por um mês, apresentando as seis peças do repertório, mas, devido ao grande sucesso das apresentações, ficaram dois meses no Theatro São Pedro, com apenas três peças: *Ingenuidade, Brasil romântico e Weekend*. Vinham caravanas de cidades próximas para assistir aos espetáculos. Foi nessa época que Nicette e sua companhia começaram a realmente ganhar dinheiro no teatro, porque, antes, apesar das peças sempre lotadas, a despesa era enorme. Naquele tempo as grandes companhias de teatro tinham um esquema de assinatura e vendiam os ingressos das peças com bastante antecedência. Dessa maneira, quando colocavam os pés na cidade em que se apresentariam, a temporada já estava completamente vendida.

Depois de Porto Alegre, Nicette e sua equipe foram para outras cidades do sul, ficavam uma semana em cada e faziam uma peça por dia. O trabalho era grande e mais complexo. Dividia-se o elenco. Nem todos atuavam em todas as peças.

Quando os atores não estavam atuando em determinada peça, eles iam para as próximas cidades, onde faziam a divulgação em rádios e jornais. Nicette nunca deixou de se apresentar e, se houvesse algum problema, ela sempre tinha uma carta na manga, alguma atriz que pudesse substitui-la. Nem quando adoecia, como aconteceu durante as apresentações da peça *A margem da vida*, de Tennessee Willians, Nicette deixava os palcos. "Nunca esmoreci diante do trabalho, durante a temporada de *A Margem da Vida*, eu peguei pneumonia, mas não deixei de me apresentar. Eu saia de cena, tomava injeção na coxia e voltava para a cena", conta a atriz.

DE VOLTA À CIDADE MARAVILHOSA

Quando chegou em São Paulo, após a turnê pelo Sul, Nicette percebeu que seu inquilino no Teatro Íntimo Nicette Bruno (TINB) tinha colocado uma programação de Teatro de Revista, que nada tinha a ver com o estilo e o repertório que sempre fora apresentado na casa. Não que Nicette não gostasse daquele estilo, mas não era o seu. Com isso, ela perdeu a empolgação e não quis prosseguir sua carreira de espetáculos por lá, deixou o teatro alugado de vez e foi com Paulo rumo ao Rio de Janeiro.

Naquela década, o Rio de Janeiro vivia os tempos boêmios. A Praça Tiradentes abrigava o Teatro de Revista com espetáculos grandiosos e a maioria estava sob o comando do produtor e autor Walter Pinto. Mas isso não impediu que Nicette continuasse trabalhando dentro do seu estilo de repertório e também não afastou o público, que adorava seus espetáculos.

Assim que aterrizaram na Cidade Maravilhosa, Nicette e Paulo fizeram um espetáculo no famoso Teatro de Bolso, na Praça General Osório, em Ipanema. Tratava-se da peça *Ingênua até certo*, com o mesmo elenco da montagem realizada no Teatro Íntimo Nicette Bruno (TINB). Mas, dessa vez, a direção ficou sob a batuta do saudoso Paulo Francis. Sim, o famoso e polêmico jornalista Paulo Francis, fez parte da História do Teatro Brasileiro e muita gente não sabe disso. Ele ficou famoso como jornalista, mas sua carreira começou no teatro nos anos 20, quando começou a estudar interpretação.

Em 1952, Francis entrou para Teatro do Estudante do Brasil (TEB), na Companhia de Paschoal Carlos Magno, participando de três montagens em pequenos papéis. No mesmo ano, ele ainda participou de duas montagens fora do TEB: *Romeu e Janete*, de Jean Anouilh, pelo Teatro da Semana e *Mulher de Craig*, de George Kelly, com direção de Henriette Morineau pela companhia Os Artistas Unidos. A montagem de *Mulher de Craig* permitiu que Paulo Francis recebesse o prêmio de ator revelação. Francis também trabalhou como diretor e crítico teatral, sendo um dos mais ferinos do teatro brasileiro, diga-se de passagem. Mais para frente, ele deixou o teatro, optando pelo jornalismo. O ex-ator foi um respeitado e polêmico articulista.

Paulo trocou do nome da peça de "Ingênua até certo ponto" para "Bife, bebida e sexo". O título, que era mais popular, surgiu de um trecho da dramaturgia, uma fala do personagem interpretado por Luiz Tito, que dizia, em dado momento, que o mais importante de sua vida era bife, bebida e sexo. E assim ficou.

O TEATRO LIVRE COM O AMIGO ANTÔNIO ABUJAMRA.

Durante nossa conversa, Nicette lembrou-se do amigo Antônio Abujamra, que era diretor, ator e, acima de tudo, um homem do teatro. Abu, como todos o chamavam, era considerado um membro da família de Nicette e Paulo. Dessa amizade, que nasceu e cresceu a partir da arte, surgiu o Teatro Livre. Paulo, Nicette e Abujamra conviveram por mais de 50 anos, tinham uma ligação forte. Juntos, os três fizeram 14 peças, todas dirigidas por ele. Os filhos do casal, Beth; Bárbara e Paulinho, iniciaram a carreira ao lado de Abujamnra. Tiveram momentos divertidos, curiosos e saudáveis com o amigo.

Gaúcho de Porto Alegre, Abu sempre ia assistir aos espetáculos do Teatro Íntimo Nicette Bruno (TINB). Nem Nicette, nem Paulo sabiam disso. Quando Nicette realmente ficou em São Paulo, depois de uma temporada em que residiu em Curitiba, Paulo foi fazer uma novela com o diretor Walter Avancini, por meio do qual foram apresentados a Abu. Na primeira vez que estiveram juntos, Abu disse ao casal: "Eu sempre venho de Porto Alegre para assistir exclusivamente à Nicette!". Nicette então perguntou a ele: "Por que você nunca foi ao camarim falar com a gente?" E Abu, meio sisudo, respondeu: "Eu não vou ao camarim falar com ninguém!". Nicette e Paulo deram boas risadas com a resposta.

Passado algum tempo, quando a relação de amizade entre Nicette, Paulo e Abu se estreitou, Abu sugeriu ao casal que montassem, os três, uma peça sob sua direção. O texto, inédito, chamava-se "Boa Tarde, Excelência" e era de autoria do gaúcho Sérgio Jockyman. O espetáculo satirizava o processo político pelo qual o Brasil passava naquele momento. Por conta da repressão, as críticas se construíam sem escancarar, indo pelas bordas, para que trio não tivesse problemas. Quando selaram a parceria, Nicette sugeriu que os três montassem uma companhia de teatro, que receberia o nome de Teatro Livre. Propunham-se montar o que quisessem montar, sem a necessidade de padronizar o repertório, daí vinha a ideia de liberdade destacada no nome do grupo.

A primeira montagem de *Boa Tarde, Excelência*, foi um sucesso. A peça foi apresentada no Teatro Cacilda Becker em São Paulo e contava com as atuações de Nicette, Paulo e Lutero Luiz. Depois dessa, Abu ainda dirigiu várias peças de sucesso com o casal, dentre elas: *O Olho Azul da Falecida*; *Os Últimos*; *As Criada*; *Treze, Lá*; *Os efeitos dos Raios Gama nas margaridas do campo*; *Os Prisioneiros da Segunda Avenida*; *Casal classe média*; *Televisão quebrada*; *Dona Rosita, A Solteira*; *A Margem da Vida* e ULF.

Nicette e Milton Moraes na peça Pedro Mico - Acervo Nicette Bruno

    Nicette conta que Abu influenciou muitos os jovens que iniciavam na carreira teatral. Havia sempre uma juventude em volta dele, atraída por suas atitudes contestadoras e ousadas. Todos os jovens atores queriam aprender com ele. Sempre generoso, Abu dava oportunidades, passava o compromisso com prazer e a responsabilidade de fazer o que eles acreditavam. Abu, era um homem provocador, um pouco arisco, mas muito querido pela classe artística. Ele não tinha papas na língua e quando precisava falar algo, falava sem pestanejar. Ao mesmo tempo, era uma pessoa doce e meiga. "Abu era um realizador e formador. Um diretor extraordinário que mexia muito com nosso interior. A gente sofria. Ele era provocador. Mas valia muito a pena", conta Nicette.

Ele foi um dos primeiros diretores a introduzir no Brasil, nos anos 60, métodos do teatro contemporâneo como os do alemão Bertolt Brecht e do francês Roger Planchon. Toda a experiência com teatro contemporâneo que tinha ele aprendeu numa viagem à Europa, quando estudou na França com uma bolsa que ganhou do poeta João Cabral de Melo Neto. O poeta influenciou toda a obra de Abu, o abrigou por 30 dias em sua casa em Marselha, após o jovem ficar sem dinheiro durante uma viagem pela África.

Em 1991, Abu recebeu o Prêmio Molière pela direção de *Um Certo Hamlet*, espetáculo que Abu mesmo criou, partindo da peça *Hamlet*, de William Shakespeare. Esse foi espetáculo de estreia da companhia Os Fodidos Privilegiados, fundada por ele para ocupar o Teatro Dulcina, no Rio de Janeiro. A montagem tinha o elenco composto apenas por mulheres: Ana Jansen; Anya Sartor; Cláudia Abreu; Cláudia Cerquinho; Debora Catalani; Denise Santanna Lisiclair Pereira; Maria Adélia; Maria Salvadora; Paula Sandroni; Rafaela Amado; Sofia Torres; Suzana Faini; Tuca Moraes e Vera Holtz, que recebeu o Prêmio Shell por sua atuação.

"O teatro é uma baleia maior que a Moby Dick. Cabe tudo em teatro. O que é preciso é decidir o que fazer, eu não aconselho mais. Façam o que quiserem, enforquem-se na corda da liberdade. Assim o teatro fica infinito e com o cunho trágico para a comédia".

Antônio Abujamra

CAPÍTULO 11
O INÍCIO DOS TRABALHOS NA TELEVISÃO

A TV Tupi de São Paulo foi inaugurada pelo jornalista e empresário Assis Chateubriand em 18 de setembro de 1950. Assis controlava vários outros veículos de Comunicação, formando um grande conglomerado chamado Diários Associados. A Tupi, na verdade, foi a primeira emissora da América do Sul e a quarta do mundo a ser inaugurada. No dia 5 de julho de 1950, aconteceu o primeiro teste de transmissão da emissora e, em 20 de janeiro de 1951, foi inaugurada a TV Tupi do Rio de Janeiro. Nicette estava lá. Ela costuma dizer que ela e a TV Brasileira estrearam praticamente juntas. Nicette foi umas das pioneiras da televisão brasileira.

Nicette fez uma participação no programa de inauguração da TV Tupi do Rio de Janeiro, sob o comando de Chianca de Garcia. Dramaturgo, jornalista e cineasta, Eduardo Chianca de Garcia, era português nascido em Lisboa, mas logo veio com sua família para o Rio de Janeiro, onde faleceu 1983. No Rio de Janeiro, Chianca foi responsável por montar e dirigir muitos shows no Cassino da Urca e, quando a TV Tupi Rio foi inaugurada, pela direção de vários programas da emissora.

O programa de inauguração do qual Nicette participou, foi, na verdade, o primeiro programa da televisão brasileira. Era recheado de esquetes e de apresentações artísticas. As chamadas da Tupi tinham como um símbolo um índio. Ele sempre aparecia no meio da programação, na troca dos cenários e, muitas vezes, ficava muito tempo ao ar, às vezes durante horas. O índio acabou virando sinônimo de atrasos e acabou sendo trocado por um simpático indiozinho tupiniquim, que foi por anos o símbolo da emissora, até ser trocado novamente em 1972.

Era tudo muito novo, uma época que a TV era similar ao teatro, pois era ao vivo. Era tudo improvisado, na base do que deus quisesse, já que as condições técnicas eram muito primárias, para não dizer precárias. Os atores tinham que "se virar nos 30", como costuma-se dizer atualmente. Muitas vezes havia apenas uma câmera no estúdio, o que fazia com que os atores tivessem que trocar seus figurinos sozinhos e no meio da cena.

Nicette conta que passou por uma situação em que uma pessoa, abaixada, trocava seu figurino enquanto a câmera dava um close em seu rosto. Segundo ela, ao final do texto, a pessoa saía correndo e a câmera abria o plano, mostrando o seu corpo vestido com uma roupa diferente. Era um grande estresse. Aquele famoso friozinho que todo ator costuma dizer que sente antes de entrar em cena, era constante.

"Na televisão ao vivo, o trabalho era duro, porque além de não ter videoteipe, era uma apresentação por semana. Um grande aprendizado pelo qual os mais velhos tiveram o privilégio de passar!"

O INÍCIO DOS TRABALHOS NA TV PAULISTA

Nicette chegou a trabalhar com vários pioneiros da TV brasileira, como os diretores e dramaturgos Vicente Sesso, Dionísio de Azevedo e Cassiano Gabus Mendes. Ela fez inúmeras participações em recitais, novelas e teleteatros. Ela participou do Grande Teatro Tupi entre 1952 e 1959. Fez também o Teatro de Comédia na TV Rio, com direção de Maurício Sherman.

Sua primeira novela foi *A corda*, de Alfred Hitchcock, dirigida por Cassiano Gabus Mendes na TV Paulista e transmitida no horário das 17 horas. À época, as novelas passavam a tarde e tinham poucos capítulos, duravam uma semana ou duas, no máximo. A TV Paulista foi fundada por Oswaldo Ortiz Monteiro, em 1952, e, depois, em 1955, ela passou a pertencer às Organizações Victor Costa. Ela foi a segunda emissora de TV fundada no Brasil e o segundo canal de São Paulo. Seu slogan era: "A Melhor imagem e o melhor som".

Importantes nomes da televisão brasileira foram contratados da emissora, dentre eles Silvio Santos e Hebe Camargo. Foi na TV Paulista que Silvio Santos começou a trabalhar como apresentador, comandando o programa "Vamos brincar de forca". Entre os anos 1959 a 1961, a TV Paulista teve como diretor artístico Mário Brasini, que escreveu e dirigiu a novela *Laura* e vários outros programas, como "Boa noite Carmela"; "A alma das coisas"; "Teledrama três leões e "Estampas Eucalol

O nome de Nicette também era destaque na programação da emissora. Ela participou do comecinho da TV Paulista, em seu pequeno espaço no Edifício Liége, localizado na Rua da Consolação 2570. Os estúdios da Paulista eram montados na garagem do prédio de apartamentos e ocupavam espaço semelhante ao das lojas do andar térreo do prédio.

Era tudo muito simples improvisado. A cozinha era onde ficava um laboratório de revelação, a redação era onde se apresentava o telejornal. Depois que a emissora ganhou estofo e credibilidade, mudaram-se para o bairro de Santa Cecília.

À época, ninguém jamais poderia imaginar que a pequena TV Paulista daria origem a uma das maiores e poderosas emissoras do mundo: a Rede Globo de Televisão.

"O nosso sustento vinha do teatro. A televisão era um bico que, aos poucos, foi se transformando num sustento também".

TEATRO NICETTE BRUNO

E foi na TV Paulista que entre 1953 e 1954, aconteceu o "Teatro Nicette Bruno". O "Teatro Nicette Bruno", que, na verdade era um teleteatro, era apresentado semanalmente e foi dirigido por nomes como Armando Couto, Ruggero Jacobbi, Zé Renato, Augusto Boal e muitos outros, que na época eram expoentes do teatro brasileiro. Durante mais de um ano, o programa de teleteatro de Nicette foi apresentado e, graças a ele, ela e Paulo puderam se casar. Nicette ganhava o cachê direto do patrocinador e conseguiu o adiantamento de um ano para poder custear o casamento. Com esse dinheiro, alugaram um apartamento, compraram os móveis e fizeram o enxoval.

No Teatro Nicette Bruno, Nicette lembra, dentre tantas peças feitas, uma delas foi a famosa *Marido magro mulher chata*, de Augusto Boal. Essa peça, a primeira escrita por Boal, foi encenada pela primeira vez em 1957, estrelada pela atriz Riva Nimtz. Era uma comedia de costumes deliciosa e despretensiosa sobre a juventude transviada de Copacabana.

Quando a TV Paulista foi inaugurada, ninguém imaginava o que representaria para a TV Brasileira a palavra "audiência". Com sua programação recheada de atrações diferentes, o canal dava o pontapé inicial de uma concorrência — entre ela e a TV Tupi — e da disputa pelo telespectador e pelos artistas que comandavam as programações das emissoras. O "Teatro Nicette Bruno", o "Circo do Arrelia" e a novela *Helena* foram os primeiros programas da TV Paulista a duelar com os da TV TUPI.

Em 23 de março de 1966, a TV Paulista foi extinta, deixando um belo legado na programação. O jornalista Roberto Marinho comprou a emissora, que passava por uma crise financeira gravíssima, e utilizou os prédios para fundar o núcleo de jornalismo da Rede Globo em São Paulo.

E também participou da primeira adaptação do Sítio do Pica-Pau Amarelo pra tv, feita por Júlio Gouveia e Tatiana Belinky exibida de 1952 a 1962. E por coincidência do destino, em 2001, Nicette viveria Dona Benta no Sitio do Pica-Pau Amarelo na Rede Globo.

> "Fiz muitas peças completas no teleteatro, que não dá para contabilizar. Me sinto muito orgulhosa te ter participado do início da TV Paulista e poder levar bons textos ao grande público".

O INÍCIO DAS NOVELAS

A primeira novela que a Tupi lançou foi *Minha vida me pertence*, em 21 de dezembro de 1951, quando a emissora tinha pouco mais de um ano. Foi a primeira novela da história da televisão brasileira. Ela foi dirigida por Walter Forster, que também a protagonizava ao lado de Vida Alves e que tinha como antagonista a atriz Lia de Aguiar. Essa novela causou um alvoroço no público brasileiro, porque foi ela a responsável pelo primeiro beijo da televisão brasileira. Não era um beijo "caliente" como como acontece nas novelas atuais, Vida Alves e Walter Forster apenas encostaram os lábios. Deram um selinho, como costumamos chamar hoje. Vida Alves era recém-casada e teve que pedir a autorização do marido para realizar a cena.

Os textos das novelas geralmente eram clássicos do teatro, mas alguns deles já tinham passado pelo rádio, como foi o caso de *O direito de nascer*. Como radionovela, *O direito de nascer* fez um enorme sucesso e migrou para a televisão em 1964, na Tupi, tendo Nathalia Timberg e Amilton Fernandes como protagonistas. Na televisão, a produção alcançou um sucesso ainda maior do que o que fora alcançado no rádio. A transmissão do último capítulo, em São Paulo, aconteceu no Ginásio Ibirapuera, e, no Rio de Janeiro, no Maracanazinho.

Todos os ginásios estavam superlotados e os eventos contavam com a presença dos atores, que causaram histeria no público presente. Outras novelas também fizeram grande sucesso como *2-5499 ocupado*, estrelada por Tarcísio Meira e Glória Menezes, em 1963, na TV Excelsior. Na TV Tupi, no mesmo ano que foi transmitida *O direito de nascer*, 1964, mais duas novelas fizeram sucesso. Eram elas *Alma*, estrelada por Ana Rosa e Amilton Fernandes e *Moça que veio de longe*, estrelada por Rosamaria Murtinho e Hélio Souto. Com tanto sucesso as novelas começaram a serem diárias e integrar a vida das pessoas.

As novelas foram crescendo, as produções também começaram a ficar mais profissionais e o público, que aumentava progressivamente, começou a ter voz nas decisões que compreendiam o desenrolar do enredo dos folhetins. Eram realizadas pesquisas com os telespectadores para saber o que lhes agradava na trama, que personagens eles mais gostavam. Os autores passaram a seguir as orientações sugeridas pelo público, afinal a novela era para eles, e, com isso, a identificação das pessoas com o gênero telenovela era ainda era maior.

> "No início, por uma inexperiência e deficiências técnicas para apresentar novelas ao vivo, as emissoras geralmente tinham poucos personagens. As histórias se passavam em um ou dois cenários".

CAPÍTULO 12
PAULO PEDE NICETTE EM CASAMENTO

Nicette e Paulo na comemoração do ano novo de 1953 - Acervo Pessoal Nicette Bruno

Casamento de Nicette e Paulo - Acervo Pessoal Nicette Bruno

Nicette e Paulo escolheram o palco do Teatro Íntimo Nicette Bruno e a Igreja Santa Cecília em São Paulo para se casarem. Só para lembrarmos, voltando um pouco atrás, Nicette jamais saia sozinha com Paulo. Aliás, não era especificamente com Paulo, Nicette não saia sozinha com ninguém. Ela estava sempre acompanhada de Eleonor e do amado Tio Paschoal. Nicette ressalta que por trabalharem muito tempo juntos no teatro e todos os dias da semana, eles não tinham muitas horas livres para encontros. O máximo era até a porta de sua casa, sob a fiscalização de Eleonor, quando voltavam do teatro. Nicette conta que o clima recatado daquela época era especial, um romantismo que não existe mais hoje em dia. Segundo ela, esse clima moderno de hoje, não tem o mesmo charme daqueles tempos. "Era tão bom o recato daquela época, que na hora que a gente dava as mãos, a emoção era grande", conta.

Foi em 31 de dezembro de 1953, em plena comemoração de ano novo, que Paulo pediu a mão de Nicette em casamento de maneira informal, mas muito verdadeira. Nesse dia, parece que os anjos conspiraram a favor de Nicette, pois Eleonor a deixou sair sozinha para ir ao Clube dos Artistas com Ruggero e Carla Civelli. Nicette, Paulo e Ruggero foram ao Clube dos Artistas, pois faziam ´parte de um projeto chamado Brasil Romântico, que comemorava o 400º aniversário de São Paulo. Eles encenavam dois espetáculos: *Lição Botânica* e *O Primo da California*. Paulo não perdeu tempo. Ele aproveitou um momento em que estava sozinho com Nicette e logo perguntou: "Vamos casar logo?". Nicette não pensou duas vezes. Era um misto de alegria, emoção e nervosismo. Ela foi logo disse: "Claro que sim!".

Faltava então comunicar à sua mãe. Mas ela não esperou chegar em casa para isso. De lá mesmo, telefonou para ela, contou o que tinha acontecido e disse que já tinha aceitado o pedido. Eleonor não se opôs a nada. Dois meses depois, lá estavam Paulo e Nicette se casando no palco do Teatro Íntimo Nicette Bruno, no civil, às 11 da manhã, e no religioso, na Igreja Santa Cecília, às quatro da tarde.

"O meu encontro na vida com o Paulo era muito mais que amor. Era um encontro de almas".

A SUPERFESTA DE CASAMENTO

O teatro era realmente o ar que respiravam Nicette e Paulo e não havia lugar melhor para a comemoração de seu o casamento. Depois do casório na Igreja Santa Cecília, uma linda recepção aguardava o casal no teatro. E não foi só isso. A TV Paulista fez uma cobertura ao vivo, digna de duas realezas. Uma grande festa de casamento! O casal trabalhava na emissora e como forma de presenteá-los por aquele momento importante, foi feita a cobertura como se a festa estivesse dentro da programação.

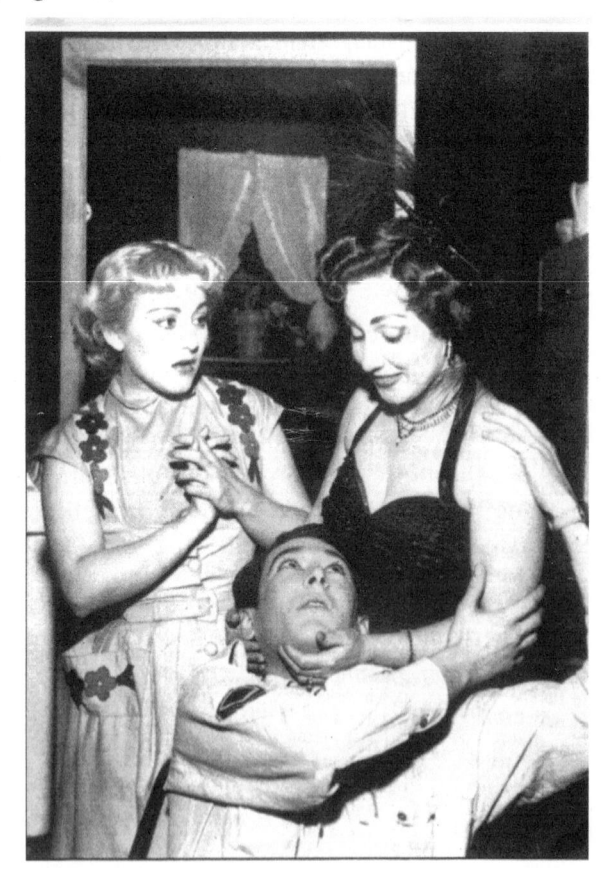

Nicette, Eleonor Bruno e Paulo Goulart na peça Ingenuidade - Acervo Pessoal Nicette Bruno

No Teleteatro Nicette Bruno era apresentada uma peça por semana, ao vivo, todas as sextas-feiras. O dia do casamento foi numa sexta-feira, então a emissora substituiu a edição do dia pela festa de casamento de Nicette e Paulo. A transmissão não deixou de ser um grande programa para o público, que pôde assistir a seus ídolos se casarem. A cobertura foi completa. Imagens do casamento no civil e do religioso foram inseridas na cobertura. A chegada dos convidados no casamento e o grande sim do casal também foram transmitidos. Nunca, até então, a TV brasileira havia feito cobertura do casamento de dois artistas. Um momento para ficar na história de Nicette e Paulo. Depois da festa, o casal, foi passar a lua de mel no sítio de Mário Civelli, irmão de Carla Civelli, esposa de Ruggero. Mas, mesmo em lua de mel, Nicette e Paulo aproveitaram para ensaiar a peça *Ciúme*, de Louis Verneuil, que apresentariam na sexta seguinte, no Teleteatro. Paralelamente, ensaiaram também a peça *Ingenuidade*, de John Van Druten. Esse foi o último espetáculo apresentado nos palcos do Teatro Íntimo Nicette Bruno, 15 dias depois do casamento deles e com direção de Madalena Nicol.

Aproveitando a menção à Madalena Nicol, vamos falar de sua importância na arte brasileira. Para quem não sabe, Madalena Nicol foi uma grande atriz e diretora de teatro da época. Após a retransmissão de *A vida por um fio*, primeiro teleteatro da TV Tupi, os diretores Cassiano Gabus Mendes e Dermival Costa Lima queriam lançar um grande teatro com participação de atores e diretores de teatro. Madalena aceitou montar para a TV Tupi as peças *Antes do café* e *A voz humana*. Sua presença na emissora, tanto como diretora, quanto como atriz, elevou seu prestígio e fez com que fosse convidada para outras produções na televisão.

Em 1952, ela transferiu-se para a TV Paulista, criando o Teatro Madalena Nicol, que ficou no ar até meados da década de 50, quando entrou em seu lugar o Teatro Cacilda Becker. Madalena fez alguns trabalhos para a televisão de Londres e, na década de 60, recitava poemas acompanhada do maestro Radamés Gnattali, na BBC, num programa voltado apenas para brasileiros.

VIDA A DOIS

Nicette é e sempre foi muito feliz nas suas escolhas e com o que construiu ao longo de sua vida de casada, tudo com muito equilíbrio, sempre com o amor pontuando tudo. O começo de namoro de Nicette e Paulo, aos 18 anos, foi um pressagio para uma vida futura feliz.

Mas toda essa construção de vida foi montada pouco a pouco. E foi na convivência pós casamento que as coisas foram se ajustando, dia após dia. Vida a dois, viver sob o mesmo teto não é uma tarefa fácil. Mas, para Nicette e Paulo, a convivência do casamento foi uma confirmação de que eles nunca mais se separariam. O primeiro ano de casado dos dois, no Rio de Janeiro, onde passaram uma temporada trabalhando, não foi fácil. Mas, com muita dignidade; força; coragem e união, eles enfrentaram os problemas, puderam se conhecer melhor e ajustar as diferenças, para manter o "barco" equilibrado.

E o equilíbrio foi tão grande que o casamento se estendeu por 62 anos, sendo interrompido apenas pela partida de Paulo. Para um casamento ser tão duradouro, Nicette tem uma explicação: "O segredo é tão simples. O sentimento do amor foi a base de tudo em nossa vida. O respeito à individualidade também foi fundamental. Éramos pessoas diferentes com valores comuns e uma grande admiração um pelo outro, sempre".

Nicette e Paulo sempre se esforçavam para agradar um ao outro. Ela acha importante, em qualquer casamento, que ambos sempre estejam belos para seu parceiro. E ela reitera o pensamento, pois seu casamento foi duradouro e feliz. Ela estava sempre arrumada para Paulo: "Eu sempre acordava, me arrumava e me perfumava para tomar café com o Paulo. Ele nunca me via desarrumada. Nenhum homem precisa ver a gente de bobes na cabeça, não há casamento que resista a isso! Paulo só me viu de bobes no trabalho, em casa nunca. Isso também faz parte para o casamento ser feliz e durar", conta.

E Paulo, sempre um gentleman, romântico e galanteador, também não fazia por menos. Sempre cheio de surpresas para

Nicette, tinha um modo de lhe conquistar cada dia mais, o que aquecia o casamento: "Paulo sempre apostava no romantismo e na amizade. Chegava de vez em quando com uma flor e deixava bilhetinhos para mim. Ele era um homem maravilhoso, muito especial. Sempre tinha uma palavra amiga, sempre com uma lição para nos ensinar", lembra Nicette.

Na convivência diária, a admiração de um pelo outro, à medida que o tempo passava, só crescia. "Eu admirava Paulo a cada dia mais e ele a mim. A gente nem percebeu quando o tempo passou. A nossa relação foi mudando para melhor, o nosso amor cresceu, se solidificou", conta Nicette.

Uma coisa que também fez muita diferença no casamento de Nicette e Paulo foi a grande união que eles sempre tiverem. Estavam juntos o tempo todo, na vida e no trabalho. E tinham um sonho de construir uma família, que se concretizou. Uma família enorme de muitos filhos, netos e bisnetos. A confiança, um dos pilares do casamento de Nicette e Paulo, foi um fator fundamental para a longevidade da relação. Um confiava no outro de olhos fechados, algo muito difícil para um jovem casal cobiçado, famoso e prestigiado.

Depois vieram os filhos. Com a carreira no auge e tantas viagens a trabalho, eles administraram tudo perfeitamente, com muita cautela, para que nada afetasse o amor e a condução da educação das crianças. "A cada filho que nascia, eu me dedicava inteiramente no primeiro ano de vida, o que acho fundamental para dar estabilidade emocional à criança. Nunca deixei filho em mão de babá, mas tive muita ajuda de minha mãe", conta Nicette.

As crianças sempre foram a prioridade. O trabalho não era deixado de lado, mas o casal conseguia se equilibrar bem entre as vidas profissional e familiar. Não deixavam que nada faltasse aos filhos, principalmente o carinho e o amor. As crianças acompanhavam a vida profissional do casal. Antes de viajar, Paulo fazia uma gravação para que os filhos pudessem ouvir a voz dos pais, quando eles estivessem longe. Segundo Nicette, os pequenos foram se acostumando e nunca tiveram carência de espécie alguma. Nicette também conta que nunca precisou mandar nenhum de seus filhos estudar e dá graças a Deus por ela e Paulo terem construído uma família estruturada e feliz.

Como a verdade e a transparência sempre pontuaram a vida do casal, Nicette e Paulo também tinham um pacto de casamento, só revelado em suas palavras agora, neste livro. Um pacto que nunca precisou ser usado, já que um completava o outro. Aquela velha história: o amor estava escrito nas estrelas.

"Tivemos um pacto de relação: se houver alguma coisa, seja o primeiro a dizer, não deixe saber por terceiros. Mas não precisou nada disso. Nos completávamos, um ao outro".

A PRIMEIRA GRAVIDEZ

Para alegria do casal, mesmo em tempos tão puxados de trabalho, Nicette estava gravida do seu primeiro filho. Nicette chegou a trabalhar até o quinto mês de gestação, mas, se contasse com sua disposição, teria trabalhado até a véspera do nascimento. Por recomendações de sua avó Rosa, ela se poupou do esforço. Enquanto se mantinha quietinha em casa nos últimos meses de gravidez, Paulo continuou trabalhando. Ele fez a peça *A ré misteriosa*, cujo texto baseava-se no romance de J. Lorenz e ainda integrou a companhia de teatro Eva Todor. No dia do nascimento de Bárbara, a primogênita do casal, ele fazia duas apresentações consecutivas de *Vestido de noiva*, de Nelson Rodrigues, para os sócios do Clube Fluminense e não pôde acompanhar o parto de Nicette.

Exatamente às 22h15 do dia 4 de julho de 1956, nasceu Bárbara Janette Miessa, mais conhecida pelo público brasileiro como Bárbara Bruno. Nicette foi tê-la em Niterói, no Hospital que sua mãe tinha feito residência como obstetra, quando se formou em Medicina. Depois do nascimento de Bárbara, Nicette se afastou dos palcos durante um período, para se dedicar somente à maternidade. Nicette sempre achou que o calor humano e a amamentação no primeiro ano de uma criança eram de suma importância.

Nicette e Paulo juntos em Inimigos Íntimos no Teatro de Bolso no Rio de Janeiro - Acervo Pessoal Nicette Bruno

Com Bárbara um pouco mais crescidinha, Nicette começou a voltar ao aos palcos, o que fazia pouco a pouco. À época, trabalhava um pouco na televisão e em peças que exigiram menos tempo de dedicação, geralmente de comedia. Nesse período, Nicette fez também muitas dublagens, trabalho que ajudou muito o casal. Nicette foi dubladora de *Lessie*, famosa série americana. O seriado contava as aventuras de uma cadela da raça Rough Collie. Ela dublava as vozes do menino, interpretado pelo ator mirim Tommy Retting, e de sua mãe, interpretada pela atriz Jan Clayton.

Para poder voltar ao trabalho, Nicette contou com ajuda de familiares e principalmente com o apoio de sua mãe Nonoca. Enquanto Nicette estava ausente trabalhando, Nonoca ficava em sua casa tomando conta de Bárbara. Era um momento único para Nicette, de plena felicidade. Ela sempre sonhou em casar, ter uma família e filhos. Com a chegada de Bárbara, ela começou um novo ciclo. Agora ela se dividia entre as duas coisas que mais gostava: o teatro e a família.

"Eu não poderia ter sido só atriz. E nem só dona de casa, mãe... Eu tinha que fazer as duas coisas: ter filhos, uma família. É o que me preenche. O que completa minha vida. Eu amo os dois caminhos".

DONA JANDIRA EM BUSCA DA FELICIDADE

Em 1959, já com Bárbara um pouco crescida, Nicette podia mergulhar com mais intensidade nos trabalhos. E nesse ano estrelou como Dona Jandira, o seriado *Dona Jandira em Busca da felicidade*, na TV Continental. O seriado era uma espécie de *A Grande Família* da época. Era semanal, passava todas as quartas, ao vivo, escrito e dirigido por Giuseppe Ghiaroni. Também às quartas, na mesma emissora, Hebe Camargo apresentava "Hebe comanda o espetáculo" e Walter Foster estrelava o humorístico "Marido certo Marido errado". No elenco de *Dona Jandira em busca da felicidade*, além de Nicette e Paulo, estava Antônia Marzullo, avó de Marília Pêra, que, à época com 7 anos de idade, ia, sempre que podia, assistir aos ensaios do programa. A mãe de Marília, Dinorah Marzullo, chegou a fazer várias participações no programa. No seriado, Paulo interpretava Vanderlino, que era o marido de Dona Jandira. Já Antônia fazia a empregada. A trama do programa era a seguinte: Dona Jandira, um amor de pessoa, estava sempre pronta para ajudar alguém. Ela queria resolver os problemas de todo mundo, além dos dela. E, no final, ela nunca conseguia resolver nada, pois acontecia sempre alguma coisa que atrapalhava suas bondosas intervenções. Por conta disso, a frase final do programa era sempre a da empregada, o bordão "Aprendeu, Dona Jandira?".

Enquanto trabalhava em *Dona Jandira em busca da felicidade*, Nicette ficou gravida pela segunda vez. Agora, quem estava para chegar era Elisabeth Maria Xavier Miessa, conhecida por todos como Beth Goulart. Durante a gravidez de Bethinha, como os íntimos costumam chamá-la, Nicette resolveu voltar a ter aulas de piano, habito que tinha ja ficado para trás havia alguns anos. Fora isso, faltava decidir ao lado da direção do programa que rumo tomaria a sua personagem, já que a atriz estava gravida. Como o programa estava no auge do sucesso, decidiram que Dona Jandira também engravidaria. Uma barriga postiça passou a fazer parte do figurino da personagem e, com ela, Nicette foi até o fim do programa. A personagem de Dona Jandira acompanhou o mesmo período de gestação de Nicette.

Era 10 de janeiro de 1961 e faltavam apenas 15 dias para Beth nascer. O último episódio estava indo ao ar nessa data, com Jandira a caminho da maternidade. O mais curioso estava por vir. Quando Nicette saiu dos estúdios, logo após terminar o episódio, ela deu de cara com milhares de fãs, que do lado de fora, a esperavam com vários presentinhos para Beth: sapatinhos, camisas bordadas, brinquedinhos e até mesmo um enxoval completo. Beth chegou ao mundo no dia 25 de julho de 1961, com muitos mimos à sua espera! Dona Jandira e Nicette se fundiram numa mesma pessoa e o público abraçou essa ideia com muito amor e carinho.

"São momentos como esse de amor do público, que vale cada pedacinho da minha carreira! Dona Jandira foi uma das grandes responsáveis por isso, nunca mais vou esquecer!"

CAPÍTULO 13
RUMO A CURITIBA

Seu Afonso, pai de Paulo e sogro de Nicette, ficou muito preocupado com o casal com a situação financeira do casal, já que a vida nos palcos era incerta. Agora com duas filhas para criar, ele achava que Paulo precisava de um emprego fixo, com estabilidade, e sugeriu que eles fossem morar em Curitiba, onde Paulo faria um estágio em Administração e conheceria, através do pai, a alguns empreendedores locais.

Era 1962, quando recebeu a proposta de Seu Afonso, Paulo estava montando a peça *Zefa entre os homens,* de Henrique Pongetti, com direção de Ziembinski. Compunham o elenco da peça, além de Paulo e Nicette, os atores Alvaro Aguiar; Celso Marque; Hamilton Ferreira; Iran Lima; Mário Brasini; Luiz Tito e Waldir Maia. O espetáculo se passava num bar de beira de estrada no Nordeste. Apesar de Ziembinski ter feito um espetáculo lindíssimo, a montagem seguiu mais o clima europeu do que o nordestino. Foram ótimas críticas as de interpretação, mas o espetáculo não atingiu o público. Depois disso, Paulo perguntou a Nicette se ela aceitaria ir para o Paraná, já que o espetáculo não rendeu lucros que lhes oferecessem alguma uma segurança. Nicette topou na hora, com Paulo ela iria para qualquer lugar.

O casal foi morar em Curitiba e Paulo, com uma única condição, aceitou a proposta do pai: não abandonaria o teatro, faria os dois trabalhos simultaneamente. E foi no Paraná que Nicette ficou grávida do seu terceiro filho: Paulo Goulart Filho. A experiência de Nicette com três filhos foi algo que mudou sua vida e sua carreira para melhor. Ela aprendeu muito com eles durante todo o processo de criação, e isso só lhe trouxe benefícios.

"Ser mãe, contribuiu muito na minha carreira e na minha vida. Me fez crescer como pessoa e aumentou ainda mais minha sensibilidade como artista".

TEATRO DE COMÉDIA DO PARANÁ (TCP)

Nicette e Paulo chegaram em Curitiba no dia 5 de janeiro de 1962 e lá permaneceram por cinco anos. No dia seguinte à chegada do casal, Paulo resolveu dar uma volta na rua Quinze. Nesse passeio, Paulo acabou encontrando o ator Claudio Correa e Castro e diretor do Teatro Guaíra, Fernando Pessoa.

Claudio estava lá porque foi chamado por Fernando para estudarem a ideia de se fazer uma nova escola de teatro. O Teatro Experimental Guairá, sob responsabilidade de Ary Fontoura e Glauco Flores de Sá, criado em 1956, tinha sido desativado e a diretoria queria montar um novo curso. Curitiba era considerada o "cemitério" das companhias de teatro brasileiras e vários espetáculos eram lançados primeiro por lá. Era como se Curitiba desse o veredicto final, determinando se o espetáculo era bom ou não.

Claudio estava montando o corpo docente de professores da escola e quis saber se Paulo e Nicette topariam fazer parte do quadro de um projeto permanente de teatro. A resposta foi positiva. No corpo docente do curso, além de Claudio, Paulo e Nicette, estavam ainda, Eleonor Bruno, Silvia Paredo e Armando Maranhão.

Antes de iniciarem o curso, eles foram falar com o governador Ney Braga, buscando abrir portas para a oficialização do projeto, caso esse desse certo. Para o aperfeiçoamento das aulas, a equipe docente estudava incansavelmente os Cadernos de teatro do Tablado de Maria Claro Machado. Fora isso, o pai de Paulo, colocou à disposição de todos uns mini-discs, que mandou vir dos Estados Unidos, onde estavam gravadas aulas de importantes mestres americanos. Os futuros professores estudaram muito, buscaram ampliar sua bagagem e contaram ainda com a própria experiência para levar o melhor do ensino das artes cênicas para os estudantes. Foram inscritos mais de 300 alunos para as aulas do curso, que durava três meses. Com ótimos resultados, o curso foi oficializado pelo Governador Ney Braga.

O Teatro de Comédia do Paraná (TCP) surgiu em 1963, criado com a finalidade de organizar as atividades teatrais do Teatro Guaíra, em Curitiba (PR). Em 1962, o ator e diretor Jaime Barcelos e o diretor Gianni Ratto, uniram-se para dar cursos de teatro de rápida duração. O sucesso foi enorme e, no ano seguinte, o Teatro Guaíra criou o primeiro grupo oficial de teatro do Paraná. O ator e diretor Claudio Correa e Castro foi convidado para dirigir o projeto e trouxe de São Paulo Nicette, Paulo Goulart, Eleonor Bruno e Silvia Paredo para atuarem na companhia e lecionarem em um curso permanente de teatro.

A primeira montagem do TCP aconteceu em 1963, com a peça *Um elefante no Caos*, de Millôr Fernandes. O TCP fez história e um seleto grupo de atores, diretores, autores e profissionais do teatro passaram por ele: Lala Schneider; Joel de Oliveira; Armando Maranhão; Miguel Esposito; Sale Wolokita; Maurício Távara; Danilo Avellada; Sinval Martins; José Maria dos Santos; Cecilia Alvetti; Yara Sarmento; Rogério Dellê; Fernando Zeni; Wilde Quintana; Felix Miranda; Edson D´Ávilla; Delcy D´Ávila; Sansores França; Odalair Rodrigues e outros. O TCP atuou até os anos 2000, chegando a produzir até cinco espetáculos por ano. Ele foi reativado em 2016.

Era um trabalho pioneiro, onde se formava não só um grupo para a instituição de uma escola oficial de teatro, como a fundação do Teatro de Comedia do Paraná. O TCP foi um celeiro de arte, conhecimento e talento. Ele ajudou a abrir os caminhos para que o Paraná se tornasse um importante polo das artes cênicas brasileiras, com trabalhos do mais alto nível.

UM ELEFANTE NO CAOS ENTRE O RIO DE JANEIRO E CURITIBA

Um elefante no caos fez sua estreia na cidade Maravilhosa, mas chegou a Curitiba. Na década de 60, quando Nicette e Paulo moraram no Rio de Janeiro, mais precisamente na Rua Aires Saldanha, Ipanema, foram vizinhos de ilustres personalidades cariocas, Tom Jobim, Vinicius de Moraes, Millôr Fernandes e tantos daquela época, que residiam no bairro. Nicette e Paulo costumavam frequentar os mesmos restaurantes e bares famosos que a turma de artistas costumava frequentar: iam ao Garota de Ipanema, ao Bracarense, ao Bar Veloso, ao Antônio's Bar. E foi num desses bares que eles se encontraram com Millôr Fernandes. Millôr foi um escritor, dramaturgo e cartunista que conquistou notoriedade com suas colunas de humor na revista Veja e nos jornais O Pasquim e Jornal do Brasil.

Nesse encontro, Paulo perguntou a Millôr se ele tinha alguma peça inédita que pudesse ser montada focando nele e em Eleonor Bruno, já que Nicette estava gravida de Bárbara e não podia fazer um papel extenuante. Dito isso, Millôr escreveu em três dias a peça *Um elefante no caos*, em que relata a censura que sofreu, em especial por seu sarcasmo em relação ao ufanismo cego e bestalhão. A peça é também um soco no estômago da estupidez institucionalizada pela mídia de massas.

O texto era incrível, só que havia um problema. Ele tinha muitos personagens e a montagem seria mais cara. Naquele momento, Nicette e Paulo não dispunham de recursos financeiros para fazer a peça. Sem se deixar por vencer, Paulo saiu procurando todas as companhias de teatro e patrocinadores que se interessassem em montar a peça junto com eles. Para sua tristeza, ninguém se interessou. Durante alguns anos, Paulo continuou tentando e nada conseguiu. Dez anos mais tarde, finalmente Paulo conseguiu estrear a peça no Teatro Glaucio Gil, em Copacabana, ao lado de Claudio Correa e Castro que fazia um bombeiro, o personagem principal da peça.

Um tempo depois, Paulo e Claudio se encontraram em Curitiba no Teatro de Comédia do Paraná (TCP). Eles precisaram de uma peça para a estreia da companhia. Eles iam estrear com *A megera domada*, de Shekespeare, mas não daria tempo, por causa do tamanho da produção. Claudio então sugeriu que eles fizessem *O elefante no caos* e que, desta vez, que Paulo fizesse o protagonista, já que esse personagem tinha sido escrito especialmente para ele. A peça foi um sucesso! *Dona Jandira em Busca da Felicidade* no Paraná

Nem só de teatro, Nicette e Paulo viveram em Curitiba. A famosa série *Dona Jandira em Busca da Felicidade*, estrelada por Nicette na TV Continental, chegou ao Paraná. A TV Paraná, em parceria com a TV Continental, resolveu produzir o programa na cidade, com direção de Paulo Goulart. E a correria era grande. Todos os sábados, pela manhã, o casal ia pra Londrina, onde se apresentavam a noite com dois espetáculos. Eles voltavam no domingo, também de manhã, pois à tarde se apresentavam em *Dona Jandira em Busca da Felicidade*.

E foi nesse programa que Nicette contracenou pela primeira vez com sua filha, Bárbara. O autor quis apresentar ao público a filha de Dona Jandira já com 8 anos de idade e escalou a própria Bárbara para o papel. *Dona Jandira em Busca da Felicidade* marcou época no Paraná, já que foi a primeira iniciativa de programa de TV interativo. Ao término de cada episódio, os telespectadores ligavam para emissora e eram atendidos pela própria Nicette. O público se sentia não só acarinhado, mas feliz por conversar com Nicette ao vivo.

Os telespectadores trocavam ideias com Nicette e discutiam com ela os assuntos abordados no episódio do dia. Assim como foi no Rio de Janeiro, o programa no Paraná foi um sucesso. A audiência era tão grande que a famosa fábrica de moveis Copa resolveu criar uma linha de moveis chamada "Copas Dona Jandira". Nicette e Paulo tiveram um papel decisivo e transformador no teatro e na TV Paraense da época. Em 1989, o casal, junto com a atriz Lala Schneider, foi homenageado no palco do Teatro Guaíra pelo aniversário da montagem da peça *A Megera Domada*.

"Falar com as pessoas ao final do episódio de Dona Jandira era uma coisa especial. O carinho que eu recebia era algo fora do normal. E o mais importante de tudo, era saber a opinião deles sobre o episódio, afinal, o trabalho que fazemos é para eles".

PAULO FAZ A *MEGERA DOMADA* EM SÃO PAULO

Em um belo dia do ano de 1964, o diretor teatral Antunes Filho, ligou para Paulo no Paraná, pedindo sua ajuda. Antunes estava em cartaz com *A Megera Domada*, em São Paulo, sob sua direção e tinha como protagonista o grande ator Armando Bogus, que interpretava Petruchio. Mas, Bogus estava com um problema de saúde e teria que sair do espetáculo e Antunes não tinha ninguém para substituí-lo. Foi então que o diretor teve a ideia de convidar Paulo para ser o protagonista, já que a peça tinha sido traduzida por ele, que também já havia participado da montagem em Curitiba, assim seria tudo mais fácil.

A princípio Paulo ficou inseguro, já que tudo caminhava muito bem em Curitiba. Paulo tocava alguns projetos administrativos e comandava uma padaria. Quando conversou com Nicette, ela o incentivou a ir para São Paulo fazer a peça. Nicette achava que as portas para Paulo se abririam em São Paulo, pois tinham progredido muito como atores, além de estarem mais experientes por causa dos estudos, das aulas que lecionavam e da prática do dia a dia. Então ficou combinado o seguinte: primeiro Paulo iria, e, se desse tudo certo, Nicette iria em depois. Ela ficou tomando conta da padaria, que quase faliu em sua gestão, porque, para cada cliente que chegava lá, ela oferecia uma cortesia. Realmente os negócios não faziam parte do seu talento. O lugar de Nicette era mesmo nos palcos.

Paulo foi e a peça foi um sucesso. Além do espetáculo ser primoroso, seu Petruchio recebeu excelentes críticas. Bógus também fazia Petruchio maravilhosamente bem, mas tinha uma modernidade que Paulo não tinha. Paulo tinha a tessitura exata para o personagem. *A Megera Domada* de São Paulo, além de contar com Irina Grecco, esposa de Bogus, contava com Eva Wilma, Yara Amaral e Regina Duarte, que foi lançada nesta montagem.

> "*A Megera Domada* foi o espetáculo que abriu as portas da carreira de Paulo. Ele se atirou ao mar e foi içado!"

PAULO ALÇA NOVOS VOOS

Com o sucesso de Paulo em *A Megera Domada*, o grande diretor Walter Avancini, logo o convidou para trabalhar na TV Excelsior, que estava em franco crescimento em relação às produções de telenovelas. Elas tinham uma pegada mais moderna e estórias com maior importância dramatúrgica. E a primeira novela que Paulo fez foi da autora Ivani Ribeiro, chamava-se *As minas de prata* e foi ao ar de novembro de 1966, dirigida por Avancini. Paulo fazia o personagem Dom Francisco.

A trama da novela era a seguinte: no século XVII, Estácio de Sá, interpretado por Fúlvio Stefanini, procura a localização de minas de prata que seu pai havia encontrado um pouco antes de morrer, pois somente com a fortuna gerada por elas ele poderia desposar Inesita, interpretada por Regina Duarte. Inesita tinha outro pretendente, escolhido por seu pai, o nobre Dom Fernando, interpretado por Renato Master.

Paulo continuou na TV Excelsior até 1969, quando fez a novela *Vidas em Conflito*. Um tempo depois, em julho de 1970, um incêndio destruiu os estúdios da emissora e a maior parte do seu acervo de imagens. À época, Nicette e Paulo faziam a peça *Boa tarde excelência*, no Teatro Cacilda Becker, em São Paulo. Ao término de uma das apresentações, receberam um bilhetinho de Bonifácio de Oliveira, o Boni, convidando Paulo para ir para a Rede Globo. Paulo foi, mas Nicette continuou em São Paulo por causa das crianças e do trabalho na TV Tupi. Paulo começara a voar em sua carreira de ator.

CAPÍTULO 14
OS FANTOCHES, A PRIMEIRA NOVELA DE NICETTE

Em 1967, Nicette participou de *Os fantoches*, sua primeira novela, na TV Excelsior, já na era do videoteipe. *Os fantoches* foi uma novela de Ivani Ribeiro, com direção do temido e poderoso Walter Avancini. A trama era a seguinte: O milionário Aníbal, interpretado por Átila Iório, sabendo que estava prestes a morrer, convida um grupo de parentes e amigos para se hospedar em hotel de luxo. Todos estão ligados a um mistério de seu passado. Alguns serão recompensados com a inclusão testamento, outros serão punidos. Para saber quem fora seu amigo de verdade e quem o prejudicou, Aníbal passa a manipular a todos, como se fossem fantoches. Um elenco de primeiro time integrava a produção: Dina Sfat; Beatriz Segall; Stênio Garcia; Paulo Goulart; Yara Lins; Vera Gimenez; Márcia de Windsor; Elizabeth Gasper; Flora Geny e Regina Duarte.

Os fantoches foi uma novela de muito sucesso, e fez parte do auge da TV Excelsior. Nicette fazia Estela, que era um pequeno papel. Ela tinha um romance com Torquato (Stênio Garcia) e a química entre o casal agradou tanto ao público e à crítica, que Ivani Ribeiro deu mais importância à personagem de Nicette. Durante as gravações, Nicette era aplaudida pela equipe, todos ficaram surpreendidos com sua bela atuação. Por causa dos filhos, ela ficara afastada da televisão e muitos achavam que era seu primeiro trabalho.

"Toda vez que o artista se afasta um pouco do seu ofício é um recomeço. E para recomeçar é preciso trabalhar muito, para mostrar que você pode. E foi assim que fiz em Os fantoches, coloquei todas as minhas forças no meu trabalho de atriz".

A CONTINUAÇÃO DA CAMINHADA NA EXCELSIOR

Depois de Os fantoches, Nicette continuou sua caminhada pelas novelas da TV Excelsior, uma pequena caminhada, já que a emissora não durou muitos anos. Em 1968, Nicette trabalhou na novela *A muralha*, que foi outro grande sucesso da autora Ivani Ribeiro. O texto era baseado no livro homônimo de Dinah Silveira Queiroz e direção contava com Sérgio Britto e Gonzaga Blota. A novela contava os conflitos que levaram à Guerra dos Emboadas. A muralha do título era, na verdade, a Serra do Mar, obstáculo a ser superado para a conquista do interior do Brasil. Um elenco enorme e estelar compunha a produção: Mauro Mendonça; Fernanda Montenegro; Gianfrancesco Guarnieri; Nathalia Timberg; Paulo Goulart; Arlete Montenegro; Rosamaria Murtinho; Stênio Garcia; Maria Isabel de Lizandra; Nestor de Montemar; Paulo Celestino; Cleyde Yáconis; Claudio Correa e Castro; Cleide Blota; Carlos Zara; Osmar Prado; Aldo de Maio; Serafim Gonzales; Jacira Sampaio — a inesquecível Tia Anastácia do Sitio do Pica-Pau Amarelo — e Silvio de Abreu, que, atualmente, é um grande autor de teledramaturgia.

Margarida Olinto, a personagem de Nicette, era uma mulher sensível, que achava que seu casamento estaria completo somente após a chegada de um filho. Em 2000, *A muralha* foi produzida pela Rede Globo de televisão, desta vez, em forma de minissérie. Maria Adelaide Amaral escreveu 51 capítulos, que foram dirigidos por Denise Saraceni e Carlos Araújo. A atriz Maria Luiza Mendonça foi quem representou a personagem que, originalmente, fora de Nicette na novela.

Fernanda Montenegro, Stênio Garcia, Nicette e Arlete Montenegro em A Muralha, TV Excelsior - Acervo Pessoal Nicette Bruno

Depois, em 1968, Nicette participou de outra produção da emissora: a novela *Legião dos esquecidos*, escrita Raymundo López e dirigida por Waldemar de Moraes. Nesse ano, a TV Excelsior viu seus problemas financeiros aumentarem e, por causa de constantes atrasos no pagamento dos salários, muitos artistas migraram para outras emissoras. Dada a situação, começaram a passar muitos filmes e seriados americanos e cada vez menos novelas. Além de todos esses problemas, ainda tinha a censura que perseguia a programação, principalmente as novelas.

Em 13 de Dezembro de 1968, a Excelsior tirou do ar o "Jornal de Vanguarda", pois a censura a pressionava cada vez, o que impedia que muitas matérias fossem ao ar e prejudicava o andamento do Jornal. A pressão continuava aumentando, mas a Excelsior driblou os censores e manteve-se firme, produzindo ainda mais algumas novelas.

Nicette em Sangue Do Meu Sangue na TV Excelsior - Coleção Marcelo Del Cima

Em 1969, Nicette participou de mais uma produção da emissora, a novela *Sangue do meu sangue*, cujo texto era de Vicente Sesso e a direção de Sérgio Brito. Nicette interpretava a personagem Clara e contracenava com Francisco Cuoco; Fernanda Montenegro; Tônia Carrero; Henrique Martins; Nívea Maria; Armando Bógus; Mauro Mendonça e Rodolfo Mayer. Foi o último trabalho de Nicette na emissora. Naquele mesmo ano, um grande vendaval destruiu sua torre de transmissão, que ficava no bairro Sumaré, em São Paulo.

Assim, em meio à situação caótica de dívidas e demissões, as ações da TV Excelsior foram compradas por Wallace Simonsen, que também não aguentou as dívidas e acabou vendendo os títulos pouco tempo depois. Em 28 de Setembro de 1970, os direitos da emissora foram cassados e suas transmissões foram definitivamente encerradas. Os problemas financeiros e as relações conturbadas com o governo militar, conseguiram pôr fim a esse importante veículo. Nicette permaneceu lá até seu fechamento, quando partiu, bem-sucedida, para TV Tupi, em 1970.

A TV Excelsior representou um marco na televisão brasileira e constituiu um mercado de trabalho muito importante para os artistas. Ela foi a primeira a trabalhar com um profissionalismo que não era comum na época. Foi uma percussora das novelas. Seu fechamento causou um sentimento de luto para toda classe artística e para o público brasileiro.

A GORDINHA

Após o fechamento da TV Excelsior e passado algum tempo do nascimento de Beth, por volta de 1970, Nicette assinou com a TV Tupi e protagonizou a novela *A gordinha*. A novela foi escrita por Sérgio Jockymann e dirigida por Antônio Abujamra e Henrique Martins. Nicette fazia a jovem Mônica Becker. A personagem era uma simpática gordinha, que sonhava em ser jornalista e que acabava conseguindo um emprego numa agência de jornalismo, onde todas as mulheres eram lindas e poderosas e ela era vista como uma menina qualquer. Mônica acabava se apaixonando por Paulo Torres, interpretado por Fernando Torres, que era o filho de seu patrão, Tiago, interpretado por Henrique Martins. Tiago sentia forte atração por Mônica, o que causava muitas brigas e ciúmes em sua mulher, Daniela, interpretada por Selma Egrei, em sua amante, interpretada por Luísa de Franco, e em Analu, futura esposa de Paulo Torres, interpretada por Clenira Michel. Tudo era contado de maneira divertida, em tom de comédia. O público se sentia torcia pela gordinha e sofria com seus dramas.

A novela foi gravada nos estúdios da TV Tupi em São Paulo, e transmitida além da capital paulistana, para as cidades Rio de Janeiro, Porto Alegre, Curitiba e Belo Horizonte. Eleonor Bruno, Beatriz Segall, Lutero Luiz, Paulo César Pereio, Regina Braga e Jayme Barcellos, também faziam parte do elenco. Até hoje, as pessoas que viram a novela param Nicette na rua para comentar sobre A gordinha. As pessoas não se esquecem do bordão da personagem, que quando ficava nervosa ou estressada, entrava num bar e pedia "um copo de leite e dois bolinhos". Depois que comia tudo, ela se transformava em outra pessoa.

"A Gordinha era uma jovem normal, que desejava casar, ter filhos e, ao mesmo tempo, representava um símbolo de vida e esperança".

MEU PÉ DE LARANJA LIMA, O SEGUNDO TRABALHO COM IVANI RIBEIRO.

Saindo de A gordinha, Nicette aterrizou direto em Meu pé de laranja lima, que estreou em 1970. A foi novela escrita por Ivani Ribeiro, tendo como base o romance homônimo de José Mauro Vasconcelos, e dirigida por Carlos Zara. Nicette fazia Cecília, uma religiosa reprimida. A novela, quase uma fábula, contava a sobre o pequeno Zezé, interpretado por Haroldo Botta, um menino pobre e sonhador, que de uma forma lúdica, conversa com um pé de laranja lima. Daí surge uma linda amizade com o velho português solitário, Manuel Valadares, conhecido como o "Portuga" e interpretado por Cláudio Correa e Castro. A novela foi um grande sucesso de público e de crítica, com uma ótima audiência, recebendo vários prêmios. Protagonizada pela grande atriz Eva Wilma, que fazia o papel de Jandira, seu o elenco ainda contava com Lélia Abramo; Gianfrancesco Guarnieri; Bete Mendes; Jacira Sampaio; Dennis Carvalho; Henrique

Martins; Cosme dos Santos; Dirce Militelo; Renato Consorte; e Ruthineia de Moraes.

Era o segundo que Nicette fazia com a grande autora Ivani Ribeiro. Querida por muitos atores, Ivani foi pioneira na TV Tupi, onde começou sua carreira em 1952, escrevendo a série *Os eternos namorados*. Nicette fala um pouco sobre a autora na biografia *Ivani Ribeiro: a dama das emoções*, escrita pela biógrafa Carolline Rodrigues e lançada em 2018.

Lá, Nicette conta que o texto de Ivani era caracterizado pela facilidade de ser dito e que ela sabia fazer todos os ganchos de uma novela, sem ficar um texto literário. O texto de Ivani era coloquial, fácil de ser estudado e decorado pelos atores. Essa era uma das grandes características de Ivani Ribeiro, que colocava as palavras na embocadura dos atores, o que facilitava não só a compreensão de quem os interpretava, mas a comunicação rápida com o público que acompanhava suas novelas.

"Ivani era uma pessoa com uma sensibilidade imensa, delicada e muito comprometida com seu trabalho de autora. Seus textos eram fáceis de compreensão, mas com um peso enorme. Suas palavras diziam muitas coisas. Ela deixou um vácuo na teledramaturgia brasileira", comenta Nicette.

Em 1980, a Rede Bandeirantes aproveitou o texto de Ivani Ribeiro, e produziu uma segunda versão de *Meu pé de laranja lima*. Desta vez, tendo, como o pequeno Zezé, o ator mirim Alexandre Raymundo e como, o Portuga, o ator Dionísio Azevedo. O papel de Jandira ficou a cargo de Baby Garroux. A personagem Cecília, interpretada por Nicette na primeira versão, foi interpretada pela atriz Regina Braga.

A FÁBRICA E SUA INOVADORA TEMÁTICA

Em 1971, Nicette parte para uma nova empreitada dramatúrgica na novela *A fábrica*, escrita e dirigida por Geraldo Vietri. Exibida às 19 horas e com 288 capítulos, *A fábrica* foi a primeira novela brasileira a ter como tema central as relações sociais entre patrões e empregados, uma temática inovadora para a época. Além de inovadora, era ousada e difícil, já que o regime militar tomava conta do Brasil e a Censura ficava de olho em absolutamente todas as programações. Mas a Tupi e o autor Geraldo Vietri não temeram nem os militares, nem a censura e lançaram a novela.

A fábrica também teve como missão tirar a TV Tupi dá má fase passava na faixa das 19 horas, já que as histórias não estavam conquistando o público e, por conta disso, diminuindo os patrocinadores. A novela *Na idade do lobo,* de Sérgio Jockyman, com direção de Walter Avancini e Carlos Zara, substituiria *A fábrica*, mas estava atrasada. Sendo assim, a Tupi solicitou que o autor Geraldo Vieri estendesse a novela por mais três meses, o que causou uma tremenda fúria no autor. Com sua extensão, os índices bateram recorde de audiência e salvaram a grade da emissora. Foi uma das maiores audiências dentre as novelas que a TV Tupi já havia colocado no ar.

A novela era protagonizada por Aracy Balabanian, que fazia Isabel; Juca de Oliveira, que era Fábio; e Lima Duarte, como Pepê. Mesmo diante desses grandes talentos, Nicette roubou a cena e foi uma das grandes surpresas da trama com sua professora Leonor. Ela surpreendeu o público com seu carisma e sua interpretação, sem contar a identificação que sua personagem gerava. O casal principal, Juca de Oliveira e Aracy Balabanian, não terminou junto, o que era muito de se estranhar. Foi Nicette quem terminou a novela ao lado do galã, o que causou um certo alvoroço no público, já que, pela primeira vez, o par central de uma novela não tinha um final feliz. O elenco da novela ainda contava com Hélio

Souto; Geórgia Gomide; Paulo Figueiredo; Dirce Migliaccio; Joana Foom; Guy Loup; Bibi Vogel; Elias Gleizer; Myrian Muniz e outros.

"A fábrica tinha um tema diferente. O público gosta de conhecer novos universos e o novo é um dos ingredientes principais para uma novela fazer sucesso".

UMA BELA TRAJETÓRIA NA TUPI

Cada vez mais solicitada na grade de novelas da Tupi, Nicette continuou com uma bela trajetória na emissora e com novos desafios pela frente. Em 1972, ela participa de *Signo da esperança,* novela de Marcos Rey com direção de Carlos Zara. A trama da novela girava em cima de uma família de descendentes italianos que aguardava uma herança. Mas essa herança só seria entregue após uma missão: encontrar um par de castiçais. A novela não foi um sucesso, o público não comprou a ideia e, para completar, a Rede Globo, já forte no mercado televisivo, acabara de lançar no mesmo, a novela *O primeiro amor,* de Walter Negrão.

Em *Signo da esperança,* Nicette interpretou Luísa e tinha como par seu cônjuge, Paulo Goulart, que fazia Ivo. Juntos, eles faziam o par central da novela, que ainda tinha no elenco Gianfrancesco Guarnieri; Georgia Gomide; Walter Stuar; Nádia Lippi; Claudio Corrêa e Castro; Ruthinéia de Morais; Serafim Gonzalez, dentre outros. Em seguida, ainda em 1972, Nicette fez *Camomila e bem me quer,* mais um trabalho de Ivani Ribeiro que participava, com direção de Edson Braga. A novela girava em torno da avareza de Olegário, um senhor nervoso, neurastênico e muito misterioso, interpretado por Gianfrancesco Guarnieri.

Olegário era um pão duro que trancava a geladeira com cadeados, mantinha as luzes da casa apagadas e proibia até de se repetir a comida nas refeições. Nicette interpretava Margarida, mas só gostava que a chamassem de Margô. Ela era viúva, que só se preocupava com o casamento de sua filha Verinha, interpretada por Lisa Vieira. Bárbara Bruno participou também dessa novela, com a personagem Isabel.

O diretor Carlos Zara, atrás de novos talentos e sabendo que Claudio Correa e Castro, que fazia parte do elenco, ministrava cursos de teatro com Jayme Barcellos, pediu indicação de jovens atores a ele. Foi quando ele indicou Bárbara, à época com 16 anos, que, por três anos acompanhou as aulas do curso ministrado por ele, além de ter estudado na Escola de Comunicação e Artes (ECA) da Universidade de São Paulo. Ela fez um teste sem Nicette saber e passou. Nessa novela também foram lançados Marcelo Picchi; Edwin Luisi e Lisa Vieira.

Em 1984, a Rede Globo fez um remake de *Camomila e bem querer*, com o nome de *Amor com amor se paga*, novamente escrita por Ivani Ribeiro, desta vez, com colaboração de Solange Castro Neves. O protagonista era Ary Fontoura, que fazia o pão duro Seu Nonô, e a direção ficou por conta de Gonzaga Blota, Atílio Ricó e Jayme Monjardim. O remake tinha no elenco Berta Loran; Yoná Magalhães; Edson Celulari; Bia Nunnes; Carlos Kroeber; Fernando Torres; Adriano Reys; Beatriz Lyra; Claudia Ohana; Narjara Turetta e Miguel Falabella.

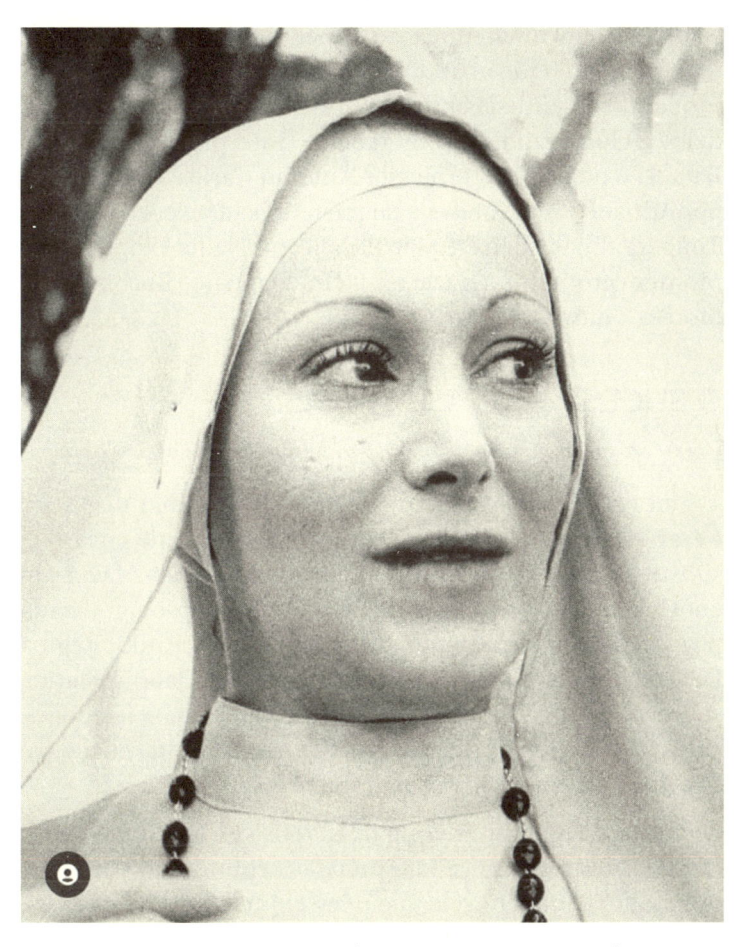

Nicette em Rosa dos Ventos na TV Tupi - Acervo Pessoal Nicette Bruno

Em 1973, Nicette participou da novela *Rosa dos ventos*, escrita por Teixeira Filho, com direção de Henrique Martins. A novela teve suas cenas iniciais gravadas na cidade de Poços de Caldas, em Minas Gerais. Nicette interpretava a Madre Maria das Neves. A trama girava em torno da órfã Juliana, interpretada por Wanda Stefânia, que é criada em um asilo e depois num convento. A jovem noviça Juliana tem uma relação de amizade e respeito com madre superiora interpretada por Nicette, considerando-a uma segunda mãe.

Juliana tem uma educação super rígida no convento e, de repente, decide abandonar o hábito e ir para o mundo. É quando se entusiasma com dois homens diferentes. Um deles é Quico, um playboy rebelde, interpretado por Tony Ramos, e o outro é o professor Antônio Carlos, interpretado por Adriano Reys. A novela também tinha no elenco Nathalia Timberg; Elias Gleizer; Marcelo Picchi; Nadia Lippi; Arlete Montenegro; Olney Cazarré; Jacira Sampaio; Ruthineia de Moraes e outros.

O SUCESSO DE AS DIVINAS... E MARAVILHOSAS

A novela *Carinhoso,* primeira novela original de Lauro César Muniz na Rede Globo, que já tinha estreado em 1972, substituindo o autor Bráulio Pedroso em *O bofe,* fazia um enorme sucesso na emissora. A novela era protagonizada por Regina Duarte, Claudio Marzo e Marcos Paulo. Regina Duarte voltava a atuar pela quarta vez com Claudio Marzo, transformando o casal num dos mais queridos e rotineiros pares da televisão brasileira. Eles já tinham contracenado em *Véu de noiva, Irmãos coragem* e *Minha doce namorada.*

Para fazer frente ao sucesso de *Carinhoso* e ao seu poderoso trio de protagonistas, a Tupi precisava colocar em sua grade das 19 horas uma novela que tivesse uma temática especial, por isso solicitou ao autor Vicente Sesso, uma novela que atraísse o público feminino. Vicente tinha acabado de escrever *Uma rosa com amor,* outro grande sucesso na Rede Globo, protagonizada por Marília Pêra e Paulo Goulart. Vicente então escreveu a novela *As divinas... E maravilhosas,* também protagonizada por um trio de ouro: Nathalia Timberg, Nicette e Bete Mendes. A novela ficou sete meses no ar, de 19 de novembro de 1973 a 29 de junho de 1974 e foi além das expectativas de emissora, fazendo um enorme sucesso.

Era uma novela alegre, engraçada e feminina, que narrava a história de três mulheres de gerações diferentes. A temática do conflito de gerações era um dos grandes trunfos dessa novela. *As divinas... E maravilhosas* também foi uma das primeiras produções a despertar o interesse pelo mundo da moda. Nathalia Timberg fazia Haydée, uma chique e fina senhora, de 65 anos, que defendia os princípios aristocráticos da família. Nicette fazia Helena, uma mulher de 35 anos, independente, à frente do seu tempo, que tinha um negócio próprio e estava em busca de um homem perfeito. Bete Mendes fazia Catarina, uma jovem de 18 anos, irreverente, rebelde, que não estava nem aí para a tradição familiar e tão pouco preocupada com sua aparência.

As divinas... E maravilhosas tinha como patrocinador o sabão Omo e era dirigida pelo ator e diretor Oswaldo Loureiro. A novela tinha no elenco, além das três atrizes protagonistas, John Hebert; Georgia Gomide; Flavio Galvão; Yolanda Cardoso; Geraldo Del Rey; Elizabeth Hartmann; Elaine Cristina; Glauce Graieb; Arlete Montenegro; Pepita Rodrigues; José Lewgoy; Iris Bruzzi ; Eleonor Bruno; Bárbara Bruno; Kito Junqueira e muitos outros. A Tupi contava também com a participação luxuosa do grande ator Procópio Ferreira, pai da diva Bibi Ferreira, que fazia o rico Horácio Valadares.

Homem de teatro, Procópio, a princípio, implicou pelo fato de ter que deixar os palcos de lado para passar meses preso às gravações de uma novela, mas acabou aceitando o convite. Ele deu um show de interpretação, sendo um dos pontos altos da trama, que foi um dos seus últimos trabalhos na televisão. Depois de *As divinas... E maravilhosas*, Nicette deu um tempo das novelas, voltando apenas três anos depois.

Durante as gravações da novela, a atriz Bete Mendes sofreu um acidente automobilístico seríssimo. Bete atuava na peça *Desgraças de uma criança* e aos finais de semana, viaja com o espetáculo pelo interior de São Paulo. Na primeira fase da viagem, indo de São Paulo para Bauru, ela dirigia um fusquinha em alta velocidade e com o ator Marco Nanini, no banco do carona e o cantor e ator Eduardo Dusek, no banco de trás. Quando estava a 100 quilômetros por hora, seu pneu estourou e o carro capotou. Bete estava sem cinto de segurança e foi ejetada, atravessando o vidro da frente e caindo alguns metros à frente. Marco Nanini teve apenas uma torção no pescoço e Dusek não teve nada. Bete sofreu traumatismo craniano e teve que sair da novela. Vicente Sesso não se deixou abater e manteve firme a história até o fim, que mesmo com a falta de Bete, terminou com picos de audiência.

Nathalia Timberg, Nicette e Bete Mendes em As Divinas e Maravilhosas na TV Tupi - Acervo Pessoal Nicette Bruno

CAPÍTULO 15
OS EFEITOS DOS RAIOS GAMA NAS MARGARIDAS DO CAMPO

A peça *Os Efeitos dos Raios Gama nas Margaridas do Campo* era uma peça com um título longo demais para atrair o público, assim Nicette pensava e, no início, ela não acreditava que a montagem pudesse dar certo. Eles só a levaram para o palco por amarem muito o teatro, por gostarem muito do texto e porque Paulo a produziria, ou seja, se desse errado, estavam em casa.

Nicette em Os Efeitos dos Raios Gama nas Margaridas do Campo - Coleção Marcelo Del Cima

A peça conta a história de Beatriz, uma mãe amarga que vive com suas filhas, Rute e Matilde, e uma velha inquilina, Nani. Rute, a filha mais velha, é uma jovem bonita que tem frequentemente ataques epiléticos, enquanto Matilde é uma menina tímida com talento intuitivo para as ciências. Motivada por seu professor de física, Matilde realiza uma experiência sobre os efeitos dos raios gama nas margaridas do campo. Afetada demais por suas próprias mágoas, Beatriz, no entanto, não consegue aceitar o sucesso da filha, criticando-a quando deveria elogiá-la e mutilando-a quando precisava amá-la.

Escrita por Paul Zindel, em 1964, com o título em inglês de *The Effect of Gamma Rays on Man-in-the-Moon Marigolds*, o texto foi o maior sucesso do autor. A peça fez temporada off-Broadway em 1970, na Broadway em 1971, rendeu ao autor, também em 1971, o Prêmio Pulitzer de Teatro. Em 1972, a 20th Century Fox produziu o filme com direção de Paul Newman, estrelado por Joanne Woodward, à época sua esposa.

No Brasil, a peça foi produzida pela primeira vez em 1973, pela companhia Eva Todor, com tradução da crítica teatral Bárbara Heliodora, dirigida por Sérgio Britto e estrelado por Eva Todor. A segunda montagem no Brasil foi em 1974, estrelada por Nicette, com direção de Antônio Abujamra. Abu insistiu em lançar Beth nesse espetáculo e conseguiu. Aos 13 anos, ela fez seu debut nos palcos. Nicette e Paulo, achavam que ainda não era o momento para Beth começar a trabalhar, pois a consideravam muito nova e achavam que ela deveria se dedicar apenas aos estudos. Eles só concordaram que a filha subisse ao palco se ela prometesse que o teatro não atrapalharia seus estudos e que, se atrapalhasse, ela pararia de atuar imediatamente.

Madura para sua idade, Beth concordou. Beth, apesar de nova, já demonstrava um grande amor pela arte de atuar. Ela já tinha um foco: seria atriz. E assim foi. Beth se dedicou de corpo e alma, única e exclusivamente à arte da interpretação, tanto que nem quis fazer faculdade. O seu futuro estava escrito nas estrelas: o palco. A título de curiosidade, já que estamos falando de Beth, seu nome artístico surgiu quando foi participar do programa de Goulart de Andrade. O apresentador a olhou e disse: "Olha a filha do Goulart ai gente!". A partir daí, ela assumiu o nome artístico de Beth Goulart. Já Bárbara, foi ela quem quis colocar o sobrenome Bruno em seu nome artístico, que ficou sendo Bárbara Bruno.

Uma coisa interessante é que, nessa peça, atuavam três gerações juntas: Nicette, como Beatriz; sua mãe, Eleonor, como Nani; Beth como Matilde e Bárbara como Rute. Bárbara, todavia, só ingressou no elenco quando a atriz Tereza Teller engravidou e teve que sair da montagem.

Para felicidade de Nicette, a peça reunia seu clã feminino familiar, mas, para sua tristeza, não ia bem de público. Um belo dia, a compra de ingressos foi tão ruim, apenas 12 pessoas tinham comprado ingressos, que Paulo perguntou a Nicette senão seria melhor cancelarem a apresentação do dia. Aquilo foi um baque pra Nicette, que não aceitou a ideia, justificando que seria um desrespeito para quem comprou o ingresso e saiu de casa para assisti-los. Ela fez a peça somente para aquelas 12 pessoas, mas, tão intensamente, que parecia que tinham 500 pessoas na plateia.

O que jamais Nicette poderia imaginar é que plateia daquele dia estava um senhor que representava uma instituição cultural. Esse senhor queria comprar um espetáculo fechado e comprou. Devido à compra, a partir daquele dia, começou um grande boca a boca favorável ao espetáculo. A plateia estava cada dia mais cheia e Nicette ficou 30 meses ininterruptos com o espetáculo em cartaz no Teatro de Arena em São Paulo. Sem contar que a peça foi um dos seus maiores êxitos como atriz, já que, por ela, recebeu os prêmios Molière e APCA ((Associação Paulista de Críticos de Arte) de melhor atriz.

"Foi um momento importante da minha carreira. Abujamra me virou do avesso. A mulher que eu fazia era uma antítese do que eu sou. Uma mulher que odiava a tudo e a todos, recalcada, deprimida. A filha, ao contrário, despontava com a esperança da transformação. Aquele efeito dos raios gama fazia com que as margaridas tivessem um crescimento diferente. Era lindo!".

CAPÍTULO 16
PAPAI CORAÇÃO

Em 1976, Nicette voltava a atuar em novelas, participando de *Papai coração*, folhetim protagonizado pelo marido, Paulo Goulart. *Papai coração* foi escrita em 1973, por Abel Santa Cruz, com o nome de "Papá corazon", para a emissora Argentina Canal 13 e logo ganhou várias versões pela América Latina. Em 1976, a TV Tupi adaptou o roteiro original argentino e produziu o remake nomeado *Papai coração*. Na versão de 1976, Paulo Goulart fazia o viúvo Mario. Seu personagem se via as voltas com seus problemas familiares com Rosário, sua irmã noviça, interpretada por Selma Egrei, e com sua filha Titina, uma menininha interpretada por Narjara Turetta, que, para seu desespero, conversava com Laura, sua mãe morta, interpretada por Arlete Montenegro.

Nessa novela trabalhavam também Beth Goulart, que fazia irmã Carolina; Bárbara Bruno, como Alice; Paulo Goulart filho, como Demo; e Eleonor Bruno, como Madre Arcanjo, ou seja, família completa em cena. Nicette interpretava a personagem Silvia. O ator Edson Celulari surgiu numa pequena figuração, para logo a seguir estrear na novela *Salário mínimo*, em 1978. No elenco estavam Renato Consorte; Yolanda Cardoso; Serafim Gonzalez; Joana Fomm; Adriano Reys; Jonas Bloch; Walderez de Barros; Elizabeth Hartmann; Glauce Graieb; Henrique César e outros.

Como a novela *Papai coração*, com toda a família em cena, fazia sucesso na TV Tupi, Paulo Goulart teve a ideia de fazer um show, em 1976, que se chamava *Papai, mamãe e cia*. Nesse show, ele reunia, ao lado dele Nicette, Beth; Bárbara; Paulinho e Eleonor, com direção de Ariel Bianco. A estreia foi no Teatro Guaíra, em Curitiba. *Papai, mamãe e cia* era um grande espetáculo para toda família, com com esquetes, músicas e dança. Ele só foi interrompido porque, durante as apresentações, Nicette ficou gravida e perdeu a criança.

> "Era mágico em 'Papai mamãe e companhia' olhar para o lado e ver mamãe, Bárbara, Beth, Paulinho, Paulo... Eu me sentia uma criança numa festa infantil".

Show Papai, Mamãe e Cia - Acervo Nicette Bruno

UM DOS MAIORES SUCESSOS DE NICETTE NA TELEVISÃO: *ÉRAMOS SEIS*.

Éramos seis é aquele tipo de novela que você nunca mais esquece. A personagem central, Eleonora Campos Abílio de Lemos, conhecida como Dona Lola, é especialmente inesquecível. Em 1977, Nicette encarnou Dona Lola e conquistou vários prêmios, além do APCA de como melhor atriz. A novela foi uma adaptação do romance homônimo de Maria José Dupré, lançado em 1943, e escrita por Sílvio de Abreu e Rubens Ewald Filho, com direção de Atílio Ricó e Plínio Paulo Fernandes. A adaptação da qual Nicette participou foi a terceira versão da obra. A primeira versão foi produzida em 1958, pela TV Record, e em 1967, pela Tupi.

Éramos seis conta a história de Dona Lola, uma batalhadora e bondosa senhora, que faz de tudo pela felicidade dos filhos e do marido. Na versão de 1977, o marido de Dona Lola, o personagem Júlio Abílio de Lemos, era interpretado por Gianfrancesco Guarnieri e os filhos por Carlos Augusto Strazzer, como Carlos; Ewerton de Castro, como Julinho; Carlos Alberto Ricelli, como Alfredo e Maria Isabel de Lizandra, como Isabel. No elenco estavam ainda Jussara Freire; Reny de Oliveira; Adriano Reys; Carmen Monegal; Nydia Lícia; Paulo Figueiredo; Georgia Gomide; Flavio Galvão; Beth Goulart, Ruthinéia de Moraes e outros.

Em 1994, a quarta versão foi feita pelo SBT com direção de Henrique Martins e Del Rangel e direção geral de Nilton Travesso. A protagonista, Dona Lola, foi interpretada por Irene Ravache; o seu marido, Júlio Abílio de Lemos, foi interpretado pelo ator Othon Bastos e os filhos eram Jandir Ferrari, como Carlos; Tarcísio Filho, como Alfredo, Leonardo Brício, como Julinho e Luciana Braga, como Isabel. Nesse ano a novela foi também um grande sucesso de crítica e público. Assim como Nicette, Irene Ravache ganhou vários prêmios por sua Dona Lola.

Nicette e Gianfrancesco Guarnieri em Éramos Seis na TV Tupi - Acervo Pessoal Nicette Bruno

"A Lola é uma personagem que deixou muita saudade, nem eu e nem o público, nós jamais esquecemos dela!".

ÚLTIMOS TRABALHOS NA TUPI: SALÁRIO MÍNIMO E COMO SALVAR MEU CASAMENTO.

Em 1978, um ano depois de encarnar a histórica personagem Dona Lola em *Éramos seis*, chegou a vez de Nicette encarar mais uma protagonista na novela *Salário mínimo*. A novela foi escrita por Chico de Assis e dirigida por Antônio Abujamra. Desta vez, Nicette faz uma personagem urbana, totalmente diferente da que havia feito anteriormente. Ela interpretou Dona Zilda, moradora da Vila Giselda, uma grande mulher que protege os moradores humildes das especulações financeiras das camadas mais altas. No elenco estava a grande Lilian Lemmertz, além de Edney Giovenazzi; Hélio Souto; Maria Isabel de Lizandra; Elias Gleizer; Narjara Turetta; Etty Fraser; Laerte Morrone; Claudia Alencar; Ewerton de Castro; Ênio Gonçalves; Bárbara Bruno; Flávio Galvão e outros.

Em 1979, para a tristeza de Nicette e do público brasileiro, a TV Tupi colocou no ar sua última novela: *Como salvar meu casamento*. Novela escrita por Edy Lima, Ney Marcondes e Carlos Lombardi, com direção de Atílio Riccó. *Como salvar meu casamento* estava programada para ter 160 capítulos, mas a TV Tupi entrou numa gravíssima crise financeira, e, por conta disso, reduziu a duração do folhetim para 140 capítulos, encerrando de vez seu departamento de dramaturgia com um final que não pôde ser exibido. "Foi muito triste o fim repentino de *Como salvar meu casamento*. Cheguei na Tupi para gravar e o estúdio estava fechado e todos os camarins apagados", conta Nicette.

Nicette interpretava a protagonista Isadora, chamada de Dorinha, casada com Pedro, interpretado por Adriano Reys. As personagens formavam um casal de classe média, juntos há 23 anos e felizes, que, de repente, sofre uma reviravolta. Pedro se interessa pela linda e jovem Branca, interpretada pela atriz Elaine Cristina. Decidida a lutar pelo seu casamento, Dorinha joga todas as suas fichas em busca de uma solução. Era uma novela extremamente moderna para a época, pois falava de crise no casamento e traição. Esse era um tema que provocava a Censura.

O elenco da novela contava com Ariclê Perez; Paulo Guarnieri; Flávio Guarnieri; Wanda Stefânia; Hélio Souto; Giuseppe Oristânio; Beth Goulart; Walter Forster; Suzy Camacho; Kito Junqueira; Agnaldo Rayol; Sônia Lima; Rosaly Papadopol; Walmor Chagas; Paulo Betti; Cléo Ventura; Patrícia Mayo; Jacques Lagoa e outros. O apresentador Raul Gil, a atriz Nair Bello e o músico Caçulinha fizeram uma participação especial no folhetim.

Em 18 de Julho de 1980, dois meses antes de completar 30 anos de existência, por problemas administrativos, financeiros, e dívidas com a Previdência Social, a concessão da TV Tupi foi cassada pelo governo da Ditadura Militar Brasileira. O presidente Figueiredo foi quem assinou o decreto que extinguiu a primeira emissora de televisão da América Latina, deixando os brasileiros órfãos de sua ótimas novelas e programação.

> *"Fiquei 11 anos na Tupi. Tive a sorte de abrir sua porta e a tristeza de batê-la pela última vez. Seu fechamento foi uma perda imensurável nas comunicações, por tudo que ela construiu com o legado de suas novelas".*

NICETTE ESTREIA NA GLOBO

Em 1980, o diretor Fábio Sabag convidou Nicette para participar da série *Obrigada, doutor*, produzida pela Rede Globo e estrelada por Francisco Cuoco, que interpretava o Dr. Rodrigo Junqueira. Foi o início da caminhada de Nicette na emissora, de onde nunca mais saiu. A série só foi ao ar em 1981, no horário das 22 horas. *Obrigada, doutor* foi criada e escrita por Walter George Durst, Roberto Freire, Ferreira Gullar, Aguinaldo Silva e Walter Negrão. A direção ficou a cargo de

Fábio Sabag, Walter Avancini, Antônio Abujamra, Alberto Salvá e João Albano.

A série contava a história do médico ginecologista Rodrigo Junqueira, que resolveu trabalhar na zona rural, na cidade de Andorinhas, onde existia um hospital desativado. Triste com sua profissão, ou melhor dizendo, desiludido, ele decidiu se dedicar a uma parcela menos favorecida da população e, nesse processo, acabou se envolvendo com as pessoas, entrando em contato com os conflitos dos pacientes, que não só o procuravam como médico, mas também como conselheiro. Nicette fez a Irmã Júlia, que era a assistente de Dr.Junqueira, mais uma pra sua lista de freiras. No elenco estava Cristina Santos (irmã da atriz Lucélia Santos); Elaine Cristina; Cláudio Correa e Castro; Ivan de Albuquerque; Janser Barreto; Jonas Mello; Mário Cardoso; Moacyr Deriquem; Nína de Pádua; Ney Santana; Vera Fischer e Yara Amaral.

Com a ida de Nicette para a TV Globo, seu ritmo de vida mudou um pouco, já que a TV Tupi, onde era contratada, ficava em São Paulo, onde Nicette morava. A televisão começou a tomar uma força na vida de Nicette e a se transformar em seu ofício principal, já que que trabalhava de modo industrial e semanalmente. Todas as semanas, Nicette deixava a família em São Paulo e pegava a Ponte Aérea para o Rio de Janeiro, onde a emissora gravava a série. A TV passou a ter uma prioridade em seu trabalho, sem deixar de lado sua grande paixão: o teatro, já que é quando está no palco que acontece sua grande realização como atriz.

"Sempre que subo num palco, reverencio aquele tablado. Afinal, é onde me entrego, me realizo".

CAPÍTULO 17
A TRAJETÓRIA NA REDE GLOBO

Em 1982, Nicette fez sua primeira novela na Rede Globo, *Sétimo sentido*, de Janete Clair. Essa novela foi dirigida por Roberto Talma, Jorge Fernando e Guel Arraes. A trama girava em torno da paranormal Luana Camará, jovem e tímida professora, interpretada por Regina Duarte. Nicette fazia Sara Mendes, a mãe de Luana Camará. No elenco de excelente atores, constavam: Francisco Cuoco, Eva Todor, Claudio Cavalcanti, Natália do Vale, Fernando Torres, Beth Goulart, Armando Bógus, Jacqueline Laurence, Ruth de Souza, Edwin Luisi, Mirian Pires, Edney Giovenazzi, Jacyra Sampaio,Maria Della Costa, Sebastião Vasconcellos, Sônia Clara, Otávio Augusto, Adriano Reys, Lisa Vieira e tantos outros.

Em 1983, Nicette participou da novela *Louco amor*, de Gilberto Braga com a colaboração de Leonor Bassères, direção de Wolf Maya; Ary Coslov; José Wilker e direção geral de Paulo Ubiratan. A protagonista Patrícia, interpretada por Bruna Lombardi, é apaixonada por Luís Carlos, interpretado por Fábio Júnior, filho de Isolda, misteriosa personagem de Nicette. Um segredo do passado, prende Isolda à casa em que trabalha e esse segredo é guardado durante toda a novela, sendo revelado no final. Louco Amor foi classificada como para maiores de 12 anos, mas, logo depois, reclassificada para 14 anos, por ordem Ministério da Justiça, que alegava, como causa, a existência de um grande número de cenas violentas. A novela foi um grande sucesso e foi também transmitida em 20 outros países. O elenco, além dos já citados, contava com um time espetacular composto por Antônio Fagundes, Glória Pires, Tereza Rachel, Fábio Júnior, Tônia Carrero, Lauro Corona, Arlete Salles, Fernando Torres, Reginaldo Farias, Lady Francisco, Mario Lago, Carlos Alberto Ricelli, Christiane Torloni, Carlos Eduardo Dolabella, Beth Goulart, Otavio Augusto, Yolanda Cardoso, Rosane Goffman, Milton Moraes, Chica Xavier, Lourdes Mayer, Bia Seidl, Rosita Tomaz Lopez e Clementino Kelé.

Já com duas novelas de sucesso nas costas, com dois ótimos personagens, a Rede Globo continuou a apostar no talento de Nicette. Em 1984, ela participou de *Meu destino é pecar*, minissérie de 35 capítulos, exibida às 22 horas. *Meu destino é pecar* foi uma adaptação de Euclydes Marinho do folhetim homônimo escrito por Nelson Rodrigues, com pseudônimo de Suzana Flag, para O Jornal, publicação dos Diários Associados. A direção ficou a cargo de Denise Saraceni e Ademar Guerra. Leninha, interpretada por Lucélia Santos, se casa com Paulo, interpretado por Tarcísio Meira, por causa de um acordo financeiro feito por seu pai, Dílson, interpretado por Ivan Cândido. A vida de Leninha muda drasticamente quando ela conhece o cunhado, Maurício, interpretado por Marcos Paulo. Nicette fazia Doutora Clara Castro. Sua personagem usava um véu para esconder sua personalidade. Uma minissérie ousada para época, mas que fez um enorme sucesso. No elenco estavam Nathalia Timberg, Maria Zilda Bethlem, Esther Góes, Osmar Prado, Dionísio de Azevedo, Débora Evelyn, Antônio Pitanga, Francisco Milani, Cléa Simões, Nildo Parente, Nelson Dantas, Lícia Magna, Abrahão Farc, Inês Galvão e outros. Paulo César Pereio fazia o narrador da minissérie.

> "Os personagens de Nelson são densos, com uma carga dramática intensa, um universo bem complexo. Um presente para qualquer ator!"

TENDA DOS MILAGRES; SELVA DE PEDRA E BEBÊ A BORDO: DÉCADA DE 1980

Tenda dos milagres, novela de 1985, foi mais um sucesso global do qual Nicette participou. A novela foi uma adaptação de Aguinaldo e Regina Braga da obra de Jorge Amado. A direção ficou a cargo de Paulo Afonso Grisolli, Maurício Farias e Ignácio Coqueiro. A trama fala sobre a luta de Pedro Archanjo, feito por Nelson Xavier, para proteger a cultura africana e integrá-la à sociedade brasileira, criando uma nova cultura. Nicette Bruno interpretava Joana e ao seu lado no elenco estavam Tania Alves, Milton Gonçalves, Dhu Moraes, Chica Xavier, Oswaldo Loureiro, Gracindo Júnior, Claudio Marzo, Maria Isabel de Lizandra, Solange Couto, Antonio Pompeo, Julia Lemertz, Tony Tornado, Yara Côrtes, Angela Leal, Claudio Mamberti, Antônio Pitanga, Francisco Milani, Emiliano Queiroz, Mario Lago, Louise Cardoso e outros.

Em 1986, foi a vez de encarnar Fanny Samar em *Selva de pedra*, remake da novela de Janete Clair, inspirada no romance *Uma tragédia americana*, de Theodore Dreiser, que também serviu de referência para a telenovela *Seu único pecado*, produzida pela Record TV em 1969. A divertida personagem de Nicette era uma ex-vedete do teatro de Revista, uma mulher fogosa de 50 e poucos anos, dona da Pensão Palácio, uma pensão estritamente familiar. Ela comandava o lado leve e divertido da novela e recebeu maravilhosas críticas por seu desempenho.

A primeira versão de *Selva de pedra* foi ao ar em 1972, com colaboração de Dias Gomes e direção de Daniel Filho, Reynaldo Boury e Walter Avancini. Nessa versão participaram do elenco Francisco Cuoco, Regina Duarte, Dina Sfat, Carlos Vereza, Carlos Eduardo Dolabella, Gilberto Martinho, Arlete Salles e Mário Lago. A segunda versão, de 1986, foi escrita por Regina Braga e Eloy Araújo com direção de Walter Avancini, Dennis Carvalho, Ricardo Waddington e José Carlos Pieri. No elenco estavam Tony Ramos, Fernanda Torres, Miguel Falabella, Beth Goulart, Christiane Torloni, Debora Evelyn, José Mayer,

Sebastião Vasconcelos, Othon Bastos, Odilon Wagner, Tania Loureiro, Henri Pagnocelli, Narjara Turetta e outros.

Branca Ladeira foi a personagem que Nicette interpretou em *Bebê a bordo*, novela de 1988 escrita por Carlos Lombardi, com colaboração de Luís Carlos Fusco e Mauricio Arruda. A direção era de Roberto Talma, Del Rangel, Marcelo Barreto e Paulo Trevisan. O título inicial da novela seria "A filha da mãe". Mas Boni, o então vice-presidente de operações da Rede Globo, não gostou do nome e mudou para "Bebê a bordo". Era uma trama muito divertida que continha muitas cenas de ação e que também falava sobre relações familiares. A novela era estrelada por Isabela Garcia, que fazia a protagonista Ana. Ana fez um estrondoso sucesso graças ao desempenho de Isabela Garcia.

A história se passava em São Paulo e seu pontapé inicial era quando Ana, fugindo de um assalto no qual se envolveu, dá a luz a pequena Helena, no carro de Tonico Ladeira (Tony Ramos), mas a abandona para fugir da polícia. Tonico cuida da criança até que Ana volta para buscá-la. A partir daí, muitas confusões acontecem. Além de Nicette, Isabela Garcia e Tony Ramos, o elenco era encabeçado por atores como Dina Sfat, Maria Zilda Bethlem, Ary Fontoura, Armando Bógus, José de Abreu, Guilherme Fontes, Françoise Forton, Carla Marins, Jorge Fernando, Anderson Muller, Tarcísio Filho, Paulo Guarnieri, Silvia Bandeira, Silvia Buarque, Patrícia Travassos e outros.

RAINHA DA SUCATA; PERIGOSAS PERUAS; MULHERES DE AREIA E A PRÓXIMA VÍTIMA: OS ANOS 1990

Depois do enorme sucesso de *Bebê a bordo*, Nicette aterriza em outro grande sucesso das 21 horas, em 1990: a novela *Rainha da sucata*. Essa novela foi escrita por Sílvio de Abreu com colaboração de Alcides Nogueira e Antônio de Souza e dirigida por Fábio Sabag, Mário Marcio Bandarra e Jodele Larcher. A direção geral era de Jorge Fernando. Regina

Duarte, que interpretava Maria do Carmo Pereira, foi a estrela do folhetim. Nicette fazia a portuguesa Neiva Pereira, mãe de Maria do Carmo. Era a segunda novela em que Nicette fazia a mãe de Regina Duarte, sendo a primeira em *Sétimo sentido*. A história retratava o universo dos novos ricos e da decadente elite paulistana. O elenco, além de Regina e Nicette, era encabeçado por Tony Ramos, Gloria Menezes, Daniel Filho, Renata Sorrah, Raul Cortez, Aracy Balabanian, Paulo Gracindo, Claudia Ohana, Andrea Beltrão, Patrícia Pillar, Marisa Orth, Antônio Fagundes, Claudia Raia e outros.

Dois anos depois, em 1992, Nicette volta ao horário das 19 horas trabalhando na novela *Perigosas peruas*, escrita por Carlos Lombardi com colaboração de Maurício Arruda e supervisão de texto de Lauro César Muniz. A direção era direção de Roberto Talma. A novela contava a história de duas amigas de infância Cidinha (Vera Fischer) e Leda (Silvia Pfeifer) que seguiram caminhos diferentes na vida. Enquanto Cidinha era dona de casa e nunca trabalhou fora, Leda era uma mulher moderna, bem-sucedida e com horror a casamento e filhos. Elas tinham uma coisa incomum: amor que sentiam pelo bonitão Antônio Belotto (Mario Gomes), antiga paixão de Leda e marido de Cidinha. A partir daí a trama transcorre. Nicette fazia a personagem Vivian Bergman e no elenco, ainda estavam John Herbert, Cláudia Lira Flávio Migliaccio, Nair Bello, José Lewgoy, Cissa Guimarães, Guilherme Karan Françoise Forton, Tato Gabus Mendes, Guilherme Karan, Beth Goulart, José Lewgoy e Cassiano Gabus Mendes .

Em 1993, foi a vez de *Mulheres de areia*, estrelada pela sensacional Glória Pires, que interpretava dois papéis ao mesmo tempo, as irmãs Ruth e Raquel. A novela foi escrita por Ivani Ribeiro com colaboração de Solange Castro Neves e com direção de Wolf Maya, Carlos Magalhães e Ignácio Coqueiro. O folhetim era um remake mixado de duas novelas de Ivani Ribeiro: *Mulheres de areia*, produzida pela primeira vez, em 1973, na TV Tupi e estrelada por Eva Wilma e *O espantalho*, de 1977, produzida pela TV Record e estrelada por Theresa

Amayo. Nicette interpretava a fútil Julieta Sampaio, que só aceitava ser chamada de Juju. Nicette foi a um evento da novela em Cuba, onde estava sendo exibida, e no aeroporto, os cubanos gritavam para ela "Iuiú!". Eles confundiram o nome da personagem, mas, mesmo assim, aclamavam Nicette. Também estavam no elenco da novela os atores Vivianne Pasmanter, Paulo Betti, Eduardo Moscovis, Henri Pagnocelli, Evandro Mesquita, Stepan Nercessian, Andrea Beltrão, Heloisa Mafalda, Guilherme Fontes, Marcos Frota, Laura Cardoso, Sebastião Vasconcelos, Paulo Goulart, Susana Vieira e outros.

Depois de algumas novelas, uma minissérie na vida de Nicette. Em 1994, Nicette participou de *Incidente em Antares*, minissérie escrita por Charles Peixoto e Nelson Nadotti, inspirada no romance homônimo de Érico Veríssimo, com direção de Paulo José e Nelson Nadotti. A trama se passa na fictícia cidade de Antares, uma cidade politicamente acomodada, onde duas facções, Campolargo e Vacariano, difundem conceitos morais e sociais de tendência reacionária. Essas facções juntam suas forças para acabar com a ameaça comunista, representada pela classe operária da cidade, que reivindica seus direitos e é taxada de subversiva. Nicette fazia uma participação especial como Lanja Vacariano. Betty Faria e Marília Pêra também fizeram participações especiais como Rosinha e Eroltides da Conceição, respectivamente. A serie teve muitos efeitos especiais, para compor o clima de realismo fantástico.

Um dos pontos altas da série foi a caracterização das personagens mortos-vivos, que respeitava a causa de falecimento de cada personagem. Como quando a personagem de Fernanda Montenegro, que morria de problemas cardíacos, ganhou um tom amarelado. Trabalho primoroso da equipe de maquiagem. Nessa série, estreiou do ator Alexandre Borges na Globo, que fazia o padre Pedro Paulo. O corpo de atores, além de Nicette, Fernada e Alexandre, era composto por Regina Duarte, Mauro Mendonça, Diogo Vilela, Claudio Correa e Castro, Elias

Gleizer, Eliane Giardini, Eva Todor, Sílvia Salgado, Paulo Goulart Filho, Paulo Betti e grande elenco.

Antonina Giovanni, tia Nina, foi a personagem de Nicette na novela *A próxima vítima*, em 1995. Personagem que Nicette guarda com muito carinho. A novela foi escrita por Sílvio de Abreu com colaboração de Alcides Nogueira e Maria Adelaide Amaral, com direção de Jorge Fernando, Rogério Gomes, Marcelo Travesso e Alexandre Boury. Com muito sucesso, a trama do folhetim tinha muitos assassinatos, o que fazia com que cada dia aumentasse o suspense para saber quem era o assassino.

A próxima vítima contava a história de uma família de negros de classe média alta, abordando a consciência e a identidade negras perante a sociedade racista, coisa rara naquela época. Outro ponto trabalhado era a homossexualidade, o que acontecia através do personagem Sandro, interpretado por André Gonçalves, que chegou a ser agredido nas ruas, sofrendo homofobia. *A próxima vítima* foi considerada pela crítica especializada em televisão uma das melhores novelas já exibidas na Rede Globo. O elenco era composto, além de Nicette, por Tony Ramos, Susana Vieira, José Wilker, Aracy Balabanian, Claudia Ohana, Natalia do Vale, Paulo Betti, Tereza Rachel, Lima Duarte, Viviane Pasmanter, Yoná Magalhaes, Débora Secco, Otávio Augusto, Camila Pitanga e grande elenco. Rosamaria Murtinho, interpretando a inesquecível Romana Ferreto, foi um dos pontos altos da novela.

E ainda em 1995, Nicette participou da ousada série *Engraçadinha: seus amores e seus pecados*, interpretando Tia Zezé. A série teve 18 capítulos e era estrelada por Alessandra Negrini e Claudia Raia, que faziam a personagem Engraçadinha, na primeira e segunda fases, respectivamente. A série foi baseada no romance *Asfalto Selvagem: Engraçadinha, seus pecados e seus amores*, de Nelson Rodrigues, e adaptada por Leopoldo Serran, com colaboração de Carlos Gerbase e direção de João Henrique Jardim e Denise Saraceni.

A trama girava em cima de Engraçadinha, uma mulher linda e sensual, que se escondia atrás de uma capa religiosa, para se livrar dos pecados do passado. A personagem, um vulcão em erupção, um dia se desperta para a busca pelo prazer. No corpo de atores estavam Hugo Carvana, Angelo Antônio, Lima Duarte, Zilka Salaberry, Antônio Fagundes, Sérgio Mamberti, Mário Lago, Claudio Correa e Castro e grande elenco.

A novela *O amor está no ar* entrou na vida de Nicette em 1997. Ela fazia Úrsula, uma avó vilã, umas das protagonistas da trama, que disputava o controle dos negócios da família. Essa personagem é uma de suas preferidas da carreira. Não só dela, mas também da crítica e do público, que estavam sempre acostumados a ver Nicette interpretando personagens de bom caráter e se depararam com uma vilã das mais terríveis.

A história se passava na cidade fictícia de Ouro Velho e transcorria pela personagem Sofia Schanaider, feita pela saudosa atriz Betty Lago. A novela foi escrita por Alcides Nogueira com colaboração de Bosco Brasil e Felipe Miguez e supervisão de Sílvio de Abreu. A direção ficou a cargo de Wolf Maya, Carlos Araújo, Ignácio Coqueiro, Leandro Néri e Paulo Ghelli. No elenco, além de Nicette e Betty, estavam Rodrigo Santoro, Natalia Lage, Luís Melo, Caco Ciocler, Eriberto Leão, Georgiana Góes, Marcelo Faria, Suzana Gonçalves, Lady Francisco, Flavio Migliaccio e outros. "O público levou um susto comigo fazendo uma vilã em *O Amor está no ar*. Mas eu adorei, porque esse tipo de coisa instiga a gente. Vilãs são sempre um prato cheio para o ator!", conta Nicette.

Em 1998 foi a vez de Nicette participar da minissérie *Labirinto*, escrita por Gilberto Braga, Leonor Bassères e Sérgio Marques, com colaboração de Marilia Garcia. A direção estava a cargo de Dennis Carvalho, César Rodrigues e Mário Márcio Bandarra. O pontapé da trama era o assassinato do milionário Otacílio Martins Fraga em uma festa de Reveillon na sua cobertura em Copacabana. Nicette interpretava Edite Meireles e o elenco de grandes nomes contava também com Fábio Assunção, Malu Mader, Marcelo Serrado, Luana Piovani, Daniel Dantas, Paulo José, Isabela Garcia, Betty Faria e Antônio Fagundes nos papéis principais.

Em 1999, Nicette fez Eleonora, em *O Belo e as feras*, no episódio "Desgraça Pouca é bobagem". Tratava-se de um programa semanal, estrelado por Chico Anysio, que teve 25 episódios e foi escrito, originalmente, em 1958. O roteiro usava a estrutura das comédias americanas de situação para contar sobre rotina familiar, relacionamentos amorosos e relação entre pais e filhos. A cada semana o ator e humorista, interpretava um personagem diferente, sempre dividindo a cena com alguma atriz convidada. Esse programa era a volta de Chico Anysio à televisão, após três anos afastado. A criação dos textos era de Bruno Mazzeo, filho de Chico, e a direção da sobrinha, Cininha de Paula.

Ainda em 1999, Nicette fez, na novela *Andando nas nuvens*, Judite Mota. O texto foi escrito por Eyclydes Marinho, com colaboração de Elizabeth Jhin, Letícia Dornelles e Vinicius Vianna. A direção era de Dennis Carvalho, José Luiz Villamarim e Ary Coslov. Essa foi a primeira novela solo escrita por Euclydes Marinho, inspirada nas comédias românticas da década de 40 e 50. Por meio de uma pesquisa de público, descobriu-se que o telespectador preferia assistir novelas românticas, divertidas e mais leves.

A trama começa numa noite de 1981, quando o jornalista Gregório Montana (Marco Nanini), dono do jornal Correio Carioca, é assassinado misteriosamente em sua mansão na Urca, no Rio de Janeiro. O elenco tinha nos papéis centrais Susana Vieira, Debora Bloch, Marco Nanini, Viviane Pasmanter, Marcos Palmeira, Júlia Lemmertz, Marcelo Novaes, Mariana Ximenes, Caio Blat, Felipe Camargo, Isabela Garcia, Otávio Augusto, Márcio Garcia, Eliane Giardini e Claudio Marzo.

ANOS 2000

Não só o elenco de grandes novelas Globo que Nicette integrou. Ela também fez participações especialíssimas em outras produções da casa. Em 2000, ela participou do inesquecível programa *Você Decide* no episódio "A Volta", no qual interpretava Zélia. *Você Decide* era um programa interativo, onde eram encenadas histórias com vários finais diferentes e o público, em casa, por votação via telefone, escolhia o final que gostaria de ver. Esse era um programa de muito sucesso, que ficou na grade da emissora de 1992 até 2000. Ele teve nove temporadas e 323 episódios, um feito histórico para um programa brasileiro. Por ele passaram vários apresentadores como Antônio Fagundes, Tony Ramos, Walmor Chagas, Lima Duarte, Raul Cortez, Susana Werner, Celso Freitas, Luciano Szafir e Carolina Ferraz.

Do *Você Decide*, Nicette foi direto para o programa *Brava Gente*, em 2000, participando do episódio "O Santo e a Porca", com a personagem Benona. O *Brava Gente* foi um especial de final de ano da Rede Globo, que fez muito sucesso e entrou definitivamente na grade da emissora em março de 2001. O programa era feito de adaptações de contos e peças nacionais e estrangeiras, escritas e dirigidas por diferentes roteiristas e diretores, contando sempre com um elenco variado. *Brava gente* fazia parte do núcleo de Guel Arraes e Jayme Monjardim e chegou a receber, em 2001, o Prêmio APCA de melhor programa do ano.

Ainda em 2000, Nicette interpretou Gloria, sua personagem em *Aquarela do Brasil*, série de Lauro César Muniz com colaboração de Rosane Lima e direção de Jayme Monjardim, Carlos Magalhães e Marcelo Travesso. A trama começa na fictícia cidade de Roseiral, no interior do Rio de Janeiro, em 1943, quando o Brasil começava a se mobilizar para enviar tropas a guerra. O período histórico no qual a serie se passa vai até 1950, quando surge a televisão no Brasil. Paulo Goulart também estava na série com Nicette e com eles estavam Bete Mendes, Maria Fernando Cândido, Edson Celulari, Thiago Lacerda, Gracindo Júnior, Othon Bastos, Natalia do Vale, Angela Viera e grande elenco.

O INESQUECÍVEL SÍTIO DO PICA-PAU AMARELO

Em 2001, Nicette mergulhou na série infantil mais querida, conceituada, importante e inesquecível da Televisão brasileira: *Sítio do pica-pau amarelo*. Nicette fazia a adorada vovó Dona Benta, proprietária do sítio e responsáveis por contar as mais lindas histórias aos seus netos, Pedrinho e Narizinho, fazendo o público viajar por meio da forma lúdica de sua narração. A primeira versão da série foi ao ar na TV Tupi entre 1952. Na Tupi, a série foi adaptada por Tatiana Belinky e Júlio Gouveia e passava todas as quintas-feiras as 19h30, ao vivo. Muitos atores faziam as cenas até com o texto na mão.

As cenas aconteciam sempre num único cenário fixo, na varanda do sítio. As cenas em outros cenários, como na floresta, na cozinha ou no lago, eram montadas em dias específicos e os atores passavam de um lugar para o outro, bruscamente. Não existia intervalo comercial e os produtos para divulgação eram inseridos no texto dos atores ou nas cenas, em forma de ação, assim como é hoje em dia, só de uma maneira mais explicita, não existia a sutileza. Mais dois elencos foram reunidos para *Sítio do pica-pau amarelo*. A segunda versão do Sítio aconteceu em 1964, na TV Cultura, e a terceira versão, em 1967, na TV Bandeirantes.

Em 1977, foi ao ar a quarta versão da série, que veio a ser a que mais sucesso fez, marcando toda uma geração. A produção fazia parte de um convênio entre a Rede Globo, a TV Educativa e o Ministério da Educação e Cultura. A adaptação da obra homônima de Monteiro Lobato, dessa vez, foi feita por Paulo Afonso Grissoli e Wilson Rocha, também responsáveis pela redação. Também fizeram parte da equipe de redatores Benedito Ruy Barbosa, Silvan Paezzo e Marcos Reys. Estiveram na direção da série Geraldo Casé, Fábio Sabag, Roberto Vignatti, Gracindo Júnior e Hamilton Vaz Pereira.

A Dona Benta da quarta versão foi interpretada pela atriz Zilka Salaberry. As demais personagens importantes da trama foram feitas por Jacira Sampaio, como Tia Anastácia, Rosana Garcia (1977-1980); Daniele Cristina Rodrigues (1981-1983); Izabela Bicalho (1983-1986) e Gabriela Senra (1985-1986), como Narizinho. Pedrinho foi interpretado pelos atores Júlio Cesar (1977-1980), Marcelo José Patelli (1981-1985) e Daniel Lobo (1985-1986). Dirce Migliaccio (1977-1978), Reny de Oliveira (1979-1983) e Susana Abranches (1984-1986) deram vida à boneca Emília. Visconde de Sabugosa foi interpretado por André Valli e Cuca por Dorinha Duval (1977-1978), Stella Freitas (1978-1981) e Catarina Abdala (1981-1986). Saci foi interpretado Romeu Evaristo (1977-1986).

Nicette participou da quinta versão do Sitio na Rede Globo, a convite do diretor Roberto Talma. A série inicialmente era exibida dentro do Programa Bambuluá, de segunda a sexta, sob o comando da apresentadora Angélica. As histórias eram fiéis às da primeira versão, mas se aproximavam dos acontecimentos contemporâneos à época. Nessa versão, a redação ficou a cargo de Luciana Sandroni, Mariana Mesquita, Claudio Lobato e Toni Brandão. A direção geral era de Márcio Trigo, mas, no decorrer da temporada, passou por Cininha de Paula, Paulo Ghelli e Carlos Magalhães.

Para modernizar a série e trazê-la para os dias atuais, a personagem Dona Benta usava internet e a personagem de Tia Anastácia, interpretada pela atriz Dhu Moraes, usava microondas, diferente das outras que usavam fogão a lenha. Dhu ficou na série de 2001 a 2006, passando a personagem para Rosa Maria Colyn, que a interpretou até 2007. As demais personagens foram interpretadas pelos seguintes atores: Narizinho por Lara Rodrigues (2001-2003); Caroline

Molinari (2004-2005); Amanda Diniz (2006); Raquel de Queiroz (2007), Pedrinho por César Cardareiro (2001-2003); João Vitor da Silva (2004-2005); Rodolfo Valente (2006); Vitor Mayer (2007), Emília por Isabelle Drummond (2001-2006); Tatyane Goulart (2007), Cuca por Jacira Santos (2001-2006); Solange Couto(2007), Visconde de Sabugosa por Cândido Damm (2001-2004); Aramis Trindade (2005-2006) e Kiko Mascarenhas (2007), Saci por Izak Dahora (2001-2006) e Fabrício Boliveira (2007).

Nicette ficou de 2001 a 2004 na série, passando o bastão para Suely Franco, que entrou no elenco por sugestão sua e lá ficou até 2005. Depois de Suely, quem deu vida à última Dona Benta foi a atriz Bete Mendes, que trabalhou até o término da série, em 2007.

"Encontro sempre com jovens que dizem que fiz parte da infância deles. Isso é muito gratificante! O Sítio foi e sempre será uma coisa extraordinária para as crianças. Um clássico da literatura infantil".

Em 2001, o Jornal O Globo, fez um encontro entre Nicette e a atriz Zilka Salaberry, em seu apartamento em Copacabana. A matéria foi capa do jornal no dia 13 de julho. Na conversa, Zilka, a mais famosa Dona Benta de todos os tempos, falou sobre Nicette: "Nicette vai ser uma Dona Benta tão risonha... Vou vê-la com o maior prazer, sabendo que nosso Sítio fez as pessoas sonharem com coisas lindas e que o novo também vai fazer a nova geração sonhar, só que com as coisas que ela gosta".

Foi um encontro lindo. As duas, depois de um caloroso abraço, ainda conversaram sobre o teatro dos velhos tempos e o início da televisão brasileira, do qual participaram também. Mesmo com tanto tempo de convívio, as duas constataram que só estiveram uma única vez na mesma produção, o que aconteceu na série *Engraçadinha*. A querida Zilka Salaberry veio a falacer em 10 de março de 2005, aos 87 anos. E Nicette, numa entrevista ao Jornal A Tribuna, em 21 de Julho de 2002, deu seu depoimento sobre o seu trabalho no Sítio:

> "Mas o melhor de tudo realmente, é saber que estou participando de um projeto social. Isso proporciona uma satisfação interior inigualável. Quando recebo as demonstrações na rua, no dia a dia... A maneira como as crianças se aproximam, me abraçam... É muito emocionante. Dá para sentir o pulsar da criança quando me abraça! As mães também me agradecem. Dizem que nós do Sítio resolvemos até o problema do almoço das crianças. Agora, elas sentam a mesa mais cedo para, depois, poderem assistir ao programa. Mas a verdade é que os adultos também adoram relembrar sua própria infância e adolescência, quando eram eles que assistiam ao Sítio".

DE VOLTA ÀS NOVELAS, A TODO VAPOR

Depois do *Sítio do pica-pau amarelo*, Nicette descansou dos trabalhos na televisão por ano, em que voltou aos palcos de teatro. Mas, logo voltou a todo vapor na telinha. Em 2005, ela integrou o corpo de atores da novela *Alma Gêmea*, escrita por Walcyr Carrasco, com colaboração de Thelma Guedes. A novela teve a direção de Fred Mayrink e Pedro Vasconcelos, com direção geral de Jorge Fernando. *Alma Gêmea* tinha tom espiritualista, tudo a ver com Nicette, que é espírita kardecista. O enredo contava a história do amor eterno entre um homem e uma mulher, que foram separados tragicamente e, 20 anos depois, voltam a se encontrar, quando ela reencarnou numa outra pessoa.

Nicette fazia a personagem Ofélia Santini, mãe de Divina, interpretada pela atriz Neusa Maria Faro. Sua personagem era muito divertida! Uma sogra barraqueira, que o tempo todo encontrava defeito em seu genro, interpretado pelo ator Fulvio Stefanini. Já na filha, só encontrava qualidades. Um elencão formado por Eduardo Moscovis, Priscila Fantin, Flavia Alessandra, Liliana de Castro, Sidney Sampaio, Bia Seidl, Elizabeth Savalla, Ana Lúcia Torre, Emílio Orciollo Netto, Malvino Salvador, Drica Moraes, Rosane Goffman e grande elenco. Novela de grande sucesso!

Em 2006, foi a vez de participar da novela *O Profeta*, de Ivani Ribeiro, escrita pela primeira vez em 1977 e adaptada pela dupla de craques Duca Rachid e Thelma Guedes, com texto de Julio Fischer e colaboração de André Ryok e Tereza Falcão. A direção estava a cargo de Alexandre Boury e Vinicius Coimbra, com direção geral de Mario Márcio Bandarra. A novela se passava em 1950 e contava a história de Marcos, personagem interpretado pelo ator Thiago Fragoso, que tinha o dom de prever o futuro.

Nicette interpretou Cleide, uma senhora misteriosa que pressente o poder de Marcos. Um dia quando passava na fazenda que o jovem vivia, Cleide parou pra pedir um copo d´água e assim percebeu o dom que tinha o protagonista. O elenco da novela contava ainda com Paolla Oliveira, Vera Holtz, Stênio Garcia, Malvino Salvador, Nivea Maria, Ana Lúcia Torre, Luís Gustavo, Laura Cardoso, Zezeh Barbosa, Genézio de Barros e outros.

No mesmo ano, saindo da novela, Nicette mergulhou na comédia, numa participação especialíssima na série *A Diarista*, estrelada por Claudia Rodrigues, que interpretava a hilária empregada Marinete. O texto da série era escrito por Elisa Palatinik, João Avelino, Maurício Rizzo, Lícia Manzo, Duba Elia, Guilherme Vasconcellos e Cláudia Jouvin. A redação final era de Aloísio de Abreu e Bruno Mazzeo. A direção era de Luciana Oliveira e direção geral de José Alvarenga

Jr. O elenco ainda contava com Helena Fernandes, Claudia Mello, Dira Paes e Sérgio Loroza.

Nicette participou do episódio "Quem Rouba Tem", no qual ela interpretou Jane, casada com Jonas, interpretado pelo ator Antônio Pedro. Um casal de trambiqueiros que estava completando 45 anos de casados e decidiu festejar a data. Sem dinheiro para fazer comemoração, o casal pede uma pizza por delivery. Quando a campainha toca, eles já começam a armar um plano para enrolar o entregador, que, na verdade, é a esperta empregada Marinete. Daí para frente, só confusão!

Sete pecados foi a novela que Nicette participou em 2007. O folhetim foi escrito por Walcyr Carrasco, com colaboração de André Ryoki e filmado sob direção de Frederico Mayrink e Pedro Vascocelos e direção geral do saudoso Jorge Fernando. *Sete pecados* era estrelada por Priscila Fantin, que fazia Beatriz, Giovanna Antonelli, que fazia Clarice, e por Reinaldo Gianecchini, que fazia Dante, seu par romântico. A divertida trama começa quando Beatriz vai fazer uma consulta com a hilária cartomante Custódia, interpretada pela maravilhosa Claudia Jimenez. Nessa consulta, a cartomante lhe chama a atenção pela forma com que conduz sua vida, pois ela convive com os sete pecados capitais e só terá a felicidade plena quando abdicar desses pecados em nome de um grande amor.

Essa novela teve as cenas iniciais gravadas em Bariloche, na Argentina. Ela abordou temas como o alcoolismo, além de divulgar informações sobre Aids e Dengue através da professora Miriam, interpretada por Gabriela Duarte. Nicette fazia Juju, uma senhora que trabalhava como voluntária no colégio onde seus netos estudavam. Ela se casou, mas nunca esqueceu seu primeiro amor, o personagem Romeu, que era interpretado pelo grande Ary Fontoura.

Com o humor sempre rodeando sua vida, em 2008, Nicette fez uma participação especialíssima no programa *Dicas de um sedutor*, criado por Rosane Svartman, Ricardo Perroni e José Lavigne, com redação final dos próprios Rosane Svartman e

Ricardo Perroni e direção de José Lavigne. *Dicas de um sedutor* era estrelado por Luiz Fernando Guimaraes, que fazia Santiago Ortiz, um consultor sentimental. Nicette participou do episódio "Amor Não Tem Idade", fazendo a personagem Rosa.

No mesmo ano, Nicette integrou o elenco de *Nada Fofa*, fazendo a personagem Dona Nice. Nada Fofa foi um especial de final de ano da Rede Globo, escrito por Fernanda Young e Alexandre Machado e dirigido por Jorge Fernando. O Especial era protagonizado pela atriz Letícia Spiller, que fazia a advogada Nádia Wolf, que tinha um trauma de infância. Ela tinha alucinações com Pintonildo, um personagem da televisão da sua infância.

Dois anos se passaram e, em 2010, Nicette participou da novela *Ti Ti Ti*, que era um remake de duas novelas escritas por Cassiano Gabus Mendes: *Plumas e Paetês* (1980) e *Ti Ti Ti* (1985), de onde surgiu a trama principal. A versão de 2008 foi adaptada por Maria Adelaide Amaral com colaboração de Vincent Villari, Álvaro Ramos, Letícia Mey, Rodrigo Amaral e Marta Nehring e dirigida por Marcelo Zambelli, Maria de Médicis, Fred Mayrink e Ary Coslov. A direção geral era de Jorge Fernando. Nicette fazia Júlia Spina, uma mulher bondosa que criou o sobrinho André.

O elenco era estrelado por Murílio Benício, Cláudia Raia, Isis Valverde, Alexandre Borges, Guilherme Winter, Malu Mader, Guilhermina Guinle e Caio Castro. Os personagens de Alexandre Borges e Murílio Benício interpretavam os grandes rivais da trama, os costureiros Jacques Leclair e Victor Valentim. Eles se desentendiam durante toda novela, disputando, numa competição acirrada, quem era o maior nome da moda brasileira. Na primeira versão, Victor Velentim foi interpretado pelo ator Luís Gustavo e Jacques Leclair por Reginaldo Faria.

Em 2011, foi a vez de Nicette dar vida a Iná Fonseca, na novela *Vida da Gente*, uma mulher super positiva e amorosa, sempre de bem com a vida. Iná, apesar de não ter um bom relacionamento com a filha, Eva, interpretada pela maravilhosa Ana Beatriz Nogueira, tinha um ótimo relacionamento com as netas Ana, interpretada por Fernanda Vasconcellos e Manu, interpretada por Marjorie Estiano. *A Vida da Gente* era uma novela que falava sobre relações familiares e seus conflitos. Com autoria de Lícia Manzo, escrito por ela e Marcos Berstein, com colaboração de Álvaro Ramos, Carlos Gregório, Giovana Moraes, Martha Góes e Tati Bernardi. A direção estava a cargo de Teresa Lampreia, Luciano Sabino, Adriano Melo e Leonardo Nogueira. Direção Geral de Jayme Monjardim e Fabrício Mamberti. *Vida da Gente* voltou a ser reprisada na Rede Globo.

Em 2012, Nicette participou de *As Brasileiras*, série dirigida e produzida pelo diretor Daniel Filho em parceria com a Rede Globo, com 22 episódios gravados em diferentes estados brasileiros, todos independentes, cada um protagonizado por uma atriz diferente. Era um programa semanal, inspirado no seriado *As Cariocas*. O seriado teve várias protagonistas durante a temporada, dentre elas: Alice Braga, Bruna Lizmeyer, Cláudia Jimenez, Cleo Pires, Dira Paes, Fernanda Montenegro, Giovanna Antonelli, Glória Pires, Isis Valverde, Ivete Sangalo, Julina Alves, Juliana Paes, Leandra Leal, Maria Fernanda Cândido, Letícia Sabatella, Maria Flor, Mariana Ximenes, Patrícia Pillar, Sandy Leah, Sophie Charlotte, Suyane Moreira e Xuxa Meneghel.

Nicette participou do episódio "A mamãe da Barra", fazendo a personagem Isaura. Esse episódio foi escrito por Thalita Rebouças e Ana Maria Moretzshon, com texto baseado no livro *Fala sério, mae!*, de autoria da própria Thalita Rebouças, e direção de Cris D´Amato. Nesse episódio a personagem Angela Cristina, interpretada por Glória Pires, é mãe da pré-adolescente Maria de Lurdes, interpretada, em duas fases diferentes, pelas reais filhas da atriz, Ana Pires Morais e Antônia Morais. Existe uma crise de adolescência e Angela tenta encontrar a melhor maneira de lidar com a fase difícil da filha.

No mesmo ano, Nicette fez a novela *Salve Jorge*, de Glória Perez, dirigida por Luciano Sabino, Alexandre Klemperer, Adriano Melo, João Boltshauser e João Paulo Jabur, com direção geral de Fred Mayrink e Marcos Schechtman. Nessa novela, Glória Perez se baseou em casos verídicos de mulheres traficadas. O folhetim foi estrelado por Nanda Costa, que fazia a personagem Morena. O elenco era encabeçado por Rodrigo Lombardi, Claudia Raia, Flávia Alessandra, Carolina Dieckmann, Giovanna Antonelli, Alexandre Nero, Domingos Montagner e outros.

Nicette fazia a milionária Leonor Flores Galvão, que tem uma relação especial com a cachorrinha da raça maltês, Emily. Essa mesma cachorrinha foi Gabbana, pet da personagem Tereza Cristina, interpretada por Christiane Torloni, em *Fina estampa*, participando também do seriado *Macho Man*, ambos em 2011. A relação com Emily na novela fez com que Nicette perdesse o medo de cachorro, que surgiu na adolescência, quando ela foi mordida por um e teve que tomar 21 injeções na barriga. Emily veio para lhe curar o trauma: depois de *Salve Jorge*, Nicette sempre teve cachorros.

Emily foi escolhida pela própria Nicette para acompanhá-la na novela. Dentre vários cachorrinhos, quando a viu, Nicette não teve dúvida. Na hora de gravar, Emily chegava e ia direto para o seu colo. Quando ela entrava no estúdio, a cachorrinha, ao escutar sua voz, saía correndo a seu encontro, levantando as patinhas para ganhar biscoitos e carinho. Quando a novela acabou, Nicette ganhou de presente o Juquinha, um filhotinho recém-nascido, irmão de Emily. Juquinha tornou-se um companheiro inseparável da atriz. Nicette conta que ligação com Emily e Juquinha foi para ela uma confirmação de que a relação entre seres humanos e animais é fundamental.

Joia Rara, foi a novela que Nicette fez em 2014. Escrita por Duca Rachid e Thelma Guedes com colaboração de Thereza Falcão, Manuela Dias, Luciane Reis, Camila Guedes, Alessandro Marson, Júlio Fischer, Angela Carneio e Newton Cannito. A direção ficou a cargo de Paulo Silvestrini, Joana Jabace, Enrique Diaz, Fábio Strazzer, com direção geral de Amora Mautner. O folhetim foi um enorme sucesso e chegou a ganhar o prêmio internacional Emmy de melhor novela do ano.

O enredo contava a história de Franz, interpretado por Bruno Gagliasso e Amélia, interpretada por Bianca Bin. De classes sociais diferentes, o casal apaixonado enfrentava Ernest, pai de Franz (José de Abreu) que não aceitava o relacionamento e fazia de tudo para separá-los. Desse amor nascia Pérola, interpretada pela jovem Mel Maia. O elenco trazia ainda Marcos Caruso, Ana Lúcia Torre, Simone Gutierrez, Mouhamed Harfouch, Marina Ximenez, Luiza Valdetaro, Sílvia Salgado, Tiago Abravanel, Fabíula Nascimento, Nathalia Dil, Nelson Xavier, Domingos Montagner, Carmo Della Vachia, Letícia Spiller, Ricardo Pereira, Thiago Lacerda, Reginaldo Faria e grande elenco. Nicette interpretava Santa Maria Vidal. Santinha, como era chamada, era mãe de Miquelina, interpretada por Rosi Campos. Sua personagem era uma típica matriarca portuguesa, que, rabugenta, adorava implicar com Arlindo, interpretado por Marcos Caruso.

Em 2015, Nicette fez *I love Paraisópolis*, novela de Alcides Nogueira e Mário Teixeira, com a colaboração de Jackie Vellego, Paulo Lins, Tarcísio Lara Puiati e Vítor de Oliveira e direção de André Câmara, Marco Rodrigo, Oscar Francisco, Cadu França e Carla Bohler e direção geral de Carlos Araújo. A trama era transcorria com foco em Mari, interpretada por Bruna Marquezine, e Danda, interpretada por Tatá Werneck, duas irmãs de criação e moradoras da comunidade de Paraisópolis, em São Paulo, que sonhavam em ter uma vida melhor. O elenco contava com Caio Castro, Letícia Spiller, Soraya Ravenle, Maria Casadevall, Maurício Destri, Lima Duarte, Lucy Ramos, Angela Vieira, Zezeh Barbosa, Eduardo Dussek, Ricardo Blat e grande elenco. Nicette interpretava Izabel Maria, chamada de Izabelita, acionista majoritária da Pilartex. A personagem doava todas as suas ações e sofria de Alzheimer.

Dois anos depois, em 2017, Nicette participou da divertida novela *Pega Pega*, escrita por Cláudia Souto, com colaboração de Daniel Berlinsky, Wendell Bendelack, Júlia Laks e Isadora Wilkison. A direção estava a cargo de Luiz Felipe Sá, Noa Bressane, Dayse Amaral e Ana Paula Guimarães, com direção geral de Marcus Figueiredo e direção artística de Luiz Henrique Rios. O folhetim se passava em dois bairros tradicionais cariocas: Copacabana e Tijuca. A trama central era o roubo do luxuoso Hotel Carioca Palace e o que isso causava na vida dos envolvidos, incluídos aí hospedes, suspeitos e convidados de um grande baile de gala que acontecia na noite do assalto.

Nicette interpretava a hilária Elza, uma senhora muito querida na vila em que morava. Elza amava cegamente o sobrinho e o cachorro Sherlock. A novela tinha uma pegada jovem e em seu elenco estavam também Mateus Solano, Camila Queiroz, Marcelo Serrado, Mariana Santos, Rodrigo Fagundes, Thiago Martins, Mariana Santos, Regiana Antonini, Vanessa Giácomo, Elizabeth Savalla, Nanda Costa, Angela Viera, Cristina Pereira, Marcos Caruso, Irene Ravache e outros.

Pela primeira vez, em 2018, Nicette fez uma participação em *Malhação*. Sua personagem era Estela Santos e a temporada da série chamava-se "Malhação-Vidas Brasileiras". O foco da trama girava em torno da professora Gabriela, interpretada por Camila Morgado, que participava ativamente do universo de seus alunos. "Malhação-Vidas Brasileiras" foi escrita por Patrícia Moretzsohn com colaboração de Renata Dias Gomes, Chico Soares, Laura Rissin e Ricardo Tiezzi e supervisão de texto de Daniel Ortiz. A série foi dirigida por Thiago Teitelroit, Giovanna Machline, Nathália Warth, Matheus Malafaia, Mayara Aguiar, Caetano Caruso e Oscar Francisco, com direção geral de Natália Grimberg. O elenco contava ainda com Carmo Dalla Vecchia, Guta Stresser, Luís Gustavo, Bianca Rinaldi, Daniel Rangel, Alice Milagres, Rayssa Bratillieri, André Luiz Frambach, Guilhermina Libanio, Bruno Ahmed, Eike Duarte, Joana Borges e outros.

Em 2019, Nicette fez parte do sucesso *Orfãos da Terra*, novela escrita por Duca Rachid e Thelma Guedes, com colaboração de Dora Castellar, Aimar Labaki, Carolina Ziskind e Cristina Biscaia. A direção ficou a cargo de Pedro Peregrino, Bruno Safadi, Alexandre Macedo e Lúcio Tavares, com direção geral de André Câmara e direção artística de Gustavo Fernandes. O folhetim abordava um assunto que estava em voga mundialmente: os fugitivos da guerra civil da Síria.

O enredo contava a história de uma família que atravessou a fronteira a pé em direção ao Líbano, onde buscou, em Beirute, abrigo num campo de refugiados. Sem perspectiva de futuro, as personagens compram passagens para o Brasil, mais precisamente para São Paulo, onde se dá o desenvolvimento da trama. Nicette interpretou Ester Blum, uma mãe extremamente controladora e passional. O elenco contava ainda com Julia Dalavia, Renato Góes, Alice Wegmann, Marco Ricca, Anna Cecília Costa, Eliane Giardini, Paulo Betti, Carmos Dalla Vecchia, Emanuelle Araújo, Simone Gutierrez e outros.

Em 2020, Nicette fez uma participação especial na novela *Éramos Seis*, um dos maiores sucessos da sua vida. Nesta última versão, o papel de Dona Lola ficou sob a responsabilidade de Glória Pires, que, segundo Nicette, fez a personagem lindamente, deixando-a emocionada. Júlio Lemos foi interpretado pelo ator Antônio Calloni. Os filhos de Dona Lola foram interpretados por Danilo Mesquita, Nicolas Prattes, André Luiz Frambach e Giulia Buscacio, que fizeram Carlos, Alfredo, Julinho e Isabel, respectivamente. O remake teve a participação ilustre de atores de outras versões, dentre eles Othon Bastos, Luciana Braga, Marcos Caruso e Wagner Santistebán.

Nicette e Irene Ravache, em homenagem ao sucesso que fizeram com a personagem Dona Lola, foram convidadas a participar da produção. Desta vez, Irene interpretou Tereza, moradora do local que vira amiga da protagonista Dona Lola, e Nicette fez Madre Joana, a freira que recebe Dona Lola numa casa de repouso em São Paulo. As cenas foram gravadas um dia antes dos Estúdios Globo paralisarem os sets como medida de precaução contra a pandemia do novo coronavírus.

A versão mais recente de Éramos Seis trouxe, pela primeira, um final diferente do original. Dona Lola não terminou sozinha num asilo. Ela ganhou um final feliz ao lado de Afonso, interpretado por Cássio Gabus Mendes.

"Foi um momento mágico e de muito impacto, pelo fato de eu, Irene e Glória estarmos juntas em cena. Foi uma participação afetiva e uma despedida muito bonita da novela."

SUAS PERSONAGENS NA TV

Fazendo um balanço que leva em conta seus primeiros trabalhos na televisão e aqueles que que os sucederam até sua chegada na Rede Globo, Nicette, na maioria das vezes, fez grandes personagens, mas todas com uma inclinação maior para o positivo. Foram muitas protagonistas, mulheres sempre fortes, mas muito humanas, generosas, bondosas e queridas. Isso foi ótimo, pois, assim, ela conquistou seu grande público e foi amada por crianças, adultos e velhos. Um dos exemplos mais claros disso, foi a Dona Benta, que interpretou na produção global de Sitio *do Pica-pau amarelo*. Existe vovozinha mais querida e amada pelo grande público? Nicette se encaixou perfeitamente no papel e ela tem uma explicação para isso. Por sempre ter uma referência familiar muito forte, desde a época da sua avó até a formação de sua própria família, o legado familiar foi uma das prioridades em sua vida. Além disso, a convivência de amor com filhos e netos, e seu casamento exemplar com Paulo Goulart, fez com que televisão sempre priorizasse tipos mais humanitários na hora de escalá-la.

Nicette fez muitas personagens cujo universo é real em sua personalidade. Personagens que podemos dizer que são gente como a gente. Nicette, interpretou muitas mães, algumas freiras, tias, avós e donas de casa. De mulheres chiques e sofisticadas a mulheres humildes e suburbanas. Ela nunca selecionou seus trabalhos, nem priorizou tipos específicos, pois não se deixava levar pelas sinopses, que não davam uma verdadeira dimensão do que seu personagem poderia representar na história. Nicette sempre apostou em bons trabalhos, que sempre deixaram sua marca. No teatro, ele fez inúmeras personagens completamente opostas às que fez na televisão, muitas delas mais dramáticas e negativas. Um leque profundo e diferenciado, que todo ator gostaria de ter.

"Na televisão, fiz personagens mais leves, mas sempre com força dramática grande. No teatro, eu fiz muitas personagens fortes, densas e negativas. Aqueles de deixar a gente exaurida, mas que no final a gente diz "valeu a pena!"

CAPÍTULO 18
O TEATRO PAIOL

O famoso Teatro Paiol, que tem uma grande importância nas vidas de Nicette e dos membros de sua família, foi inaugurado em 24 de novembro de 1969, em São Paulo, pelos atores Perry Salles e Miriam Mehler. O ambiente foi projetado pelo arquiteto Rodrigo Lefévre, mas o orçamento para sua construção era baixo e o término das obras dependeu do apoio de artistas e admiradores. Na década de 80, as poltronas da plateia foram adquiridas de segunda mão pela Folha da Manhã e, para melhorar a acústica da sala, as paredes tiveram seus tijolos perfurados um a um por Perry e Miriam, que fizeram os famosos buracos acústicos. Um problema constante para o Teatro Paiol era a sua localização no Elevado Costa e Silva, o popular Minhocão. No ano seguinte à inauguração do espaço, a região passou a sofrer uma lenta degradação. O jeito que encontraram para atrair o público foi colocar em temporada os melhores espetáculos possíveis.

Em 1979, Perry Salles, diante das dificuldades encontradas com o Teatro Paiol, decidiu alugá-lo. Foi quando Antônio Abujamra se mostrou interessado, pois pensava em dirigir um espetáculo com Paulo Goulart no local. Por causas maiores, não montaram o espetáculo. Com tempo livre, Paulo e Nicette viajaram para Buenos Aires com toda a família, como comemoração de suas bodas de prata, uma viagem da qual Nicette se lembra com muito carinho.

A atriz conta que esse foi um momento mágico na vida do casal e relembra os melhores momentos: ao lado do Hotel em que estavam hospedados, havia uma igreja. A família toda foi assistir a uma missa, como se a cerimônia fosse realizada para o casal. Ao final da missa, em altarzinho na lateral da igreja, Nicette e Paulo refizeram os votos, acompanhados por lindas palavras de Beth, que colocou uma aliança no dedo da mãe, enquanto o irmão o fazia no dedo do pai.

Nicette em Dona Rosita a solteira - Acervo Pessoal Nicette Bruno

De volta ao Brasil, Paulo ainda estava um pouco incomodado por não ter feito o trabalho que Abujamra gostaria tanto de ter feito com ele. Foi nesse momento que Perry Salles o encontrou e lhe propôs a abertura de temporada de um espetáculo no Paiol. Paulo teve a ideia de remontar a peça *Os efeitos dos raios gama nas margaridas do campo*, novamente estrelada por Nicette, que topou a ideia no ato. Como o Teatro Paiol se encontrava em dificuldades financeiras, Perry sugeriu a Paulo que ele aproveitasse a montagem da peça e tocasse o teatro junto com Nicette. A ideia agradou a Paulo, porém, na condição de que ele e Nicette seriam os responsáveis por toda a estrutura interna do teatro e Perry pelo imóvel em si.

O negócio foi fechado, eles entraram em cartaz com *Os efeitos dos raios gama nas margaridas do campo*, que novamente foi um grande sucesso. O sucesso da peça atraiu mais público ao local, fazendo com que as dificuldades enfrentadas pelo teatro fossem amenizadas.

Foi no Paiol que Paulinho, o terceiro filho do casal, fez sua estreia profissional, aos 15 anos, quando atuou com Nicette na peça *Dona Rosita,a solteira*, em 1980. No mesmo ano, Bárbara também dividiu a cena com a mãe a peça *Mãos ao alto*, escrita por Paulo, baseada num assalto que Nicette havia sofrido. Em 1988, Nicette fez a peça *À margem da Vida*, de Tenesse Willians, comemorando seus 40 anos de carreira. Nessa peça, ela novamente contracenou com Bárbara e Paulinho, que interpretavam seus filhos. Nesse espetáculo, Nicette teve excelentes críticas por sua personagem Amanda Wingfiel. O crítico Aimar Labaki teceu elogios à atriz em sua coluna no caderno Ilustrada do Jornal Folha de São Paulo, em 7 de fevereiro de 1988:

> Nicette Bruno,que com essa peça comemora 40 anos de vida profissional e alcança uma das melhores interpretações da sua carreira. Sua versão de Amanda Wingfiel surpreende por não se limitar ás facetas já conhecidas. Nicette utiliza sua presença forte em cena para magnetizar a plateia, assim como Amanda magnetiza os filhos. Atrás de toda a energia, ela faz com que o próprio espectador, entreveja a fragilidade interior da personagem, alcançando o patético, sem resvalar no óbvio.

Como curiosidade, em *À margem da Vida*, eles tinham como assistente de palco e camareiro, Jorge Demétrio, que, para quem não sabe, hoje é a famosa humorista e atriz Nanny People. Nanny, muito querida por todos, era uma artista em ebulição, mas que ainda guardava seus talentos. Incentivada por Bárbara a partir de vez para a carreira artística, sempre que acabam as apresentações de *À margem da Vida*, o elenco e a equipe se reuniam na plateia para assistirem a Nanny mostrar seus dotes. Nanny cantava, interpretava ou apenas contava histórias engraçadas. Esse foi o grande incentivo para que Jorge Demetrio se transformasse na talentosa Nanny People, conhecida e querida hoje por todo Brasil.

Com o tempo, o Teatro Paiol passou a enfrentar novas dificuldades, a localização ficou cada vez mais perigosa e Paulo e Nicette sentiram que o dever deles estava cumprido.

Deixaram o teatro para que novos empreendedores tomassem a frente, e com a certeza de que o Teatro Paiol ficou marcado na história do Teatro Brasileiro.

Durante 20 anos, Paulo e Nicette ficaram à frente do Paiol com administração de Bárbara Bruno. Barbara selecionava as propostas enviadas ao teatro, ela as apresentava a Paulo e Nicette e eles as aprovavam ou não. Muitas produções se apresentaram no Paiol no período de Paulo e Nicette, como: *Treze, não explica que complica, Doce privacidade, Meu tio o Iaurutê, Cara e Coroa, Fafy Siqueira ou não queira* e *A verdadeira história de AH Q*. Além de administrar o Teatro Paiol, Bárbara Bruno também comandou o Projeto Paiol.

"O Teatro Paiol foi um momento importante na minha vida. Tem um espaço dentro de mim em que ele está lá, guardado com todo o amor do mundo".

O PROJETO PAIOL

O Projeto Paiol, em 1987, consistia na apresentação de três produções simultâneas, com três direções diferentes, mas sempre com a mesma equipe de luz e cenografia, para que uma pudesse se encaixar na outra. Uma das peças de estreia foi *Poe: a inveja dos anjos*, escrita e dirigida por Stephan Yarian, inspirada na obra de Edgar Allan Poe. A montagem acontecia no Brasil pela primeira vez e no elenco estavam Bárbara Bruno, Paulo Goulart Filho e Val Folly. Também na estreia, podia-se assistir a *Meu tio o Iaurutê*, texto de Guimarães Rosa com adaptação de Walter George Durst e direção de Roberto Lage, com Cacá Carvalho e Paulo Gorgulho. Esse espetáculo rendeu ao ator Cacá Carvalho o Prêmio Molière. A terceira peça estreante era *Aviso prévio*, de Consuelo de Castro, com direção de Francisco Medeiros. No elenco, ela trazia Nicette Bruno e Paulo Goulart. Além desses, o Projeto Paiol promoveu espetáculos infantis, cursos de teatro, palestras e workshops. O Projeto Paiol foi um projeto de prestígio com grande sucesso.

"Bárbara conduziu com muita competência e amor o Projeto Paiol. Acho que muito do sucesso desse projeto foi por causa dela. Não existe glória sem trabalho e dedicação e ela trabalhou e de se dedicou bravamente".

TEATRO JOVEM PAIOL

Em 1988, o Teatro Paiol, passou a se chamar Teatro Jovem Paiol. Junto com o novo nome, surgia uma nova proposta, implantada por Nicette Bruno produções artísticas, produtora criada por Nicette e Paulo em 1988. A novidade era o trabalho de formação de novas plateias. Para isso, foram apresentados textos e montagens direcionadas ao público jovem e a educadores, incentivando suas idas aos espetáculos. O aprimoramento técnico tornou-se maior para que aquele público retornasse ao teatro, transformando aquilo como um hábito, para que o jovem, em seu momento de lazer, obtivesse uma nova forma de aprimoramento cultural. Durante algum tempo, inúmeros profissionais passaram pelo projeto, inúmeras apresentações aconteceram e milhares de jovens puderam descobrir o prazer da arte teatral.

O espetáculo de estreia foi *Meu tio o Iauretê*, que obteve sucesso de público e crítica, atraindo uma grande quantidade de pessoas, principalmente estudantes. Isso porque foi feito um trabalho junto às escolas e aos cursinhos. Depois, com o mesmo nível artístico, entrou em cartaz a peça *Camões*, que, com seu enorme valor didático, motivou a ida de muitos estudantes ao teatro. Também foram apresentadas as peças *Poe: a inveja dos anjos* e *Look, Book, Hip, House*, que abordava temas estreitamente relacionados à juventude, motivando diversas escolas de diferentes níveis sociais a levar seus alunos ao teatro. Depois desses dois espetáculos, foi a vez de ser encenada a peça *Namoro*, um profundo mergulho no universo adolescente, confirmando assim, o sucesso do Teatro Jovem Paiol.

Num trabalho interrupto, Nicette Bruno produções artísticas abriu novos horários para o público estudantil, incentivando-o cada vez mais descobrir o teatro. Mais uma peça de sucesso fez temporada no Teatro Jovem Paiol: *Auto da Compadecida*. Como Ariano Suassuna é amplamente reconhecido e o interesse didático por ele é inquestionável, o trabalho junto às escolas e ao público jovem não poderia ter tido resultado diferente de grande sucesso.

"Investir numa plateia jovem é investir no nosso teatro do futuro. A ideia não era só motivá-los a ir ao teatro, mas também fazer com que eles se habituassem naturalmente a consumir a arte teatral para sempre e passar esse hábito para as futuras gerações".

TEATRO NAS UNIVERSIDADES

O Projeto Teatro nas Universidades foi criado por Nicette Bruno e Paulo Goulart com o objetivo levar o estudante universitário de volta às plateias teatrais. A ideia também era sensibilizar o aluno e professor e provocar, pela exposição viva da cena, um exercício de pensamento que manteria viva dentro das universidades a livre expressão e a arte do conhecimento. O Projeto Teatro nas Universidades contava com o apoio da Rede Globo, da Imprensa Oficial, do jornal O Estado de São Paulo, da Associação Comercial de São Paulo e da Lei de Incentivo à Cultura. As apresentações também contaram com o patrocínio de várias empresas: Santander e Gerdau, entre 2005 e 2006, com copatrocínio da Companhia Brasileira de Alumínio

(CBA); Santander, em 2007; Cosipa/Usiminas, Santander e Cristália (Produtos Químicos Farmacêuticos Ltda), em 2008; Santander e Gerdau, em 2009; Gerdau, em 2010; Drogaria São Paulo, em 2011; Gerdau e Syngenta, em 2012.

Desde sua primeira edição, que aconteceu de 2005 a 2013, o Projeto Teatro nas Universidades levou a arte teatral para mais de 114.237 estudantes em 166 universidades na Grande São Paulo, que, distribuídos em 335 sessões, puderam assistir a apresentações gratuitas sempre acompanhadas de um debate sobre os temas abordados na peça. Foram apresentados nesse projeto, espetáculos como: *Liberdade Liberdade*, de Millor Fernandes e Flávio Rangel; *Sossego e turbulência no coração de Hortência*, de José Antônio de Souza; *A voz do provocador* de Antônio Abujamra, *A descoberta das América*s, de Dario Fo; *O Cavalo na montanha*, de José Antônio de Souza; *Agreste*, de Newton Moreno; *O invisível* de Samir Yazbek; *Antônio*, de Clarisse Abujamra; *O Homem inesperado*, de Yasmina Reza; *A mulher que escreveu a Bíblia*, de Moacyr Scliar; *A aurora da minha vida*, de Naum Alves de Souza; *Doido*, de Elias Andreato; *Mediano*, de Otávio Martins; *O papa e a bruxa*, de Dario Fo; *Quarto 77*, de Leonardo Alkmin; *O andante*, de Elias Andreato; *e Da Vinci, Maquiavel e eu*, de Tadeu Di Pyetro e Miguel Filliage.

Pela grande contribuição ao fomento do teatro junto aos jovens e pela busca de uma melhor qualidade em sua formação educacional, Nicette e Paulo receberam o Prêmio Especial da APCA, em 2008, e Nicette recebeu os Prêmio Claudia de Cultura e Veja São Paulo, como "Paulistana do Ano", ambos em 2009.

"O Teatro amplia horizontes, alonga o olhar para a vida e ensina os jovens a pensar. Com o Teatro nas Universidade nós queríamos provocar e estimular o raciocínio dos estudantes".

CAPÍTULO 19
O PALCO, A GRANDE ESCOLA DE NICETTE

Sempre na sua maior escola, o teatro. Nicette em cena na peça O Canto da Saudade - Coleção Marcelo Del Cima

"Sempre que subo a um palco, reverencio aquele tablado. Afinal, é onde me realizo", diz Nicette, que ama a arte da interpretação, sem distinções entre palco e estúdio. A interpretação foi, afinal, a profissão que abraçou de corpo e alma para sua vida. Mas, quando falamos especificamente sobre o teatro, seus olhos brilham, pois o palco, onde tudo começou, foi sua escola. O teatro a fez atriz, a ensinou a produzir e a preparou para vida.

Nicette jamais pensa em se aposentar. "O teatro é minha vida, não quero parar nunca, quero continuar realizando. Isso é meu impulso de vida. É no teatro que nós fazemos a nossa reciclagem. O ator é um eterno insatisfeito. Eu sou. Sempre quero saber mais, conhecer mais", diz. Mesmo com tantos anos de profissão e experiência, ela encara todo trabalho como se fosse o primeiro, pois acredita que o verdadeiro ator está sempre recomeçando. A dedicação intensa tem que ser a mesma e o frio na barriga antes de entrar no palco deve estar sempre lá.

Para Nicette, a arte da interpretação exige muita responsabilidade. Para que ela esteja ali, plena, inteira na sua interpretação, são muitas horas de leituras, ensaios e estudo, não basta decorar é preciso estudar a cena, o teatro "dá essa postura", como ela mesma diz. Entender o personagem que vai representar e todo seu universo, antes de fazer uma peça, novela ou filme, demanda um mergulho profundo.

Quando entra em cena, Nicette não entra para brincar. O público, a quem ela respeita muito, está ali para prestigiá-la e viajar com ela na magia do espetáculo. Ela coloca todo o seu sangue na personagem, pois é esse público que ajuda a magia do teatro acontecer. É o público que a assiste que faz com que a arte teatral se espalhe pelos quatro cantos do país, segundo ela é "ele que faz com que o teatro aconteça e é ele quem faz circular a cultura pelo país, tão importante na formação das pessoas".

Nos palcos e nos estúdios de gravação, Nicette tenta anular sua personalidade para colocar a personalidade do personagem em seu lugar. Quando dividia os palcos com seu eterno amor, Paulo Goulart, ela também sabia separar as coisas. Em cena eram dois profissionais, que não deixavam a intimidade se misturar ao trabalho. Claro, a intimidade por si só já existia e isso ajudava na química em cena, mas não passava disso. Qualquer problema a ser resolvido, não era no palco que isso acontecia e sim fora dali. A vida não se misturava à arte.

Essa foi uma questão colocada por mim, que a indaguei acerca das personagens. Existem atores que entram em um processo de imersão tão intenso que eles encarnam, em suas vidas pessoais, a personalidade do personagem que estão interpretando. Com Nicette nada disso acontece, pois a grande conexão com os personagens que interpreta, só acontece no palco. Depois que sai de cena, quando as luzes dos refletores se apagam e Nicette tira a maquiagem, ela volta a ser a mãe, avó e dona de casa que também é.

Quando a perguntei sobre preferências em relação à alguma personagem que já interpretou, ela tem a resposta na ponta da língua: "Não tenho uma preferida. Personagem é que nem filho, não dá para escolher o preferido. O meu preferido, na verdade é sempre o próximo que está por vir". Para ela, o uso da técnica pode ajudar a construir a personagem, mas o fator principal para isso, chama-se emoção. É a emoção em cena que vai tocar o público que está assistindo ao espetáculo. É uma troca de emoções entre palco e plateia, e, se isso não acontecer, alguma coisa está errada.

No decorrer de uma temporada é que Nicette descobre mais a personagem. Quem pensa que fazer teatro é repetir todos os dias as mesmas falas e gestos está redondamente enganado. Cada dia é um dia, cada dia a força da emoção em cena pode vir de um jeito diferente e a cada dia pode-se descobrir um outro olhar da personagem que representa. Não há monotonia em se fazer teatro, como muitas pessoas pensam. Cada dia a troca e a energia são diferentes. "Você pode olhar e achar a cena igual, mas para quem está no palco nunca é. Muitas vezes, chegamos ao final de uma temporada e descobrimos mais alguma coisa daquele personagem. Estar no palco é como nossa vida, nunca é igual o tempo todo", conta Nicette.

Pergunto-a se, em meio as tantas personagens que já interpretou, existe alguma ou algumas de que não tenha gostado. Ela diz que mesmo aquelas que não deixaram suas marcas foram importantes para construção da sua carreira. E não só da carreira, elas, de alguma forma, trouxeram algo novo para ela como aprendizado. Ela diz ainda que o ator que é ator, sempre consegue tirar algo de um personagem. Alguma lição ele leva para sua vida daquele trabalho, mesmo que tenha sido um trabalho sem muita expressão.

Recusar papel, raríssimas vezes fez isso. Ela não escolhe mais o que gostaria de fazer, porque muitas vezes deseja um personagem e outro ator acabava fazendo. Então, por sua experiência, não cria expectativa e o próximo trabalho para ela é sempre aquele que vai se dedicar e se satisfazer como intérprete e trabalhadora. O que vier, Nicette está sempre pronta. "Ser ator é uma profissão de pesquisa continua, aprendizado sempre. As experiências da vida, faz o ator se aperfeiçoar profissionalmente", ela comenta.

Nicette também falou sobre as novas gerações de atores. A inexperiência dos jovens não lhe aflige e nem a deixa chateada, afinal ela já foi uma iniciante e sabe muito bem como é. Ajudar, abraçar e aconselhar um novo ator faz parte de sua alma. Ela ama contracenar com os mais novos e que diz que "contracenar com jovem é a melhor coisa, você transmite uma gama de conhecimento, mas também recebe o novo. É fantástico".

Sobre o fato de estar vivenciando o envelhecimento, isso não lhe traz limitações físicas para trabalhar e nem falta de disposição para sair de casa para ir ao teatro se apresentar. Para Nicette, a profissão é um antídoto contra os males envelhecimento. Hoje, o mercado das artes cultua a juventude, mas isso também não muda a sua vontade de trabalhar. O envelhecimento não é um fator limitador, ao menos para Nicette, que acredita que envelhecer só traz vantagens à carreira do ator veterano.

"O envelhecimento é uma prova do conhecimento que você adquiriu. E esse conhecimento ninguém tira do ator. Temos que guardar na nossa memória a nossa trajetória de vida e entender o processo de evolução da carreira. Uma amiga me disse uma vez: Mas é dolorido, né, Nicette?! Eu agradeço a Deus todos os dias pelas oportunidades de trabalhos que tive na vida. E não temos que pensar em envelhecimento e sim em maturidade, em aprendizado, em realizações que ainda temos por fazer nas artes".

GRANDES MOMENTOS NO TEATRO

Ao longo de sua carreira, Nicette fez inúmeros sucessos no teatro. Uma boa lembrança é a do espetáculo *Mãos ao alto*, de autoria de Paulo Goulart, em 1980. A montagem dessa peça tem uma explicação. Em 1972, a casa de Nicette e Paulo em São Paulo foi assaltada. Nada além da perda material aconteceu, mas o acontecimento foi um grande susto e um trauma para a família.

Depois do ocorrido, o casal resolveu se mudar para um apartamento. Mas a situação ficou martelando na cabeça de Paulo. A onda de assaltos invadiu São Paulo, onde aumentava a marginalidade, o desemprego e a falta de segurança pelas ruas, que assolava os paulistanos. Havia muito medo e a insegurança por parte da população. Tudo o que estava acontecendo alimentava cada vez mais a cabeça de Paulo e a vontade de poder fazer alguma coisa. Foi assim que surgiu a ideia da peça. O espetáculo teve a direção de Roberto Lage e tinha no elenco Nicette, Bárbara Bruno, Marcia Real, Luiz Carlos Arutin, Fernando Bezerra, Giuseppe Oristânio e Moema Brum.

Em 1982, Nicette atuou em *Agnes de Deus*, de Jhon Pielmeier, com direção de Jorge Takla, mais um espetáculo de relevância em sua carreira. A peça fez temporada no extinto Teatro Delfim, no Rio de Janeiro. A peça contava a história de uma noviça que engravidava num convento. Nicette interpretou Madre Mirian Ruth e dividiu a cena com Lucélia Santos, que fazia Agnes, e com a grande Yara Amaral, que fazia a Doutora Marta Linistone.

Em 1984, Nicette dividiu a cena com Aracy Balabanian no espetáculo *Boa Noite, mãe*, escrito em 1983 pela autora americana Marsha Norman. Naquele ano, o texto recebeu o Prêmio Pulitzer nos Estados Unidos, além de quatro indicações ao Tony em sua estreia na Broadway: melhor direção, melhores interpretações e melhor peça. Lá, as atrizes Anne Pitoniak e Kathy Bates, interpretaram respectivamente mãe e filha. Aqui, a peça foi dirigida por Ademar Guerra. Nicette interpretava Thelma Cathes, a mãe, e Araci Balabanian fazia Jessie Cathes, a filha. A peça tem uma temática forte e conta a história de uma mãe que tenta impedir a filha de cometer suicídio.

Em 1986, Nicette estreou em *A trilogia da louca*, de Harvey Fierstein, com tradução de Roberto de Cleto e Geraldo Queiroz e direção do amigo Antônio Abujamra. A peça conta a vida amorosa de um homossexual de Nova Iorque, que ganha a vida como atração em show de travestis e vive relação conturbada com sua mãe, judia e possessiva, que não aceita sua orientação sexual. Esse espetáculo foi sucesso na Broadway e, em 1988, foi para o cinema dirigido por Paulo Bogart. No elenco da peça montada no Brasil, ao lado de Nicette estavam Ricardo de Almeida, filho do autor Manoel Carlos; Zecarlos de Andrade; Thales Pan Chacon; Jorge Julião e Bronie.

O espetáculo *Aviso prévio*, de Consuelo de Castro e dirigido por Francisco Medeiros, foi estrelado por Paulo e Nicette em 1987, com temporada no Teatro Paiol. Um detalhe era o número de apresentações, tão diferente dos dias atuais. Nicette e Paulo se apresentavam de quarta a domingo, sendo que, aos sábados e domingos, faziam duas apresentações. Contabilizavam 35 apresentações por mês. A peça fala sobre um casal alegórico, Ela e Oz, que, sempre na iminência da separação, assumem papéis diferentes na relação homem e mulher.

Em 1988, foi a vez de *À margem da vida*, como já falamos num capítulo anterior, e, em 1990, Nicette estrelou ao lado de Paulo do espetáculo *Meu reino por um cavalo*, de Dias Gomes, com direção de Antônio Mercado, também em temporada no Teatro Paiol. No elenco, além do casal, estavam Clarisse Abujamra, Crispim Júnior, Luca de Lima, Paulo Macedo, Rita Guedes e Edson Lozano.

Em 1990, Nicette fez o espetáculo *Flávia cabeça tronco e membros*. Essa peça escrita por Millôr Fernandes em 1963 foi um dos primeiros projetos a falar de uma mulher livre, pois a personagem Flávia prima pela liberdade e leva o espetáculo a momentos inesquecíveis. A peça fala de poder, de força e da permanente capacidade de mistificação inerente ao ser humano. Com direção de Luiz Carlos Maciel e produção de Chico Recarey, a montagem fez temporada no Teatro Ginástico no Rio de Janeiro, com um elenco bem numeroso ao lado de Nicette e Paulo, que contava com nomes como: Angela Leal, Roberto Bonfim, Dirce Migliaccio, Emiliano Queiroz, Antônio Pitanga, Fernando José, Paulo César Grande, Alexandre Frota, Carmem Palhares, Samor Nosde, Fátima Camata, Éder de Sá e Silvana Calábria.

Em 1991, foi a vez da peça *Céu de lona*, de Juan Carlos Gené, com direção, adaptação e tradução de Renato Icarahy. Nicette e Paulo interpretavam Paloma e Jacinto. Ela e ele com oitenta anos. Eles são dois artistas que moram na rua porque foram despejados e têm uma relação de amor a céu aberto. Na relação, parecem duas crianças birrentas e mimadas. Um lindo e emocionante espetáculo.

Chegamos em 1994 e Nicette e Paulo protagonizam a peça *Enfim sós*, de Laurence Roman, com tradução de Marisa Murray com direção de José Renato. Completavam o elenco Paulo Goulart Filho, Renato Modesto, Beto Mignani e Geraldine Quaglia. Dois anos após esse espetáculo, em 1996, Nicette sobe aos palcos em *Gertrude Stein, Alice Toklas e Pablo Picasso*, de Alcides Nogueira, com direção de Antônio Abujamra e Márcio Aurélio. O espetáculo era protagonizado por Nicette, Clarisse Abujamra e Francarlos Reis. O espetáculo falava sobre a vida da escritora americana Gertrude Stein, em Paris, antecedendo e incluindo a 1ª Guerra Mundial. Ela era casada com Alice Toklas, e ambas conviviam com o pintor Pablo Picasso. Em sua casa se reuniam a grandes nomes das artes, como Cocteau, Matisse, Apollinaire e Hemingway. A ideia do espetáculo era discutir a modernidade.

Em 1997 foi a vez de *Roque Santeiro: o musical*, de Dias Gomes, com direção de Bibi Ferreira. Nicette interpretava a viúva Porcina. Ao lado dela, encabeçavam o elenco nomes como: Agildo Ribeiro, Sidney Magal, Milton Gonçalves, Rogéria, Benvindo Sequeira, Luís Mganelli, Selma Lopes, Bernadete Lys, Maria Lúcia Prioli, Jorge Cherques, Sheila Matos, Jorge Eduardo e 30 outros atores no elenco de apoio.

SOMOS IRMÃS

O musical *Somos irmãs* merece destaque à parte. Por esse espetáculo, Nicette recebeu os Prêmios SHELL e APCA como melhor atriz. Somos Irmãs foi escrito por Sandra Louzada, produzido por Cinthya Graber e José Carlos Furtado Filho e dirigido por Ney Matogrosso e Cininha de Paula. Um grande sucesso nos palcos que contava a emocionante e dramática história das irmãs Linda e Dircinha Batista. O grande sucesso que fizeram na adolescência e consagradas entre os anos 30 e 50, quando ganharam o título de Divas do Rádio. Nos anos 70 começam a decadência e o abandono, que marcam suas vidas. Cabia a Nicette e Claudia Netto o papel de Dircinha e a Suely Franco e Beth Goulart o papel de Linda. Todas cantavam em cena num grande musical com 28 músicas interpretadas ao vivo.

Ney Matogrosso, num dos trechos para o programa da peça, diz o seguinte:

> Gloriosa e trágica, mas absolutamente humana. A vida das irmãs Linda e Dircinha Batista está repleta de cenas dignas do glamour das estrelas de primeira grandeza de Hollywood e de outras tantas que guardam um tom tão forte, que parecem saídas da imaginação mais dramática de um novelista. Mas não, tudo é a pura realidade, tudo não passa da mais comovente realidade: a contradição nos altos e baixos da vida, unidos no que somos — Gente.

Marya Bravo, Renato Rabelo, Gárcia Junior, Cecília Rondinelli, Marllos Fragá, Orlando Leal completavam o elenco. Como atriz convidada, participava da peça Denise Del Vecchio.

Foto de Nana Moraes

MAIS MOMENTOS MÁGICOS NO PALCO

Aquela velha frase, "é no palco que a magia acontece", pois bem, Nicette continuou sua trajetória com mais momentos mágicos nos palcos. Em 2000, ela participou do espetáculo Crimes Delicados, de José Antônio de Souza com direção de Antônio Abujamra. No elenco, além de Nicette e Paulo, estava a filha Bárbara Bruno, que além de atuar assinava a direção de produção. Esse espetáculo estreou em 17 de março de 2000, em Curitiba, e, no dia 27 de Março, já aterrizava em São Paulo, no Teatro Ruth Escobar, Sala Dina Sfat, e no Rio de Janeiro, no Teatro Sesc Rio Arte, em 22 de Março de 2001. A peça mostrava a criminalidade como parte da rotina das pessoas. Nicette interpretava Lila e Paulo Goulart fazia Hugo, personagens que tramavam cuidadosamente o assassinato da empregada Efigênia, interpretada por Bárbara Bruno. Era a volta de Nicette aos palcos depois do grande sucesso de *Somos irmãs*.

Em 2003, Nicette mergulhou no espetáculo *Sábado, domingo e segunda* texto do italiano Eduardo De Fillipo com tradução de Marcos Caruso e direção de Marcelo Marchioro. Com 17 atores em cena, Nicette fazia Rosa, uma mamma italiana e Paulo Goulart fazia o italiano Pepino. O elenco também contava com os filhos Paulo Goulart Filho e Barbara Bruno e com a neta

Vanessa Goulart, que faziam, respectivamente, Rocco, Tia Memé e Giulianella. Antes, durante e depois de uma tradicional refeição dominical, uma grande família italiana se via diante de uma série de encontros e desencontros inusitados. Umas das relações que se complicam é a relação do casal Peppino e Rosa. Nicette preparava um ragu e uma macarronada ao vivo no palco.

Paulo Goulart tinha uma definição para esse espetáculo: "Amor, família e a reciclagem permanente da arte de viver são outros temas que direcionam a montagem. Escolhemos este texto porque fala de nosso ofício, compartilhado pelos filhos, netos, amigos e colegas de profissão — a nossa família teatral. A intenção é também homenagear diretores e cenógrafos italianos que contribuíram com o desenvolvimento do teatro brasileiro, de Adolfo Celli a Aldo Calvo, passando por Ruggero Jacobbi".

Dividindo a cena com a grande Beatriz Segal, em 2005, Nicette fez *Quarta-feira, sem falta, Lá Em Casa,* de Mário Brasini, com direção de Alexandre Reinecke. Era a segunda vez que atuavam juntas num espetáculo. A primeira vez aconteceu na montagem de *Alegres canções da montanha,* dirigida por Esther Leão, em 1949. O texto escrito nos anos 70 foi inspirado numa conversa entre duas senhoras observadas por Mário Brasini, num café no Rio de Janeiro.

A primeira montagem desse espetáculo, aconteceu em 1977 com Eva Todor e Henriette Morineau, com direção de Gracindo Júnior. Em 2004, Beatriz dividiu a cena por um ano com Myriam Pires. Nicette entrou no lugar de Miryam em 2005, para dar vida a personagem Laura. A peça mostra a amizade entre as amigas de longa data Alcina e Laura. Depois de 40 anos de conversas, elas começam a revelar segredos e histórias inusitadas durante suas inadiáveis reuniões semanais. Em 2018, a peça foi remontada com Eva Wilma e Suely Franco. Em 2020, foi feita uma outra montagem, com Nicette e Suely Franco. Na véspera da estreia, começou a pandemia e a peça foi cancelada.

Mais uma vez Nicette divide a cena com seu parceiro de vida, quando em 2006 fazem o espetáculo *O homem inespe-*

rado, de Yasmina Reza. Uma comédia romântica que trata do amor, da amizade, do trabalho e da solidão. Nicette e Paulo interpretavam dois viajantes de um trem que ia de Paris para Frankfurt. Paulo Brodsky, um escritor famoso, e Marta, uma dona de casa, leitora do escritor. Eles não se falavam no espetáculo, só exteriorizavam seus pensamentos. A direção era de Emilio de Mello com supervisão de Daniel Filho.

Nicette e Paulo em O Homem Inesperado - Foto de Beti Niemeyer

PERDAS E GANHOS: O PRIMEIRO MONÓLOGO DE NICETTE

Em 2014, quando Nicette tinha 82 anos, pela primeira vez arriscou-se a fazer um monólogo com a peça *Perdas e ganhos*, baseada no livro de Lya Luft. Obra adaptada e dirigida por Beth Goulart. Um monólogo extremamente comovente que chegou num momento difícil pra Nicette, após a perda de Paulo. Reflexões sobre a maturidade, valores familiares e escolhas faziam parte do enredo da peça. O projeto tinha chegado nas mãos de Beth em 2010. O responsável pelos direitos autorais da Clarisse Lispector, que era o mesmo responsável pelos direitos da escritora Lya Lutf, na Abramus, associação responsável por direitos autorais de teatro, procurou Beth, oferecendo-lhe a adaptação e a direção da obra literária de Lya. Ele também queria que Nicette interpretasse o papel. Honrada, Beth aceitou o convite, inclusive porque já vinha desenvolvendo, havia alguns anos, uma ponte entre literatura e teatro, que fazia parte de uma busca de linguagem. O livro Perdas e Ganhos de Lya Luft não conta uma história específica, mas fala de todos nós, pois traz reflexões sobre a vida, abordando o momento em que nascemos, a relação com a nossa família, os nossos encontros, os nossos amores, envelhecimento e a morte.

A princípio, Beth pensou em colocar Nicette na dramaturgia como uma grande narradora daquela história, para falar com a plateia sobre todas aquelas reflexões. Mas ela precisava de personagens também, foi então que pediu autorização a Lya para extrair três personagens femininos de um outro livro da autora chamado *O silencio dos amantes*. Ela fez uma trança entre esses personagens e a obra *Perdas e ganhos*, assim surgiu a dramaturgia do espetáculo. Quando terminou o primeiro tratamento do texto, Beth leu o texto para seu pai, que deu muita força para montá-lo com Nicette. O trabalho falava sobre momentos da vida em que somos questionados, momentos que passamos por crises, como a perda de um emprego, a perda da saúde. Ciclos da vida que somos obrigados a começar e concluir.

Paulo adoeceu e foi interrompido o processo da montagem. Não dava para fazer o trabalho naquele momento, a família tinha que se dedicar aos cuidados de Paulo, que estava passando por um câncer. Seu estado de saúde era muito delicado e ele precisava de cuidados, atenção e carinho de todos. Três anos se passaram e Paulo veio a falecer. Depois de sua partida, Beth começou a refletir sobre o fato de que ela tinha nas mãos um texto que falava sobre a capacidade de superação num momento de perda. Por causa dessa reflexão, ela resolveu falar com Nicette que já estava na hora delas levarem para o palco aquele espetáculo Parecia um processo terapêutico ter que lidar com aquelas palavras, aquelas reflexões. Elas vivenciaram na prática o que estavam querendo levar para o teatro.

O espetáculo ganhou um tom de quase depoimento pessoal, o que dava uma qualidade diferente ao trabalho. Elas tiveram a chance transformar suas dores em amor e arte. O mais interessante é que Nicette e Beth, podendo dividir aquele trabalho, se fortaleceram e criaram ainda mais laços de união, respeito e admiração mútua. Um lindo processo de crescimento. Com uma grande trajetória nas artes, era simplesmente lindo ver a disponibilidade de Nicette para o novo.

Nicette embarcou na proposta de Beth, que, de certa forma, era um teatro diferenciado. Como Beth mesmo diz, era como se o teatro contemporâneo desse mão ao teatro clássico, para juntas contarem a mesma história. Durante o processo, Nicette se emocionou muito. Em alguns momentos ela parava, tamanha era a emoção que sentia. Beth, com sua brilhante condução do trabalho e, sabendo o quão difícil e importante aquele espetáculo era para Nicette, sempre aconselhava a mãe sobre como conduzir o processo. Beth dizia: "Mãe, respira, vai na suavidade. Não tente mostrar uma força que talvez você não tenha. Mostre sua fragilidade. Nesse momento a sua humanidade toca a nossa humanidade. Ai qualquer um de nós vai se colocar nesse lugar e entender o que você está dizendo".

Nicette em Perdas e Ganhos - Foto de Nana Moraes

As palavras de Beth a Nicette a ajudaram a recuperar suas forças, dando-lhe mais coragem para enfrentar aquele novo desafio. O espetáculo *Perdas e ganhos* foi um Hino a Esperança, mostrando que todas as pessoas têm a capacidade de superação dentro delas. Nicette faz uma definição particular, considerando o que mudou dentro dela ao levar as palavras de Lya Luft para os palcos:

> "Perder o amor para a morte é a perda das perdas. 'Perdas e ganhos' me ajudou a superar a dor e, com isso, um aprendi a ter um olhar ainda mais profundo para a compreensão maior das perdas e ganhos que a vida nos dá".

O QUE TERÁ ACONTECIDO A BABY JANE?

Nicette com Eva Wilma na peça O que terá acontecido a Baby Jane - Foto de Marcos Mesquita

Em 2016, Nicette dividiu a cena com Eva Wilma, sob direção dos grandes Charles Moeller e Cláudio Botelho, no espetáculo *O que terá acontecido a Baby Jane?* Foi a primeira montagem mundial da peça. Por problemas burocráticos, a adaptação para o teatro nunca aconteceu. Charles Moeller e Claudio Botelho, que sempre foram apaixonados pelo filme, tinham como desejo de levar a história para os palcos e, de repente, tiveram a surpresa de saber que a adaptação tinha acabado de ficar pronta. A peça foi adaptada por Henry Farel, o próprio autor do romance que deu origem ao filme em 1962. Ele fez a adaptação um pouco antes de morrer, em 2006.

Dez anos se passaram e a família liberou os direitos para Moeller e Botelho, que levaram a mesma equipe que participam dos grandes musicais que dirigem. Diferente do filme, a peça acompanhava todas as fases da vida de Jane e Blanche.

Em *O que terá acontecido a Baby Jane?*, Nicette e Eva interpretaram as irmãs Hudson, que foram feitas no cinema por Joan Crawford e Bette Davis. Nicette fazia Blanche, uma jovem estrela do cinema de Hollywood que teve sua carreira interrompida por um acidente que acabou deixando-a paraplégica. Eva interpretava Jane, uma estrela mirim de teatro que conheceu a decadência. Elas passam seus dias tristes, amargos e pesados confinadas numa mansão.

Muito ressentidas com a vida e cheias de mágoas, elas se digladiam em palavras e violência. Quando a dupla Moeller e Botelho a ligou para Nicette para fazer o convite, ela pensou que era apenas para um jantar entre amigos. Mas quando eles falaram sobre o filme e do que se tratava, Nicette se sentiu desafiada e animou-se com o projeto.

No início do trabalho, Nicette, assim como Eva, preferiram não assistir ao filme, já que as atrizes Joan Crawford e Bette Davis construíram com grande maestria as personagens no cinema e isso, de certa forma, poderia atrapalhar a criação delas na composição de seus papéis. Somente depois, com suas personagens construídas, é que as atrizes assistiram ao filme. A peça fala de fama, ostracismo e de como é envelhecer na carreira artística, o grande medo de muitos atores com seu futuro profissional.

"Envelhecer é maravilhoso, mas não é fácil. A geração que pensa somente em fazer televisão e que se pauta na beleza, sofre quando vê a velhice chega. A beleza não sustenta nossa profissão, o que sustenta é o nosso trabalho e nossa vivência artística, que nos dá o estofo necessário para seguirmos em frente".

A PARTICIPAÇÃO ARREBATADORA EM *PIPPIN* — O MUSICAL

Nicette nos bastidores do musical Pippin – Foto de Carol Faria

Mais uma vez Nicette foi dirigida pela dupla Moeller & Botelho, em 2018, só que dessa vez em *Pippin*, uma superprodução musical. *Pippin* é um dos musicais mais famosos e de grande sucesso na história dos musicais da Broadway. Ele estreou em outubro de 1972 no Imperial Theatre e lá ficou durante quatro anos e meio, se tornando o 32º musical de maior duração na Broadway. Em 1972, recebeu cinco Tony Awards, a premiação mais importante do teatro americano. *Pippin* foi escrito e musicado por Stephen Schwartz, com libreto de Roger O. Hirson e direção e coreografia de Bob Fosse. Quando esse espetáculo surgiu era apenas para ser um exercício dos alunos do Grupo de Teatro Scotch´n Soda Club da Carnegie Mellon University, em 1967, e se chamava "Pippin, Pippin".

Em 2013, a peça foi novamente montada na Broadway, pelo American Repertory Theatre, e dirigida por Diane Paulus. O musical fez novamente um grande sucesso, ficou dois anos em cartaz no Music Box Theatre e recebeu quatro Tonys e quatro Drama Desk Awards. Pippin era vivido pelo ator Matthew James Thomas e a Mestre de Cerimônias foi feita pela extraordinária Patina Miller.

A primeira montagem no Brasil aconteceu em 1974, no Teatro Adolpho Bloch, no Rio de Janeiro, produzida pelo próprio Adolpho Bloch com a direção de Flávio Rangel. O papel de Pippin foi feito por Marco Nanini e a Mestre de Cerimonias por Marília Pêra, que foi a primeira atriz no mundo a interpretar esse personagem, que era originalmente masculino. A atriz Suely Franco substituiu Marilia tempos depois. Na versão de Moeller & Botelho, em 2018, esse personagem foi feito magnificamente por Totia Meireles.

Charles Möeller e Cláudio Botelho adquiriram os direitos do espetáculo, depois do "revival" do musical na Broadway, em 2013. Levaram praticamente cinco anos para levantar toda a produção do espetáculo, com um grande número de atores e músicos. Com uma das mais complexas coreografias do teatro musical contemporâneo, o espetáculo foi coreografado por Alonso Barros, um grande especialista no estilo de Bob Fosse. O espetáculo teve cenografia de Rogério Falcão, iluminação de Rogério Wiltgen, figurinos de Luciana Buarque e a direção musical de Jules Vandystadt. E ainda a coordenação artística da parceira da dupla desde 2003, Tina Salles. A direção geral ficou a cargo de Charles Möeller e a versão brasileira a cargo de Cláudio Botelho.

Pippin retoma a ideia do teatro dentro do teatro. O espetáculo tem em cena uma trupe de teatro e conta a vida do príncipe Pippin, que foi interpretado, na versão de Moeller & Botelho, pelo ator Felipe de Carolis, sendo substituído depois por João Felipe Saldanha. Pippin busca um sentido da própria vida, sempre ouvindo os conselhos da madrasta Fastrada, feita por Adriana Garambone.

Nicette fez Berthe, a libertaria e hedonista avó de Pippin, que o aconselha a viver intensamente e desfrutar dos prazeres carnais. Uma única entrada, no primeiro ato da peça, já foi o suficiente pra Nicette deixar sua marca e se tornar uma das melhores coisas do espetáculo. Ela era aplaudida em cena aberta e ainda arrancava muitos gritos da plateia. O teatro vinha abaixo com sua performance e podemos dizer que sua personagem era um sopro dentro do espetáculo. O número mais popular e comunicativo do roteiro musical era na cena de Nicette. A música que cantava chamava-se "No time at all", que virou "A vida é só uma" na versão maravilhosa de Claudio Botelho.

> "Claudio Botelho e Charles Moeller foram corajosos. Eles dominam a produção de grandes musicais no Brasil e juntam sempre um time de atores de grande talento que se jogam junto com eles. Um elenco jovem com vontade de acertar, dando o seu sangue. Uma turma apaixonada pelo teatro como eu".

QUARTA-FEIRA, SEM FALTA, LÁ EM CASA

Em 2020, foi a última vez em que Nicette pisou nos palcos, com a peça *Quarta-Feira, sem falta, lá em casa*, na qual ela dividiu a cena com Suely Franco. Na verdade, foi um reencontro duplo: primeiro, porque Nicette já havia feito esse espetáculo em 2004, ao lado de Beatri Segall, substituindo a atriz Mirian Pires, e, segundo, porque estava novamente nos palcos ao lado de Suely Franco, depois do arrebatador sucesso das duas como as Irmãs Batista no musical Somos Irmãs, em 1998. Suely também participou do espetáculo em 2018, ao lado de Eva Wilma.

A direção da última montagem produzida, a que Nicette participou, ficou a cargo de Alexandre Reinecke com realização da Chaim Entretenimento. Através das personagens Alcina e Laura, feitas respectivamente por Nicette e Suely, o espetáculo discute a maneira como lidamos com a solidão. O espetáculo passou por Goiânia e Curitiba e estrearia no Teatro Claro Rio, no Rio de Janeiro, em 13 de março de 2020. Na véspera da estreia, início da pandemia, o espetáculo foi cancelado. Depois disso, ele não mais aconteceu.

"É muito bacana poder fazer uma coisa numa outra época e depois voltar em outra, fazendo um papel diferente. É um exercício novo. E ainda mais poder compartilhar esse trabalho em cena com uma grande e amada atriz como Suely Franco".

PRÊMIO CESGRANRIO E FESTIVAL DE TEATRO CESGRANRIO

Nicette homenageada no Prêmio Cesgranrio de Teatro - Foto de Claudio Pompeo

Em 2017, aos 84 anos, Nicette foi a grande homenageada da 4ª Edição do Prêmio Cesgranrio de Teatro, pelos seus 70 anos de carreira. O evento aconteceu no Golden Room do Hotel Copacabana Palace no Rio de Janeiro e foi apresentado por Irene Ravache e Eriberto Leão. Na época, Nicette estava em cartaz em São Paulo com a peça *O que terá acontecido a Baby Jane*. Amigos e colegas de profissão participaram da cerimônia. Estavam na plateia Eva Wilma, Gloria Menezes, Tarcísio Meira, Lília Cabral, Débora Bloch, Marcos Caruso, Nathalia Timberg, Ana Botafogo, etc. O prestigiado Prêmio Cesgranrio é realizado pelo presidente da Instituição, Carlos Alberto Serpa e sua esposa Beth Serpa. Um dos seus objetivos é formar novas plateias, novos apreciadores das artes cênicas e produtores de arte. Um incentivo ao Teatro Brasileiro.

Uma noite linda e marcada por discursos politizados e de resistência, por causa da grande crise que o Teatro Brasileiro enfrentava naquele momento. Muito emocionada, Nicette fez um lindo discurso para os convidados presentes.

Em 2019, Nicette participou do evento Damas do Teatro no Festival Cesgranrio de Teatro, mais uma vez realizado por Carlos Alberto Serpa e Beth Serpa e organizado por Leandro Bellini. O evento foi realizado no Teatro Cesgranrio, no Rio Comprido, Rio de Janeiro, reunindo Nicette e as atrizes Laura Cardoso, Nathalia Timberg, Rosamaria Murtinho e Suely Franco. Durante duas horas, elas contaram suas histórias de vida e recitaram poesias. A entrevista teve intermediação do agente de atores Marcus Montenegro.

"Eu quero fazer mais teatro e encontrar outros personagens que mexam comigo e que me sacudam. É isso o que eu continuo procurando porque esta arte serve para nos renovar. Além da transformação que recebemos a cada instante, nós renovamos a nossa condição e a possibilidade de realização. Nada vai nos calar e nem fazer parar na vida. Os dias continuam e continuarão para sempre. E nós do teatro sempre teremos uma bandeira para limpar todos os empecilhos que aparecerem pela frente para que tenhamos uma caminhada limpa e livre".

Nicette ao lado de Suely Franco, Nathalia Timberg, Marcus Montenegro, Laura Cardoso e Rosamaria Murtinho no evento Damas do Teatro - Foto de Claudio Pompeo.JPG

CAPÍTULO 20
A FAMÍLIA UNIDA NA VIDA E NA ARTE

Família sempre reunida pelos palcos da vida - Acervo Pessoal Nicette Bruno

Com uma família extremamente unida e recheada de atores, a impressão que se tem é a de que eles trabalharam juntos muitas vezes. Mas não é bem assim. Eles trabalharam algumas vezes juntos. Mas é claro que o amor ao seu ofício e sua família fizeram do teatro a extensão da casa de Nicette e Paulo. O mais interessante é que trabalhar com a família muitas vezes é desgastante, mas com eles sempre foi tudo maravilhoso. Nicette e Paulo sempre levaram avante a frase "todo artista deseja ter sempre uma boa coxia" e, com a família, não poderia ser diferente. "Sempre respeitamos uns aos outros. Sempre com uma intenção só, que era o bom resultado do trabalho de uma forma geral e o bom resultado do trabalho de cada um", conta Nicette.

Nunca houve competição entre eles. Se um fizesse sucesso, era uma satisfação enorme. Todos sempre na torcida pelo outro. Todos jogando juntos para dar certo. Mas isso não significava que não eram rígidos quando estavam reunidos para trabalhar. Segundo Nicette, quando chegavam ao trabalho, a relação se transformava, não eram parentes de sangue, mas sim parentes de arte. No trabalho, a seriedade era a mesma que o teatro pede a todos aqueles que trabalham nele e nada era diferente por serem família. Quando precisavam fazer uma crítica (sempre construtivas) todos acatavam e se posicionavam com muita tranquilidade, maturidade e principalmente respeito. "Nunca existiu uma discórdia entre nós, todos entendiam que as críticas e observações não eram pessoais e sim em prol do melhor", comenta a atriz.

Todo esse respeito, deve-se muito ao fato de Bárbara, Beth e Paulinho terem passado a infância nas coxias, vivenciando a vida dos pais no teatro, entendendo todo o processo teatral. Com essa vivência, veio o respeito por todo aquele universo e o entendimento da vida de um ator. Nicette sempre primou por esse convívio familiar. Sempre cercada de familiares, ela não gostava de ficar só. A família de sangue e a família de amigos sempre estiveram a sua volta.

"O que mais me agrada é ter a casa cheia. Isso preenche minha vida. Não suporto ficar sozinha. Tantos os parentes de sangue, quantos os amigos que se aproximam, são sempre bem acolhidos".

Nicette e Paulo com os filhos Beth, Bárbara e Paulinho - Acervo Pessoal Nicette Bruno

AS JULIETAS DE NICETTE

A vida de Nicette é cercada por duas Julietas. A primeira, foi sua personagem Julieta, da peça Romeu e Julieta de Shekesperare, lá no início de sua carreira. A segunda é seu braço direito na vida. O que começou numa entrevista de emprego, em 26 de janeiro de 1999, na qual Julieta pleiteava um novo trabalho na residência de Nicette e Paulo na Lagoa Rodrigo de Freitas, no Rio de Janeiro. Só que na hora da entrevista, Nonoca, mãe de Nicette, foi rápida no gatilho e de cara fisgou Julieta.

E tudo isso aconteceu através do cantor José Ricardo que era amigo de Nicette, amizade essa que começou por conta do espetáculo *Somos irmãs*. Importante destacar aqui que, da amizade de Nicette com José Ricardo, surgiu a Fundação José Ricardo (FUNJOR), que é uma entidade filantrópica de apoio aos profissionais da arte e de preservação da memória artística brasileira. A FUNJOR foi instituída em 10 de outubro de 2000, idealizada por Nicette com Luiz Murillo Tobias, filho do cantor, no velório da cantora Dircinha Batista, a quem interpretou no teatro.

Voltando a falar sobre como Julieta chegou até Nicette, Nicette havia comentado com José Ricardo, que estava à procura de uma acompanhante para sua mãe Nonoca, e sua tia, Flordéa. José Ricardo conheceu Julieta quando ela trabalhava na casa do cantor Agnaldo Timóteo, seu amigo. Como José Ricardo vivia em Barra Mansa, no estado do Rio, e Julieta morava lá, em uma de suas andanças pela cidade, descobriu que ela não estava mais trabalhando com Agnaldo. Imediatamente, ele colocou Julieta em contato com Nicette que a chamou para uma entrevista. Julieta foi aprovada logo e começou a trabalhar com Nicette.

Seguindo sua trajetória na família, a primeira mudança foi com o falecimento de Flordélia em julho de 2000, fazendo com que Julieta, a partir dali, ficasse como acompanhante de Nonoca. O que era uma diversão para Julieta, pois elas tinham uma vida muito ativa de passeios em shoppings, cabelereiros, cinemas, bares... Nonoca chegou a passar alguns dias com Julieta em sua casa em Barra Mansa e acabou conquistando toda a família com seu bom humor, elegância, inteligência e simplicidade. Isso era uma alegria pra Nicette, que trabalhava muito e sabia que sua mãe estava sendo bem cuidada e acarinhada por toda família de Julieta em sua ausência.

Nicette, Paulo e Julieta - Acervo Pessoal Nicette Bruno

Julieta não só era querida por Nicette e Nonoca, como por Paulo Goulart e os três filhos, a receberam muito bem, como um membro da família. Quando Nonoca partiu, Julieta foi convidada por Nicette e Paulo a ficar com eles, ajudando na casa. Fora isso, ainda foi camareira do casal em muitos espetáculos, chegando passar com eles 21 dias, durante uma turnê pelo sul. Em 2014, Julieta chegou a participar do Programa Estrelas, apresentado por Angélica na Rede Globo, o que ela considera um momento especial em sua vida, porque pôde ver a grande demonstração pública do casal com ela, quando eles estavam completando Bodas de Ouro. Julieta ainda foi para São Paulo com eles para celebrar a data numa grande festa.

Momentos de boas lembranças culinárias, porque Nicette adorava comer a comida feita por Julieta, principalmente rabada e cozido, e dizia sempre que ninguém fazia igual. Paulo, que adorava cozinhar e era ótimo cozinheiro, chegou a ensinar muitas receitas para Julieta, principalmente uma bacalhoada que eles adoravam. Paulo, assim como Nicette, tinha um grande amor por Julieta, tanto que criou um texto que se chamava "Volta ao lar carioca", onde começa fazendo uma homenagem a Julieta.

Volta ao lar carioca foi escrito em 16 de março de 2007. A criação desse texto tem uma história. Paulo foi pra São Paulo fazer um trabalho e lá tomou um escorregão, torcendo o pé. Por causa disso, acabou passando três meses na capital paulista com o pé engessado. Quando ele retornou ao Rio e entrou no apartamento da Lagoa, ficou encantado com tamanha organização e limpeza da casa, sob os cuidados de Julieta. Sempre muito caprichosa, Julieta chegou a comprar flores e enfeitou todo o apartamento para recebê-lo. Depois disso, ele se trancou no escritório e fez o texto para Julieta. Hoje ele está emoldurado, na parede de sua casa, em Barra Mansa, como lembrança do querido Paulo.

Após a partida de Paulo, em 13 de março de 2014, Julieta continuou na casa cuidando de Nicette. Em seu último aniversario, em 2020, Julieta fez uma surpresa para ela e Nicette disse que foi o melhor aniversario que já havia tido.

A TURMA DE QUERIDOS FUNCIONÁRIOS

Nicette e Paulo sempre tiveram uma linda relação com seus funcionários. Uma turma grande, sempre muito bem recebida pelo casal, que os tratavam com muito amor, respeito e carinho. E a recíproca era verdadeira, porque eles também amavam Nicette e Paulo. Logo que Julieta foi trabalhar na casa de Nicette, na Lagoa Rodrigo de Freitas, ela indicou sua cunhada Vilma Domingos para fazer trabalhos de costura para Nonoca e Flordéa Consequentemente, as duas sobrinhas de Julieta, Jacqueline e Joice, também passaram a fazer parte do time da casa. Jacqueline, além de cozinhar, muitas vezes até dirigia para Nicette, quando seu motorista, Alexandre, estava de folga. Ele sempre foi um camarada tranquilo e extremamente paciente, de quem Nicette também gostava muito. Joice costumava tirar as folgas de Julieta para cuidar de Nonoca e nas festas em que Vilma cozinhava, ela ajudava em tudo, principalmente nas sobremesas, porque sempre gostou de fazer doces.

Logo no início, Vilma ia de quinze em quinze dias, depois passou a cobrir folga da cunhada Julieta e da outra funcionária, Cida, grande cozinheira já falecida, nos finais de semana e nos Natais. Certa época, Nicette e Paulo foram passar uma temporada maior em São Paulo e levaram Vilma junto com eles, que acabou ficando por lá durante três anos. Depois, quando compraram a casa no Rio de Janeiro, no Recreio dos Bandeirantes, Vilma continuou com eles fazendo as festas da família e os Natais.

Com a mudança para essa nova casa, o trabalho ficou maior. Paulo chamou Julieta para uma conversa. Ele precisava de uma outra pessoa para cuidar de Nicette e ela ficaria como uma espécie de governanta da casa, já que o local era grande e precisava de alguém no comando. Então chegou Carol, que acompanhava Nicette em todos os lugares, inclusive nas gravações de novela, e ainda passava os textos com ela. Sempre muito querida com Nicette também, se tornou mais um braço direito no dia a dia.

Nessa turma toda ainda tem o Thiago e o Carlinhos. Thiago era o jardineiro da casa. Nicette adorava seu trabalho e todos os dias dava uma passeada em seu jardim para ver as flores de Thiago. Carlinhos, outro amado por Nicette, cuidou do pai de Nicette em Petrópolis até sua morte. Quando ele faleceu, em 2011, Carlinhos passou a trabalhar na casa de Nicette no Rio de Janeiro. Um rapaz muito trabalhador, discreto e calado. Nicette tinha uma paixão por ele, como se fosse um filho, e ele, por ela.

"Lá em casa nunca tivemos empregados e sim amigos. Amigos cuidavam da nossa casa e da gente. Tão queridos que os considero parte da família. Pessoas que nos amam e nos respeitam e que nós também amamos e respeitamos. Um time maravilhoso!"

CAPÍTULO 21
O ESPIRITISMO

"É fundamental o sentimento maior de fraternidade, que a espiritualidade possibilita a cada um de nós. E junto sempre a solidariedade", diz Nicette. A palavra solidariedade sempre permeou o universo de Nicette e Paulo. Eles sempre utilizaram da solidariedade na vida e no dia a dia. Entre 1962 e 1968 quando residiam em Curitiba, o casal começou a estudar na Sociedade Brasileira de Estudos Espíritas (SEBE), orientados pelo mestre Maury Rodrigues da Cruz. O pontapé para esse estudo foi a perda de um tio querido que levou sua família ao desespero. Nicette buscava uma explicação e um conforto para aquele momento e, a partir dessa situação, foi em busca do espiritismo e conheceu Maury Rodrigues.

No SBEE, além dos atendimentos fraternos e dos estudos do espiritismo Kardecista, eles também tinham o Museu Espírita, o Lar Escola Dr. Leocádio José Ferreira, o Centro Cultural e a FALEC que é a primeira faculdade de teologia espírita do Brasil. Nicette e Paulo sempre se interessaram pelo cunho social e o envolvimento com a doutrina espírita só intensificou suas ações sociais.

"O espiritismo para nós não estava apenas ligado a caridade, mas na conscientização do aprendizado para elevar o conhecimento, ajudando no diálogo e no aprimoramento da nossa individualidade, para nós agirmos equilibradamente no coletivo", conta Nicette. Esse envolvimento com a religião, acabou levando Nicette a presidir A Casa da Fraternidade, em São Paulo, que fazia parte do núcleo da Sociedade Brasileira dos Estudos

Espíritas. No início eles só atendiam a comunidade local, mas, depois, passaram a atender a população mais carente da região.

Nicette conta que o espiritismo lhe deu suporte, porque, a partir dele, ela começou a ter respostas para os seus questionamentos. Nicette sempre foi uma espírita convicta e atuante e, segundo ela, isso a fortaleceu em tudo, inclusive na sua trajetória. Os trabalhos desenvolvidos na casa espírita sempre contaram com ajuda de voluntários na área das artes plásticas, médica, psicológica, fonoaudiológica e odontológica e sempre foram mantidos com doações e com os lucros do Bazar da Fraternidade, que aconteciam uma vez ao mês.

Quando Nicette estudava com o professor Maury, ele a indicou para a presidência da casa, onde ela ficou de março de 1979 a março de 1986. Em março de 2004, ela participou de uma segunda gestão. Pelo seu belo trabalho social, Nicette chegou a ser condecorada com a Comenda da Paz Chico Xavier, o que intensificou ainda mais a responsabilidade ao seu trabalho social. Para Nicette é de suma importância o artista estar sempre envolvido numa causa social.

> "Todo artista condensa uma ação social. Se ele não estiver envolvido em alguma causa social, acho de extrema importância que se envolva. O artista pode acalentar e ajudar muitas pessoas que precisam de uma palavra ou de uma mão amiga para dar um sentido maior a vida. Ser artista não é só exercer sua arte, é também se solidarizar com o outro".

CAPÍTULO 22
A PARTIDA DE PAULO

Em 24 de Setembro de 2018, quando Nicette Bruno participou do programa "Conversa com Bial", na Rede Globo, o apresentador questionou sobre quais foram as últimas palavras que Paulo disse a ela, antes de sua partida. Nicette explicou que nos últimos momentos ele já estava sem consciência, mas na última conversa que tiveram ele disse o seguinte: "Viva muito, trabalhe com o que você goste e não perca sua alegria". E foi essa frase que deu força e incentivou Nicette para que ela se mantivesse erguida para seguir em frente. E claro, que não foi fácil Quando se perde de alguém querido, nunca é fácil, principalmente quando esse alguém é o grande amor de sua vida. Nicette e Paulo tinham uma relação sólida, feliz, com muito amor, cumplicidade e parceria. Um casal exemplo para todas as pessoas que conviviam com eles e principalmente para o público brasileiro que sempre os amaram e os tinham como referência de casamento e família.

"Depois que Paulo se foi, continuei trilhando minha caminhada terrena, realizando meu trabalho, fazendo aquilo que ele gostaria que eu fizesse que é continuar com alegria, com força para trabalhar, com os filhos, amigos, netos, bisnetos. E a lembrança dele sempre presente", conta Nicette, que faz questão de frisar o quanto Paulo era um ser humano ímpar, sempre com palavras conselheiras. Ela conta ainda que Paulo tinha sempre uma palavra amiga, sempre uma lição a transmitir.

Em 13 de março de 2014, aos 81 anos, Paulo perdeu a batalha que travava contra o câncer. Amado e querido por todas as pessoas que cruzavam seu caminho ou conviviam com ele, foi uma perda irreparável para as artes brasileiras e principalmente para Nicette. Juntos eles trilharam uma carreira de sucesso, um torcendo pelo outro, não havia competição. Juntos eles construíram uma família muito bem estruturada e feliz. Casa cheia sempre, recheada de netos, bisnetos, filhos e amigos em almoços ou jantares que nem sempre era para se comemorar alguma data festiva, as vezes era apenas para comemorar a vida e receber as pessoas que amavam. Eu mesmo participei inúmeras vezes desses encontros. Uma vida plena e construída com muito suor e trabalho.

A perda de Paulo foi dura para Nicette, mas ela, com sua espiritualidade, tem uma outra compreensão sobre esse momento da morte: "Tenho uma maneira de enxergar o mundo de uma outra forma e isso me dá suporte. Quando perdi Paulo, consegui superar por ter a convicção, a fé, a certeza de que a vida não começa no berço e termina no túmulo. Acredito na continuidade. E, apesar de sofrer muito, apesar de sentir a falta constante dele, tenho certeza de que nos reencontraremos. A dor é imensa, o vazio perdura ainda, a saudade vai ficar eternamente".

Em determinado momento, Paulo chegou acreditar que estava curado do câncer e pensava escrever um livro para retratar a sua batalha e o seu tratamento. Dessa forma, pensava que poderia ajudar outros pacientes, assim como familiares, a terem forças e superarem. Em 2012, ele passou um tempo internado para se submeter a quimioterapia. A alta do Hospital Beneficência Portuguesa, em São Paulo, foi dada no dia 4 de outubro de 2012, mas, durante o tratamento, antes da internação, Paulo participou das filmagens do filme *O tempo e o vento*, adaptação para o cinema do clássico de Érico Veríssimo, com direção de Jayme Monjardim.

Com a piora da doença, ele foi internado novamente no dia 8 de janeiro de 2014 no mesmo hospital. No mês seguinte, no dia 26 de fevereiro, Nicette e ele completaram 60 anos de casados e a família inteira foi para o hospital comemorar. Foi o último encontro com sua família, um encontro de despedida, pois 15 dias depois Paulo partiu. Um final feliz cercado com as pessoas que amava, mas doloroso pela devastação da doença. Mesmo com a dor do sofrimento, Nicette foi até o saguão do hospital acompanhada pelos filhos e netos para falar com a imprensa e deu o seguinte depoimento: "Foi um final dolorido, mas foi uma passagem muito em paz, com muito amor com todos os filhos e netos ao lado dele. Eu de mãos dadas com ele porque nosso amor é eterno. Então vamos ter esse momento de separação, mas estaremos juntos sempre".

Quando descobriu seu câncer no mediastino, Paulo acabou dando algumas entrevistas sobre o assunto, nas quais sempre comentava que não pensava em parar de trabalhar. Dizia que o trabalho era uma coisa tão boa e tão necessária. Certa vez, ele deu um depoimento à Revista Contigo, no qual falou tranquilamente sobre o fato de estar doente: "Quando você está com essa doença, as pessoas ao redor ficam com um pavor enorme. Você fala câncer e as pessoas dizem 'Ai, meu Deus!' Claro que é uma doença difícil, mas nada acontece por acaso".

Mesmo com toda a positividade e sendo muito espiritualizado, como tabém o era Nicette, Paulo tinha consciência de que não iria sobreviver à doença. Quando Nicette e sua família receberam a notícia que Paulo tinha partido, foram todos ao hospital. Nicette, ao lado de Paulo estava inconsolável. "A última coisa que nós todos dissemos para ele foi "vai em paz, você agora não vai ter mais sofrimento. Você está livre." E depois disso, é logico, eu desabei", ela conta.

O casal Nicette e Paulo já está marcado na vida de amigos e do público brasileiro. Mesmo com sua morte é difícil desassociar o casal. Sempre que estamos na presença de Nicette, temos a sensação de que Paulo está ali ou está para chegar a qualquer momento. Não foi fácil como ela diz, liberá-lo para sua passagem, mas foi o mais certo, humano e respeitoso com ele.

"Com tanto sofrimento no final, não era justo que eu prendesse ele aqui. Não preciso prender, ele já está dentro de mim, e vai ficar eternamente. Ele agora deixa uma grande saudade, uma grande lembrança e essa grande paz".

O jovem galã Paulo Goulart - Acervo Pessoal Nicette Bruno

PALAVRAS DE PAULO

Paulo Afonso Miessa nasceu em Ribeirão Preto, interior de São Paulo. A primeira vez que pisou no palco foi aos 8 anos, fazendo parte de um grupo escolar num espetáculo infantil, inspirado nos Barqueiros do Volga. Em 1951 iniciou sua carreira como locutor de rádio. Seu tio, Airton Goulart, era locutor numa estação de rádio em Olímpia e Paulo fez testes na mesma rádio. Quando ele começou a trabalhar lá, as pessoas começaram a chamá-lo de sobrinho do Goulart. A partir daí, seu nome artístico virou Paulo Goulart. Foi um acaso. Não demorou muito, foi contratado pela TV Paulista, tornando-se um dos galãs da emissora. Estreou na novela Helena e, em 1954, fez *Destino em apuros*, seu primeiro filme. Nessa mesma década, como já falamos anteriormente, ele foi convidado para um teste no Teatro de Alumínio, onde conheceu a mulher que estaria para sempre em sua vida: Nicette. Fez o teste e passou para o espetáculo *Senhorita minha mãe*. Daí em diante nunca mais parou e construiu uma carreira prestigiada de muitos sucessos, com 60 peças de teatro, 60 novelas e 30 filmes. Umas das grandes características do Paulo era seu humor, além de ser uma pessoa com muita luz e ensinamentos, como muitas frases e pensamentos que registro aqui para homenageá-lo.

"A vida é um aprendizado permanente. Se não exercitar a paciência e o entendimento, briga-se por bobagem".

"O tempo é o melhor remédio do mundo. Ele revela toda e qualquer fotografia".

"Sempre é tão bom a gente poder contar a história, não é? Meu Deus! Você passa uma vida e não tem uma história para contar, você não viveu".

"Quando eu era rapazinho, tinha muita vontade de ser piloto. Meu pai foi piloto civil, mas minha mãe tirou da minha cabeça. Deus me livre, já bastava o pai pilotando lá um teco-teco daqueles. Mas voar sempre foi um sonho".

"A novela é uma obra coletiva, não tem essa coisa de falar que aquele é um bom autor ou não. E, se pensar essas coisas, você vai criando processos de vaidade, começa a criar determinados conceitos que não valem a pena".

"O teatro é uma arte viva, já que tem a presença das pessoas, então existem técnicas e processos que são, em realidade, bem rudimentares".

"Eu tenho sempre uma curiosidade para encontrar novos caminhos quando o assunto são novos personagens".

"Na novela você ganha tempo por ser uma obra aberta e dá tempo de você se enquadrar. A novela te permite fazer experiências, mudar coisas. E a minissérie não dá para mexer, é como no cinema".

"Se você é antagonista não pode ter receio, tem que ir fundo. Porque é o que dá o equilíbrio".

"A gente não pode querer fazer novela recuando, dizendo 'vou me poupar, não vou me atirar', as coisas que me deram certo foram sempre através de mergulhos, de se entregar totalmente ao personagem, de abastecer o diretor..."

"Quando me perguntam como que eu faço para decorar os textos, eu sempre digo que primeiro eu estudo. Não é uma coisa só de você ficar decorando igual um maluco! Quando você estuda uma novela, você passa a ter o olhar do autor e a questionar por que ele escreveu aquela cena..."

"Quando me perguntarem qual o trabalho de que mais gostei, minha resposta sempre será: "o próximo... Porque a gente está sempre querendo fazer melhor."

"A boa cama e a boa mesa, vivenciadas com amor, são a receita infalível para a família aumentar e felicidade gerar..."

"Todos nascemos com uma missão a cumprir! Procuro cumprir a minha vivenciando a moral espírita e seguindo os fundamentos básicos da doutrina: vivenciar a verdade, não julgar, estudar sempre, não me acomodar, ser generoso.

Enfim, fazer a nossa parte, criando assim a sintonia com o polissistema espiritual. Além dos já enumerados, aprendemos que não existe efeito sem causa!".

"Nicette é a minha grande parceira na vida e na profissão, sempre foi uma pessoa da maior importância na minha vida. É extremamente equilibrada nas suas análises. Talvez, até exigente demais. Eu sou um pouco mais anárquico, e é por isso que dá certo, sabe? A Nicette tem uma preocupação e um rigor com os dela que é extremamente bonito. É a parceira".

Paulo em cena no filme Deserto Sangreto - Acervo Pessoal Nicette Bruno

CAPÍTULO 23
UM BRINDE À VIDA: UMA HOMENAGEM ÀS ATRIZES BRASILEIRAS.

Durante nossos encontros semanais, um dia perguntei a Nicette: quem são as atrizes brasileiras que você admira? "São tantas atrizes que admiro, que seria injusto eu dizer que tenho uma favorita. Tenho várias! Cada uma com sua característica. Cada uma com seu brilho, talento e espaço. Temos uma constelação de grandes atrizes brasileiras", ela respondeu.

Começamos por Itália Fausta mencionada por Nicette de cara. Nicette disse que só de olhar Itália com sua voz poderosa e com seu ar austero, já se envolvia e ficava vidrada na sua atuação. "Itália foi a atriz com maior temperamento pra grandes personagens trágicos e dramáticos. Ela era um espetáculo!", comentou. Segundo o grande crítico Yan Michalslki, Itália era capaz de interpretar com maestria alguns dos grandes papéis que consagraram Eleonora Duse e Sarah Bernhardt.

Depois, Nicette mencionou sua mestra Dulcina de Moraes, a quem já destacamos em alguns capítulos dessa biografia. "Dulcina tinha um tempo de comédia maravilhoso e era muito elegante no palco. Uma grande mestra dentro e fora de cena!", conta Nicette.

Outra atriz mencionada foi Cacilda Becker, que nos deixou em muito cedo, com apenas 48 anos. Quando fazia uma sessão da peça Esperando Godot, de Samuel Beckett, em 1969, com direção de Flávio Rangel, ela sofreu um derrame cerebral e morreu 38 dias depois. Segundo Nicette, "Cacilda era daquelas atrizes viscerais que mergulhava profundamente nos seus personagens".

Eva Todor também está na lista de Nicette. Para ela a húngara Eva Fódor Nolding era única na sua maneira de interpretar, levando para o teatro, deliciosas comédias de costumes brasileira. Nicette diz que "ela tinha um ar de menina levada em cena. Fazia tudo com muita graça e um pouco de ousadia, mas tudo sem extrapolar. Mas no final o riso era certo!".

Dercy Gonçalves, a quem conheceu muito bem, já que foi amiga de sua mãe Nonoca, também mereceu um destaque de Nicette. Uma das mais queridas atrizes e comediantes brasileiras: era amada pelo público, mesmo com os palavrões na ponta da língua. "Dercy era debochada, sarcástica e muito sincera também. Era a única que podia falar palavrão que ninguém ficava ofendido. Muitas vezes foi marginalizada e perseguida, mas não se deixava abater. Isso fez dela uma grande artista e uma das mais queridas do país", comentou Nicette.

Tônia Carrero foi também lembrada por Nicette. Ela disse que ficava hipnotizada com tanta beleza da atriz. Tônia era considerada a mulher mais bonita das artes brasileiras e deixou sua marca. Nicette conta que "Tônia sempre foi linda, tinha um brilho de estrela que já nasceu com ela, além de ótima atriz. Com a maturidade, ela se tornou mais ousada, se atirando em grandes personagens, se firmando no hall das grandes estrelas do Teatro Brasileiro".

Abigail Izquierdo Ferreira, a inesquecível Bibi Ferreira, também mereceu seu destaque. Ela, que nos deixou aos 96 anos, no dia 13 de fevereiro de 2019, após uma parada cardíaca, em seu apartamento no Flamengo, no Rio de Janeiro, foi uma das mais prestigiadas artistas desse país. Para Nicette ela era muitos mais que uma atriz: "Bibi era um conglomerado das artes brasileiras. Ela não era só uma atriz, mas uma diretora, uma cantora, uma intelectual, uma personalidade cultural. Ela era uma artista na sua mais completa extensão. Difícil surgir uma igual!"

Em tão grande magnitude artística, Nicette mencionou a Marília Pêra, que morreu vítima de câncer, em 2015, e deixou o Brasil mais pobre sem o seu talento e sua força de atriz. Umas das maiores perdas do teatro brasileiro. "Marília era grande. Tudo que fazia era maravilhoso, uma perfeição. A gente ria, chorava e se emocionava com ela, sempre. A mais completa atriz brasileira. Uma das maiores do mundo. Que falta que ele faz não só ao público, mas para a classe artística também", comentou Nicette.

Para Nicette, a gama de atrizes brasileiras que a ajudaram a construir a história do teatro no Brasil muito contribuiu para que a profissão tivesse o respeito merecido. Cada uma defendendo com muito talento seu espaço, com seu gênero de interpretação, deixando sua marca. Muitas com quem trabalhou e outras com quem pensou em um dia dividir a cena:

> "Nossa grande dama Nathalia Timberg com sua interpretação visceral, nos deu de presente personagens memoráveis e inesquecíveis, a maior intérprete dramática do Brasil".
>
> "Ana Lucia Torre com sua realidade cênica é daquelas atrizes que você olha, fazendo algum personagem e diz: Nossa, conheço uma pessoa assim. Ana Lúcia é uma grande atriz!"
>
> "Fernanda Montenegro com todo seu domínio e talento é uma universidade de atuação".
>
> "Irene Ravache sempre com muita verdade e simplicidade em cena é grandiosa, uma diva do teatro e da TV".
>
> "Rosamaria Murtinho, nossa querida Rosinha, com sua leveza cênica e talento, é maravilhosa".
>
> "Laura Cardoso com sua intensidade e força cênica, só no olhar já diz tudo e nos arrepia, é fantástica!"
>
> "Eva Wilma, a amada Vivinha, com seu estilo único e talento imenso, abrilhanta qualquer trabalho. Um primor de atriz!"
>
> "Suely Franco com sua garra e entrega, cantando, emocionando e divertindo, é um luxo atuando!"

Nicette com Nathalia Timberg, Theresa Amayo, Ana Botafogo, Cacau Hygino, Françoise Forton, Marcelo Del Cima, Beth Goulart, Alcione Mazzeo, Suzana Faini e Marcus Montenegro - Foto de Anderson Souza

Nicette vai mais adiante e fala da necessidade do estudo eterno na vida do ator e destaca também aquelas atrizes que, além do seu talento, contribuíram para a formação de novos atores e para reciclagem de muitos. Nesse momento, destaca Camilla Amado como uma grande mestra: "Camilla Amado tem uma importância muito grande na educação dos jovens e veteranos atores. Através da sua sabedoria e cultura, ela passa seus ensinamentos, contribuindo para a melhor qualidade artística de seus trabalhos. Sem contar a excelente e experiente atriz que ilumina nossos palcos. Uma grande mestra!"

Zezé Motta e Ruth de Souza também foram mencionadas por Nicette, não só pelo talento enorme, mas por serem as grandes representantes do artista negro no Brasil: "Ruth de Souza e Zezé Motta, além de maravilhosas, são duas grandes representantes do artista negro brasileiro. Elas foram as grandes responsáveis, por desbravar o espaço do ator negro no Brasil. Graças a elas, muita coisa mudou para melhor!"

Ao final da conversa, falei para Nicette: "vamos fazer um encontro com suas amigas e colegas de profissão, mas misturando com a geração atual e registramos esse encontro para o livro?" E ela respondeu: "Que ideia maravilhosa! Vamos comemorar a vida!". Eu disse: "O capítulo pode se chamar Um brinde à vida". Na mesma hora começamos uma lista, que dava para fazer três encontros: Nathalia Timberg, Eva Wilma, Irene Ravache, Laura Cardoso, Suely Franco, Rosamaria Murtinho, Cristina Pereira, Regiana Antonini, Nívea Maria, Fernanda Montenegro, Claudia Raia, Glória Pires, Isabelle Drummond, Zezé Motta, Leiloca, Fabiana Karla, Françoise Forton, Adriana Garambone, Dhu Moraes, Totia Meireles, Cristiana Oliveira...

Ela não queria deixar ninguém de fora, mas veio a pandemia e adiamos o encontro. Foi quando ela me sugeriu que esse encontro fosse em seu aniversário, no dia 7 de janeiro de 2021.

CAPÍTULO 24
NETOS E BISNETOS: UM TEMPERO DIFERENTE.

Que a família sempre foi o bem mais precioso de Nicette, isso o Brasil inteiro já sabe, mas, com a chegada dos netos e bisnetos na sua vida, isso se acentuou ainda mais. Nicette teve oito netos e cinco bisnetos. E por ela, ainda teria mais, o que não falta é animação e disposição. Começamos a lista de netos de Nicette por Vanessa, que em arte usa Vanessa Goulart, e seus irmãos, Eduardo e Leonardo de Michelli, filhos da atriz Bárbara Bruno. Eduardo tem duas filhas com Flavia que são Bruna e Bia, bisnetas de Nicette. Por parte da filha Beth Goulart, Nicette tem o neto João Gabriel Miessa Carneiro, que em arte usa o nome de João Gabriel Carneiro, casado com Camila Avancini, com quem têm uma filha chamada Maria, outra bisneta de Nicette. Já por parte do filho Paulo Goulart Filho, Nicette tem os netos Clarissa Mayoral, Luana Miessa, Paula Miessa e João Pedro. Paulinho tem duas netas que são a Clarinha, filha de Clarissa e Yvy que é filha de Paulinha, fechando a lista de bisnetos de Nicette.

Com uma família tão numerosa, Nicette diz que passa um filme na sua cabeça em relação aos seus filhos com a chegada de netos e bisnetos. Ela teve a oportunidade de vivenciar o que passaram Barbara, Beth e Paulinho com a chegada dos seus filhos, dá mesma forma que ela e Paulo quando tiveram os três. As dúvidas, insegurança, incertezas na condução de caminho na vida e na educação de seus filhos aparecem. Sempre um sofrimento, no bom sentido, para escolher o melhor caminho para eles. Hoje ela diz que, diante dos netos e bisnetos, já mais experiente com o tempo, o sofrimento ficou menor do que quando ela se tornou mãe. Não se sente mais na responsabilidade da criação, mas continua atenta para ajudar seus filhos na orientação de seus netos e desses netos com seus filhos. Para ela, ser avó e bisavó, tem um diferencial: "Ser avó é um tempero a mais na vida, depois esse tempero se amplia, quando viramos bisavó. Algo maravilhoso, inexplicável! Um tempero diferente!".

Nicette não é rígida e não dita regras, porque além de achar uma coisa do passado, para ela, isso não funciona. Ela segue a mesma linha que sua mãe Nonoca seguiu com ela, sempre dando bons exemplos e conversando. Para Nicette, dar bons exemplos é mais importante na educação de crianças e dos jovens do que falar sobre comportamento e exigir posturas. Ela diz que concorda com a frase que o bom exemplo vem de casa. Se dando bons exemplos, eles se perpetuarão. Ao menos, foi assim que fez com seus filhos e deu certo. E a felicidade de conseguir chegar a ser avó e bisavó, aos 87 anos, não é para qualquer um. Ela se sente muito realizada por isso: "Sou uma privilegiada! Ser avó e bisavó para uma mulher é um sonho. Eu consegui chegar lá!".

Uma das coisas que ela mais preza no relacionamento com seus netos e bisnetos é a individualidade de cada um. Ela transmite a essência de um processo de educação que acha correto, porém, ela transmite esse processo de uma forma que seja aceita por cada criança, já que cada uma tem uma individualidade diferente. O diferencial está na maneira com que trata cada um dos seus netos e bisnetos. Isso faz com que eles tenham um ótimo entrosamento, um equilíbrio nas relações.

"Se a gente respeita nossos netos e bisnetos, automaticamente eles nos respeitam. Isso torna a nossa relação mais feliz e amorosa!"

CAPÍTULO 25
UMA ESTRELA BRILHA NO CÉU

O encontro que nós programamos para reunir atrizes, amigas e colegas, da velha e da nova geração, em seu aniversário, no dia 7 de janeiro de 2021, infelizmente não aconteceu. Nicette deixou esse plano e foi ao encontro de Paulo Goulart, seu grande, verdadeiro e único amor, antes mesmo que a reunião acontecesse. A Pandemia do Covid 19, que assolou o mundo com muitas mortes, chegou até Nicette e ela não resistiu.

Bastidor do filme Helena - Foto de Carol Faria

Morando no mesmo condomínio que as filhas Bárbara e Beth, no Recreio dos Bandeirantes, Rio de Janeiro, ela sempre tinha a presença das duas em sua casa, mas ficou 10 meses protegida, numa redoma, afastada de tudo e de todos. Mesmo assim, infelizmente, ela contraiu o vírus. Nicette, de início apresentou sintomas bem leves, ficava quietinha no quarto em repouso. No quinto dia de sintomas, a oxigenação começou a cair e Nicette foi levada ao hospital, sem que tivessem o intuito de interná-la. O exame pulmonar apresentava um quadro ainda leve, mas a doença é traiçoeira, vai avançando silenciosamente. A oxigenação, de repente, caiu mais e o médico achou melhor optar pela internação na unidade semi-intensiva. Nicette foi internada em 26 de novembro de 2020, na Casa de Saúde São José, no Rio de Janeiro.

Logo nos primeiros dias de internação, uma enfermeira da família acompanhou Nicette e fazia videochamadas com os familiares. Sempre acompanhada na vida por muita gente, naquele momento, Nicette afastada dos filhos e dos amigos por causa da doença, ela estava assustada com tudo o que estava acontecendo, mas confiante em sua recuperação. No Rio de Janeiro, Nicette foi acompanhada pelo Dr. Bruno Bussade e sua equipe, também pelo Dr. Marcelo Sampaio, médico da família em São Paulo.

Quando o quadro clínico da atriz piorou, para evitar um procedimento emergencial, que é algo muito agressivo, Dr. Bruno decidiu sedá-la e intubá-la enquanto ela estava estável, porque a sedação diminui o sofrimento. Antes de concretizar o ato, Dr.Bruno pegou em suas mãos e conversou bastante com Nicette, a fim de confortá-la. Muito querida pelos brasileiros, a pedido da filha Beth Goulart, uma corrente de oração foi feita em todo Brasil, pelas Redes Sociais.

Todos os dias às 18 horas, amigos, fãs e o público de uma forma geral participavam de orações a Nicette, em prol de sua recuperação. Após alguns dias respondendo bem ao tratamento, infelizmente, seu quadro clínico piorou ainda mais e de uma hora para outra. No dia 20 de dezembro de 2020, as 11h40 da manhã, Nicette partiu, deixando o Brasil órfão, pois perdemos um grande ser humano, além de uma grande artista brasileira.

O corpo de Nicette foi velado e cremado no dia 21 de dezembro de 2021, no Crematório da Penitência, no Cajú, no Rio de Janeiro. Com acesso controlado, por causa do Covid 19, parentes e amigos mais íntimos participaram da cerimônia. Depois as cinzas foram levadas para São Paulo, no Cemitério da Consolação, no Jazigo da família, onde o marido Paulo Goulart está enterrado. A Missa de sétimo dia aconteceu na Paróquia Nossa Senhora da Paz em Ipanema, no Rio de Janeiro.

Não existem palavras para mensurar sua morte, uma comoção nacional, há muito tempo não vista no Brasil com a perda de uma atriz, e fora do Brasil também, porque Portugal chorou sua morte. Nossos encontros, que deram origem a esta biografia, aconteceram com muita felicidade em sua casa, durante almoços e lanches deliciosos, onde nunca faltava um docinho e aquele cafezinho ao final. Eu acabava de comer e Nicette sempre comentava: Você comeu pouquinho, come mais! Ela sentia uma alegria em ver eu me deliciando com sua comida maravilhosa. A amabilidade e o carinho estavam sempre presentes para quem frequentava a sua casa.

Um dia, fizemos um ensaio fotográfico para esta obra com a fotógrafa e querida amiga Vera Donato, que já compartilhou muitos dos seus cliques em meus livros. E lá fomos nós para uma tarde de fotos. Eu achando que faríamos dois "looks" apenas. Começamos às onze da manhã e acabamos quase às seis da tarde, com Nicette sempre animada. Marilda, sua amiga de longa data, moradora de Teresópolis, nos ajudava com os "looks" de Nicette para as fotos. A cada click eu perguntava se ela já estava cansada, se gostaria de parar e a resposta sempre era: "Não, é bom a gente ter variedade". A incansável Nicette, muito solícita e sempre aberta a contribuir, com um sorriso no rosto, cheia de disposição.

Quando a situação da Covid-19 começou a piorar no Brasil, resolvi me afastar da sua presença, para preservá-la da cruel doença. E, quase na reta final do livro, tivemos umas conversas complementares, que aconteceram por meio de vídeos, gravados por sua filha Beth, nos quais ela respondia minhas perguntas. Outras vezes, batemos longos papos por telefone. Durante a pandemia, participamos de duas "lives" juntos. A primeira para o Programa Português, "Os dois à quinta", com realização da Aralc Media Group, apresentado por Francisco Chaló e produzido por Gisela Chaló Gomes, sua irmã. Nesse programa participamos eu, Nicette, Beth e Bárbara. Gisela armou uma surpresa para Nicette. O trio musical português Simple Sound tocou, ao vivo, o hino de amor do casal Nicette e Paulo: "Eu sei que vou te amar". Nicette não se conteve em lágrimas, foi um momento muito emocionante e inesperado. Participamos também de uma "live" com a jornalista Ana Ramalho, no Facebook, eu, Nicette e Beth Goulart.

Em 19 de Janeiro de 2021, a Arquidiocese do Rio de Janeiro a concedeu a atriz e Embaixadora do SUPERA, Nicette Bruno, o Prêmio São Sebastião de Cultura na categoria "In Memorian", conferido pelo Conselho Consultivo da Associação Cultural da Arquidiocese do Rio de Janeiro. Junto com sua filha Beth Goulart, a atriz foi Embaixadora por quase dois anos do Método Supera: ginástica para o cérebro, onde também foi aluna e fazia aulas semanais.

Este é o último capítulo de Nicette Bruno: Mãe de todos. Sua vida na terra se encerrou junto com esse livro. Uma mulher dedicada à família e às artes cênicas, com base no amor e na compreensão do outro. Uma espiritualidade que lhe dava a tranquilidade de caminhar a cada dia, sabendo que a vida não acabava aqui. Na sua visão, aqui a vida começava.

Antes de ser internada, nos falamos para combinarmos esse capítulo final e ela me disse: "Já já vou melhorar e você vem aqui almoçar comigo!" Não deu tempo de almoçarmos, não tive tempo de me despedir. Então, esta obra é uma grande homenagem a Nicette, uma despedida final. Término este livro com um aperto no coração. Escrevi sua história e ela não está mais aqui para dividir comigo este momento de glória. Mas, por outro lado, término com a sensação de dever cumprido.

Tive a honra e o privilégio de poder deixar seu registro para história das artes cênicas brasileira, para que as futuras gerações saibam quem foi a grande mulher e artista Nicette Bruno.

Com ela, aprendi que artista não se faz apenas atuando, mas acima de tudo se doando. Escrevendo essas palavras finais, eu sinto uma alegria e uma dor ao mesmo tempo. Uma dor chamada saudade. Não sei como explicar. Não sei como definir esse sentimento. É difícil preencher um vazio por alguém que amamos muito, alguém que o Brasil amou muito e que vai continuar para sempre amando. Eu só sei que agora seu brilho transcende a Terra. Nicette, agora, é uma estrela que brilha no céu.

Foto de Léo Ornelas

"Sempre foi um grande privilégio e uma alegria imensa eu poder pisar no palco e ter contato com o público. Uma troca de energia inexplicável. Um presente de Deus, uma benção. Sempre foi alegre, porque sempre fiz o que amo. Construí minha vida na arte. Tive, na vida, o contato com o amor: o amor do Paulo, dos meus filhos, dos meus netos, dos meus bisnetos, dos amigos e do público. Por isso sou alegre e feliz. Quando eu partir, nada de tristeza! Vou levar essa alegria e felicidade juntos comigo e do Paulo. E quero que todos fiquem muito felizes também!"

Nicette Bruno.

POSFÁCIO

Eu já sabia da Nicette e do Paulo, desde muito jovem no Rio de Janeiro. Eles faziam teatro juntos e, para nós, o casal era uma referência por terem uma companhia, produzirem e atuarem juntos. Mas eu nunca tinha trabalhado com eles. Quando fui fazer a novela *Beto Rockfeller*, no final da década de 60, foram dois anos dessa novela, eu fazia a irmã do Beto, interpretado pelo ator Luís Gustavo. Os nossos pais eram interpretados pelos atores Jofre Soares e Eleonor Bruno, a famosa Nonoca, mãe de Nicette.

Eu achava a Nicette muito parecida com Nonoca, aliás a família inteira se parece, mas Nicette tem muito o jeito da Nonoca. Ela tem uma coisa brejeira, que ri primeiro com os olhos. Um olhar que ao mesmo tempo em que é convidativo tem uma timidez. Encantadora, leve e divertida. Além de tudo isso, elas são muito meigas. Essas características são muito marcantes nelas. Foi muito fácil ser filha na ficção de Nonoca por causa da sua maneira muito acolhedora, divertida e sempre com seu texto em dia. Nós realmente nos sentíamos como se fosse nossa família, fora que seu entrosamento em cena com Jofre Soares era enorme, e isso contribuía ainda mais para nos sentirmos dentro do âmbito de uma família. O núcleo de nossa família na novela carregava a personalidade do protagonista Beto Rockfeller, mas muito desse nosso entrosamento foi dado por Eleonor e Jofre. Estou frisando nessa característica da família, porque Nonoca imprimiu isso em Nicette. Se você me perguntar, diga em duas características quem é Nicette Bruno, vou lhe responder: brejeirice e família.

Outra coisa é sua forma de lidar com jovem ator, já tive a oportunidade de presenciar isso, ela é extremamente receptiva com o ator que está começando. Também me chama atenção em Nicette a sua agilidade, ela vai para prática e não fica esperando as coisas acontecerem. Fomos gravar uma cena no último capítulo da novela *Éramos seis*, no remake de 2020, onde reuniram as três Lolas: Gloria Pires, da versão atual, eu, de 1994, e Nicette, de 1977. Foi a primeira vez em que vi Nicette chegar num set e ir para o camarim se deitar, isso me chamou atenção, porque nesses anos todos que a conheço, a imagem é que ela tem rodinha no pé.

Ela tinha acabado de passar por uma cirurgia e estava se preservando, mas, na hora em que a camareira falou "Tá na hora de vestir vocês", você pensa que ela esmoreceu? Nada, levantou na mesma hora e sabia exatamente cada parte do hábito de freira que teria que se vestir. Eu até brinquei com ela: "Você sabe, né, Nicette, não é sua primeira freira!" E ela me respondeu: "Já perdi a conta de contas freiras eu já fiz!" E caímos na risada! E, ali do lado dela, tinha um sapatinho de salto, acho que até o chinelo que Nicette usa tem salto. Ela está sempre arrumada, nunca a vi desarrumada. Na novela *Pega pega*, ela tirava a peruca dela enroladinha, depois dava um trato no seu cabelo e saia impecável da emissora. E nós saíamos destruídas, completamente desarrumadas e exaustas.

Quando o Paulo, faleceu eu imaginava que Nicette fosse desmoronar, porque quando se tem um casamento de muitos anos e uma parceria, você imagina que a pessoa vá entregar os pontos. Na hora do enterro, ela estava evidentemente arrasada, sentindo uma dor imensa, muito triste, mas manteve a elegância da dignidade. Era uma forma de homenagear o seu grande companheiro de vida. Foi muito tocante presenciar isso. Não muito tempo depois, voltou ao trabalho. O seu lamento, sua dor e sua saudade, ela não contaminava no seu ambiente de trabalho. Nicette tem a compreensão da vida, por causa da sua profunda espiritualidade e carrega o amor dentro dela.

IRENE RAVACHE, ATRIZ

DEPOIMENTOS

ADRIANA GARAMBONE, ATRIZ

Fizemos juntas o musical *Pippin*, em 2018, da dupla Moeller e Botelho. Dividíamos o mesmo camarim. Trabalhar com Nicette no teatro foi uma aula! Não é fácil manter a serenidade, a alegria e a generosidade em meio ao caos que se instala perto de uma estreia, e ela estava ali, tranquilamente, diariamente nos mostrando que é possível! E que atriz! Quanto talento! Uma Rainha!

ANA BOTAFOGO, BAILARINA

Falar de Nicette é sempre uma alegria. Nicette é acolhimento, simpatia e palavras certas na hora certa. Eu a conheci como atriz e tive a oportunidade de vê-la não só na televisão, como no teatro e a admirava muito, bem como a toda sua família de queridos artistas. Paulo, Bárbara, Paulinho e Beth, todos atores, atrizes e bailarinos. Na dança, havia seu filho Paulo e a neta Paula, que conheci porque fazíamos aula na mesma companhia, quando eu ia a São Paulo como convidada do Studio 3.

Nicette ia muitas vezes me assistir no Teatro Municipal do Rio de Janeiro, e como sempre, ao final do espetáculo, ia falar comigo, me abraçar, me beijar e era aquele cumprimento carinhoso que todo artista gosta de receber. Tinha sempre uma palavra para enaltecer, mas mostrava que estivera atenta aos diferentes momentos de interpretação do ballet.

Nicette não só era aclamada pelo público, mas os amigos sempre falaram com muito carinho dela. Todos mostravam sua generosidade e ela falava palavras sábias que tocavam o coração.

Uma vez, fui chamada para participar de uma leitura de peça, onde no elenco estavam Nicette e Paulo. Eu era a única que não era a atriz de profissão. Fui chamada para esse exercício maravilhoso, que era estar num palco de teatro, somente para uma leitura teatral. Adorei essa experiência, esse treinamento que acho fundamental também para qualquer ator. Como bailarina intérprete, achei que isso também era importante para meu desenvolvimento enquanto artista e aceitei o desafio. Nicette sabendo que eu era uma novata em leitura dramatizada se ofereceu a me ajudar e carinhosamente me acolheu, me recebendo em sua casa, para conversarmos sobre o personagem e fazermos também uma primeira leitura, para que, depois, pudéssemos ir para o palco.

Ela me recebeu, deixando-me bastante à vontade, explicando como seria todo o processo, e claro, depois tudo terminou em música, em piano! Ela tocando e Paulo também. Foi uma grande, grande alegria! Depois disso meu carinho por Nicette ficou mais do que especial, como se ela fosse uma madrinha (talvez nunca tenha sabido disso) me ajudando, num momento em que eu precisava, numa ação que não me era tão familiar. Assim era Nicette. Nicette sempre recebeu seus amigos, os amigos de seus filhos e os mais inexperientes com esse carinho, mostrando a generosidade da atriz e da pessoa. Estar perto de Nicette sempre foi uma nova descoberta.

Nicette será sempre lembrada por esse aconchego, carinho e atenção. Penso que ela sempre fez que gostaria que os outros fizessem pelos seus filhos. Eu ali me senti assim, alguém da sua família, sendo acolhida com amor. Sua família era o reflexo dessa sua maneira de ser. O sentimento de elo, de união esteve sempre presente junto aos amigos e familiares de Nicette. Entrega e despojamento a descrevem bem. Alegria, felicidade, amor, também. Essa é a Nicette que conheci.

ANA LÚCIA TORRE, ATRIZ

Falar de Nicette é falar sobre vida. Ela era a pessoa que mais me inspirava através da vida, vida de artista, vida de mulher, vida de mãe, vida de generosidade, vida de alegria... Sempre acompanhei Nicette, estava sempre procurando o que ela estava fazendo, onde ela estava e como ela estava. E cada dia essa mulher tinha mais atividades. Ela era de uma vitalidade invejável, para qualquer um de nós. Simplificando o que seria a Nicette, como ela era espírita e eu também, eu diria que ela era um ser que encarnou e disse ao que veio. Era impressionante! E o melhor de tudo que compartilho com vocês: ela era a pessoa mais simples que eu conhecia, por isso, ela era grandiosa.

ANGELA VIEIRA, ATRIZ

Eu conheci Nicette no início da minha carreira praticamente, junto com Paulo, que fazia um par comigo numa novela chamada *A idade da loba*, em 1995, na Bandeirantes. Acabei ficando amiga da Nicette também. Ela era uma pessoa muito generosa, que gostava de estar com outras pessoas. Ela era agregadora, fazia lanches deliciosos no apartamento da Lagoa. E o último trabalho que fiz com ela foi na novela *Pega pega*, em 2018, na Rede Globo. Ao longo da vida, eu cruzava volta e meia com Nicette e com Paulo no trabalho. Ela sempre foi uma pessoa muito espiritualizada, uma pessoa otimista que tinha sempre um olhar generoso de compreensão e de força para a vida, então era muito bom estar com ela, além de ser muito bem-humorada. O camarim com a Nicette era muito engraçado, porque ela sempre tinha observações ótimas, carregadíssimas de humor. Então eu só posso dizer que eu me sinto muito feliz, por ter participado um pouco, por ter tido um pouco da Nicette na minha vida, não só profissional, como pessoal durante um tempo. Acho que ela será lembrada eternamente como uma das grandes atrizes que tivemos e um grande ser humano que foi.

BARBARA BRUNO, ATRIZ, DIRETORA, PRODUTORA E FILHA DE NICETTE

Quando nasci, um anjo torto me disse: vai, Bárbara, ser filha da Nicette na vida...

Comecei a dar os primeiros passos e percebi que só se fica em pé quando se respeita e se enfrenta o desequilíbrio. Nicette estava lá...

Comecei a falar e percebi que a palavra tem peso e responsabilidade. Nicette estava lá...

Comecei a me rebelar, bater na sopa, impor minhas vontades. Nicette aguentou... E estava lá.

Adolescência, juventude, maternidade, maturidade. Nicette aguentou, esteve sempre lá...

Hoje, quando me olho no espelho e reconheço traços de Nicette, sejam físicos ou de caráter, me lembro de Cecília Meireles: "Em que espelho ficou perdida a minha face?" Eu não perdi, porque Nicette estava lá!

BETH GOULART, ATRIZ, DIRETORA, ESCRITORA E FILHA DE NICETTE

Sou uma privilegiada! Ser filha de Nicete e Paulo é como ser ungida pelo amor! Minha mãe é uma grande mulher, apesar de seus 1,50 de altura. Sua arte mais verdadeira e primordial é o amor. O amor à família, a Deus, à humanidade, ao seu trabalho, aos amigos, a natureza, ao teatro, a música, à poesia, ao próximo, aos animais, à espiritualidade, às crianças e aos necessitados.

Sua generosidade vem de berço, ela veio de uma geração de mulheres fortes, o matriarcado Italiano dos Daniballi Bruno, que começou com minha bisavó Rosa. Veio dela a raiz da generosidade e da fé. Uma mulher dedicada ao trabalho, criou 6 filhos e 9 sobrinhos. Ela era médica obstetra, foi professora de canto e cantora lírica. Toda a família dela era de médicos e músicos. Trouxe muitas crianças para esta vida e ajudou muita gente.

Aí veio sua filha mais velha, minha avó Eleonor Bruno, que se doou a nós. Se dedicou totalmente a mamãe e a nossa criação, além de ser também atriz, médica, jornalista e cantora, ela era múltipla e linda. Conquistou muita gente com sua beleza de alma, com humor e inteligência, com seu talento e seu olhar para o mundo, ela sabia como nos fazer bem. Com ela vivenciei a cumplicidade, era minha melhor amiga, nos entendíamos só com o olhar.

Dessa linhagem sagrada veio minha mãe, que é a grande referência de toda a nossa família. Com um talento nato, ela fez de sua carreira uma trajetória brilhante, trazendo sempre para a cena seu sorriso cativante, seu humor, seu olhar doce e apaixonado pela vida. Teve duas companhias de teatro, três teatros e milhões de amigos e colegas. Sua sabedoria espiritual sempre esteve presente em nosso cotidiano, nas orações e nos ensinamentos, no nosso convívio em cena e fora de cena. Com eles, minha mãe e meu pai, aprendemos o amor e a dedicação ao ofício da interpretação e ao teatro, nosso templo de liberdade e respeito. A importância da disciplina e do estudo. A mesma disciplina que fez dela uma lutadora e vitoriosa. Vitoriosa em seu propósito de vida, em sua força e fé, em se doar e em nos ensinar a doação num sorriso, uma palavra amiga, um gesto de amor. Essa generosidade está presente em tudo.

Acho que o maior aprendizado que recebi de minha mãe foi a espiritualidade e a fé. Sua compreensão profunda da alma faz dela um ser humano excepcional. Uma mulher do bem! Aprendi com seu exemplo o valor do afeto, do carinho, da humildade, de se colocar no lugar do outro, não julgar, procurar entender, de servir a um bem maior. Ser solidária, fraternal e amorosa. Essa generosidade fez dela o símbolo da esposa, mãe e avó do Brasil, um grande orgulho para todos nós. Aprendi com ela que fazer o bem não tem preço, mas tem valor! Este valor que faz dela uma das maiores atrizes brasileiras, uma grande mulher e, para minha alegria e privilégio, minha mãe!

BEMVINDO SEQUEIRA, ATOR

Para dizer a verdade, eu nem lembro como eu e Doia começamos a ser a amigos da Nicette. É uma coisa de outras encarnações, a gente já estava junto. Se perde no tempo a nossa amizade. Nicette era uma pessoa maravilhosa, afável, que recebia todos de coração aberto. Sempre com simpatia, sempre aparando arestas, sempre conciliando opostos, buscando paz e harmonia entre as pessoas. Uma característica de Nicette que para mim ficava muito clara era a capacidade dela de harmonização do ambiente, de harmonizar as pessoas e de aproximar pessoas. De fazer novos amigos, não só para ela, mas todos que estavam em torno dela. Ela apresentava novos amigos uns aos outros.

Nicette era uma catalisadora, junto com o Paulo. Não consigo imaginar Nicette sem Paulo. Claro que aqui estamos falando da biografia de Nicette, mas nunca podemos esquecer a presença de Paulo. O casal era único, uma coisa só. Falar de Nicette é falar de Paulo e falar de Paulo é falar de Nicette. Ela era uma coisa fantástica! Sempre sorrindo, muito atenta, muito esperta, a baixinha era elétrica, digamos assim, ela tinha uma vitalidade incrível! Aos 87 anos, no momento que ela faleceu, era uma Nicette antes de cair doente, pura energia. Nicette era de um brilho maravalhiso. Uma pessoa abençoada, uma pessoa inspirada. A criação dela vem, de fato, de uma fonte divina. Uma lutadora. Um exemplo das artes cênicas brasileiras.

Ela encantava multidões nas telenovelas e no teatro. Mas sobretudo um grande coração, espiritualizada. Eu tive muito prazer em conviver com Nicette. Um dos presentes que eu tive na vida foi privar de amizade de Nicette e Paulo. Após a morte de Paulo, continuei privando da amizade com Nicette. Oxalá toda nossa categoria profissional de artes cênicas tivesse o espírito de Nicette. E quem sabe o espírito de Nicette se derramará sobre todos nós, levando-nos a nos harmonizar mais e mais nessa jornada, nessa profissão, nessa missão de ser artista. Nicette cumpriu isso, a missão de ser artista.

CHARLES MOELLER, DIRETOR E CREATOR

Falar da Nicette Bruno é fácil e é difícil também, porque tem tanta coisa para falar sobre ela. A Nicette vem de uma família de artistas e criou uma outra família de artistas, dentro da casa dela e fora da casa dela. Eu conheço Nicette há muitos anos, assim como Bárbara, Beth, Paulinho, Paulo... desde que eu frequentava o Teatro Paiol, na década de 80, onde tinha uns cursos do Emilio Fontana e às vezes o Paulo ia até lá dar palestras. Era um teatro tão bem usado pela família, um centro de cultura e de grandes espetáculos que eles produziam ou traziam. Coisas lindas eu vi ali dentro!

Eu tenho o maior carinho por Nicette, porque quando cheguei no Rio de Janeiro, eu participava de um projeto no Sesc da Tijuca, que envolvia vários diretores. Era um panteão de ideias e eu participava de uma peça chamada *Master Herold*. E os meninos com Milton Gonçalves e o Maurício Gonçalves. E ela estava com Paulo Goulart fazendo uma peça do Abujamra no mesmo local. Era um grupo praticamente de estudos, de ideias, de novos autores e eu estava estreando no Rio de Janeiro, e ela me deu, junto com Paulo, a minha lendária galharufa, que era um prego do cenário, e eu guardei isso durante anos.

Nicette e Paulo me ajudaram muito no processo da peça. Eu já estava há quase 6 meses fazendo a peça e a Globo me chamou para uma novela. Eu fiquei super dividido e fui conversar com ela e com o Paulo e eles me incentivaram muito a não largar uma coisa e a não perder a outra. E foi um conselho bastante pungente na minha vida. Eu consegui, por 30 dias, conciliar tudo, mas depois a novela ficou itinerante, tive que viajar muito, e eles me ajudaram a sair da produção da maneira mais profissional e bacana possível.

Eu fiquei perto da família a vida inteira. Fiz novela com Paulo Goulart, fiz novela com a Bethinha, teatro com a Bethinha e o Abujamra, a gente ficou se esbarrando pela vida. Eu fui assistir o que eu pude e o que eu não pude deles, com muita reverência sempre. Eu tive a honra e a felicidade de convidar Nicette para fazer a Blanche em *O que terá acontecido com Baby Jane*, onde ela dividia a cena com Eva Wilma. E daí veio toda a experiência, felicidade e o bom humor de ver Nicette trabalhando. Como ela ama trabalhar! É impressionante! Ela era a primeira a chegar, a última a sair, sempre com o sorriso no rosto, com uma fidelidade ao texto, as palavras, a ideia. Ela fazia uma cadeirante, dúbia. Fazia lindamente.

E é muito bonito quando você vê a generosidade da pessoa de conhecer o diretor que está na sua frente desde que ele tinha 14 anos e escutá-lo, quando, aos 51 anos, ele passa a te dirigir. Porque, às vezes, essa coisa da idade faz com que a pessoa pense "aquele moleque, agora tá pensando que tá me dirigindo". Mas Nicette sempre foi muito atenta a todos os meus conselhos e a todas as minhas direções. Ela era tão grande atriz que a minha função ali era apenas não estragar.

E, depois, a gente teve a enorme felicidade de continuarmos juntos no musical *Pippin*, no qual ela fazia a Rainha Berthe, avó de Pippin. Uma temporada gloriosa em que ela entrava, era aplaudida e, depois, no seu número musical, era aplaudida em pé. Coisa que raramente vi, uma atriz sendo aplaudida em pé, no meio de um espetáculo em curso. Só tenho coisas lindas para falar de Nicette, ela é realmente um dos maiores e melhores encontros da minha vida artística e da minha vida pessoal. Ela é agregadora, luminosa, ela é aquilo que eu acredito ser uma artista de teatro. Esse senso que ela traz de família é muito forte, ela traz isso para todos os elencos, pra todas as direções. Eu nunca vi em nenhum momento a Nicette triste, chateada ou trazendo algum problema para produção, seja no teatro, seja na TV, seja no ofício. Ela é talento e luz. Eu a amo muito.

CININHA DE PAULA, DIRETORA E ATRIZ

Fiquei bem triste com a partida de Nicette, mesmo sabendo que tudo aqui é só uma passagem. Por que? Porque Nicette tem uma importância capital na minha vida. Ela participou de duas viradas bem únicas. A primeira, na peça *Somos irmãs*, em que ela deu vida a Dircinha Batista, um personagem que lhe rendeu merecidos prêmios, e a segunda quando ela me recebeu no *Sitio do pica-pau amarelo*. Cheguei para substituir o Roberto Talma, que tinha implantado o projeto, só não tive a chance de trabalhar com ela no cinema, pois estava sempre com sua agenda cheia de projetos pessoais e profissionais.

Nicette, se eu pudesse lhe falar antes de você partir, ia te pedir para ficar mais um pouquinho, pois com certeza você modificaria a vida de outros artistas. Te diria também do amor e gratidão que tenho por você e te diria ainda que você é responsável pela respeitabilidade da carreira do artista, pois neste mundo da intolerância, você se fez presente por sua figura família, mãe e grande dama da ARTE! Hoje graças a você não somos uns quaisquer, somos artistas, filhos de Nicete Bruno!

CLAUDIA RAIA, ATRIZ, DANÇARINA, CANTORA, PRODUTORA

Eu tinha uma relação muito próxima com Nicette. Trabalhamos juntas várias vezes. Fizemos várias novelas juntas e aí ela se tornou uma amiga pessoal muito querida. Ela acabou adotando meus filhos como netos dela. Enzo e Sophia chamavam ela de vovó Nicette. Estive muito ao lado dela na época do Paulo. Tenho uma história maravilhosa com Nicette. Estávamos fazendo a novela *Ti Ti Ti* e a gente tinha uma cena, que era uma cena de comédia e, de repente, no meio, eu caia aos prantos, afundada no lodo. Uma cena difícil de se fazer, com um movimento difícil de atriz. E naquela época eu estava tomando antidepressivo, por causa da minha separação do Edson. Foi a primeira vez que eu tomei antidepressivo e a última também. Eu estava meio anestesiada, sem emoção. Quando fui ensaiar a cena com Nicette, eu percebi que eu não conseguia acionar nenhuma emoção. Aí eu pensei: "Meu Deus do céu, o que que vai ser dessa cena!".

Então nós duas entrávamos por uma porta. Ela percebeu que eu estava aflita e me perguntou: "O que que foi, meu amor"? E eu disse a ela que eu estava apavorada porque não sabia se ia conseguir chegar emoção da cena, contei que estava sem ferramentas, por causa do antidepressivo. Ela me disse: "Não se preocupe meu bem. Você é uma atriz com muitos recursos e toda sua emoção está aí, dentro de você, não se preocupe em ir atrás dela. Deixa ela simplesmente fluir, porque tenho certeza que você vai fazer uma linda cena". Aquilo me deu uma segurança, vindo de uma mulher tão sabia, amorosa, generosa, preocupado com o outro, tão empática.

Foi linda a cena. Na hora veio uma explosão de choro que veio de nem sei de onde. E Nicette sempre tinha uma palavra de carinho, sempre um sorriso, sempre uma mão estendida para você, seja no trabalho, seja na vida. Eu me apeguei muito a ela. Ela era capricorniana igual a mim e o Paulo também. Nós brincávamos dizendo que nós éramos chifrudos. Eu sempre estive muito perto dela durante muitos anos. E eu tinha uma grande relação com a família dela também. Trabalhei muito com Paulinho, que foi um grande companheiro de dança. Tenho um enorme afeto pela família toda. É aquela família que a gente quer fazer parte dela porque todos são incríveis. Nicette é um ser humano que faz muita falta no mundo.

CLAUDIO BOTELHO, DIRETOR E VERSIONISTA

Eu gosto de falar da Nicette dos musicais. Eu já tinha visto esta atriz extraordinária que é a Nicette Bruno no teatro e muitas vezes na televisão e sempre tive um fascínio enorme por essa família de atores incríveis! Nicette, o grande Paulo Goulart, Betinha, Bárbara, Paulinho... Uma família inteira que faz teatro e que sempre me emocionou muito. A primeira vez que vi Nicette no teatro foi no musical *Somos irmãs*, de Sandra Louzada, com direção de Cininha de Paula e Ney Matogrosso. Um dos musicais brasileiros autorais mais bonitos e perfeitos que já foi encenado. Esse musical feito em 1998 conta sobre a vida das irmãs Batista. Elas, quando jovens, no seu auge da carreira, eram interpretadas por Claudia

Neto e Claudia Lira. E já mais velhas, num momento muito difícil de suas vidas, a Linda era feita pela divina Suely Franco e a Dircinha por Nicette. Eu já estava acostumado a ouvir Suely Franco cantar nos musicais, mas eu não sonhava que a Nicette podia cantar também.

Eu me emocionei muito com ela em *Somos irmãs* e me lembro que assisti mais de dez vezes o espetáculo, e olha que não sou de ficar repetindo teatro! Nicette com uma dor, com uma emoção. A canção que ela cantava era um tiro, porque ela fazia de um jeito muito próprio. Ela, como é uma grande atriz, puxava para a canção toda sua emoção de intérprete. Toda a verdade que a canção podia trazer deixava de ser apenas notas musicais e passava a ser um texto de teatro. A Nicette é uma cantora de teatro da maior qualidade.

Depois de *Somos irmãs*, acredito que Nicette voltou a fazer musical, só comigo e com o Charles Moeller. Ele arrebentou fazendo nossa montagem de *Pippin*, papel de Berthe, avó de Pippin. Quem interpretou esse personagem nos Estados Unidos, foi Martha Raye, uma das maiores atrizes cantoras da história da Broadway. Nicette não deixou a desejar, ela estava extraordinária. Tanto que o autor Stephen Schwartz, que esteve aqui no Brasil, ficou super encantado com Nicette. Ele ficou muito emocionado em saber o tamanho da carreira e da história da Nicette no teatro.

Em Pippin, o teatro brasileiro inteiro estava todo ali, representado dentro da Nicette Bruno. Ela é, das colegas que tive o prazer de dirigir, uma das mais importantes no meu coração, mais sensíveis à direção, mais correta no sentido de acreditar no que o diretor diz. E de realmente tentar tirar da frente dela todos os truques que ela sabe e que ela tem a propriedade de conhecer e jogar para o personagem uma nova verdade, uma nova cara de alguma coisa que ela não tenha feito. Isso aconteceu em *O que teria acontecido a Baby*, onde ela fazia Blanche Hudson, no cinema foi interpretada por Joan Crawford. A personagem tinha uma fúria final que vinha de dentro da

Nicette, um furor, um furacão de ódio. Um pedido meu que fosse revelado no final, já que o personagem tinha uma cadência calma. Nicette encontrou ali um momento de raiva, de ódio, de rancor, extraordinário. Foi um dos momentos mais bonitos da Nicette no teatro e espero que eu e Charles fiquemos muitos anos trabalhando com essa diva no teatro.

CRISTIANA OLIVEIRA, ATRIZ E EMPRESÁRIA NO RAMO DE COSMÉTICOS

Nós trabalhamos juntas em Salve Jorge, novela de Glória Perez, em 2012, na Rede Globo. A lembrança que eu tenho dela é muito doce. Aquele sorriso lindo dela sempre passando uma boa energia com calma. E eu tive uma experiência com ela e Paulo no camarim, na sala dos atores. O Paulo com aquela sabedoria linda dele, uma sabedoria consciente e Nicette numa admiração por ele e eu numa admiração pelos dois. Depois, em 2015, nós fomos entrevistadas juntas por você no talk show "Mulheres fora de cena", no Village Mall, no Rio de Janeiro. E a lembrança que me vem à cabeça é da calma e da serenidade dela. Ela acalmava o coração de quem estava à sua volta.

CRISTINA PEREIRA, ATRIZ

Conhecia Nicette Bruno há muitos anos, claro! Do Teatro, dos tempos do Paiol, da televisão em seus inúmeros trabalhos. Nos aproximamos mais um pouco quando tive a honra de trabalhar com Paulo Goulart, pela segunda vez, no Teatro dos Quatro, naquele que seria seu último espetáculo, acredito que foi, " Abalou Bangú", uma comédia do Flavio Marinho em que eu fazia par com ele, um casal muito divertido. Na ocasião ela me deu um presente muito bonito e escreveu no cartão de madeira: "Cristina, que seja uma temporada muito florida".

O presente, um quadro com três vasos de flores, e o cartão estão na minha sala, num lugar especial. Nicette para mim representa acolhimento, hospitalidade, afeição. Em 2017, fiz uma novela ao seu lado, sendo sua irmã, junto com Elisabeth Savala e então nossa aproximação foi mais profunda. Tive o privilégio de sua convivência nos estúdios por quase um ano de trabalho ininterrupto, dentro de um cenário profundamente afetivo, onde passávamos todas as cenas do dia, com muito prazer. Ela sabe tudo sempre! Domina o texto e todas as possibilidades como a grande atriz que é, experiente, e isso passa uma segurança muito grande para quem está ao seu lado em cena.

Sempre muito afetiva, me convidou na noite da estreia para jantar com ela em sua casa. Ela tem uma grande alegria em receber as pessoas e oferecer o que tem de melhor e agregar a todos por mais diferentes que sejam. Na época, apesar de termos algumas posições políticas diferentes, ela sempre me ouviu com atenção, emitindo a sua opinião, mas ouvindo sem preconceito a do outro, coisa muito rara naquele momento. Tenho respeito e admiração pela Nicette, uma mulher forte, determinada, líder de uma família e uma grande atriz! Receba meu carinho!

DHU MORAES, ATRIZ E CANTORA

Conheci Nicete Bruno pessoalmente em 1985, quando trabalhamos juntas na série da Globo *A tenda dos milagres*. Muito antes desta data, já admirava seu excelente trabalho como atriz. Entretanto, a partir de 2001, quando iniciamos o grande sucesso que foi o *Sítio do pica-pau amarelo*, consolidamos uma amizade profunda e duradoura. Estreitamos laços e pude verificar suas grandes virtudes. Mulher de grandes princípios e valores morais e de caráter e integridade absoluta. Esposa e mãe dedicada. Sempre alegre e sorridente mostrando seu encantamento pela vida. Generosa, parceira e companheira de todas as horas.

Em alguns momentos de minha vida, pude comprovar alguma destas qualidades. Uma delas foi quando, por motivos particulares, informei-lhe que não poderia comemorar meu aniversário. Ela prontamente me fez um convite irrecusável. Estaria disponibilizando para dez convidados meus a sua residência na Lagoa. Foi uma festa irretocável e inesquecível.

Tudo feito com amor e muito requinte. Pude levar familiares e amigos e comemorar com ela e seus familiares. Destaco também sua mãe, a quem tive o imenso prazer de conhecer. Nicete Bruno, depois de minha mãe, é uma das pessoas que mais ri das minhas brincadeiras e palhaçadas. Sou eternamente grata a Deus por tê-la como amiga.

DUCA RACHID, AUTORA

Nicette é um patrimônio da nossa cultura. Ela é a própria história do teatro brasileiro. Aos 14 anos, já era atriz profissional na companhia Dulcina-Odeon, da Dulcina de Moraes. Aos 17 anos, já tinha um teatro "O Teatro Alumínio". Nicette trabalhou em quase todas as companhias de teatro brasileiro. Além disso ela formou outros profissionais, dando aulas de teatro em Curitiba. E não só no teatro, Nicette também deixou sua marca no cinema e na televisão. Eu mesma tive a honra de escrever para Nicette no *Sítio do pica-pau amarelo* e nas novelas *O profeta*, *Joia rara* e *Órfãos da terra*, em que ela teve como parceiros o Marcelo Médici e a Luna Martau. Era um trio de atores de sonho! Maravilhosos!

Uma atriz excepcional, em qualquer gênero e qualquer veículo. Uma profissional amada por todos os colegas. Muito dedicada e amorosa. Nicette, quando eu crescer, quero ser como você!

EMANUELLE ARAÚJO, ATRIZ E CANTORA

Dona Nicette tinha uma energia de luz absurda! Sempre que eu cruzava com ela, parecia que eu percebia aquela luz ao redor da sua aura. Meu primeiro contato foi com "Seu" Paulo. Ele estava na minha primeira novela, que foi *Pé na jaca*, em 2006, na Rede Globo. Nós, depois, nos reencontramos em *Cama de gato*, em 2009. Nós conversávamos muito e falávamos muito de questões espirituais, que eu também gosto muito.

Quando eu encontrei Dona Nicette na novela *Orfãos de terra*, em 2019, eu contei um pouco para ela da minha afinidade com "Seu" Paulo e ela falou que eles tinham muito fascínio por jovens atores. Falei para ela que, na época em que eu comecei, na minha primeira novela, ele me deu várias dicas de televisão. Ela falou que eles adoravam passar um pouco do ofício para jovens atores. Nós não contracenávamos em *Orfãos da terra*, ela fazia parte de um outro núcleo, mas era maravilhoso dividir camarim com ela. Ela sempre estava toda arrumada, bonitinha, esperando com muita paciência.

Fazer novela não é uma coisa fácil e era muito interessante ver aquela atriz estupenda, de tantas obras que a gente já tinha assistido no teatro e na televisão, ali aguardando na maior tranquilidade. Às vezes a gente fica muito impaciente com essa correria e espera de novela, mas ela nunca. Sempre extremamente paciente, muito dedicada ao ofício. Ela contracena com meus amigos, Marcelo Medici e Luana Martau. Luana sempre me dizia que era impressionante como Dona Nicette estava sempre com o texto na ponta da língua, decorado. Como era absolutamente focada no trabalho e uma atriz, com tantos anos de carreira, dedicada dessa forma é um grande exemplo que todos nós devemos seguir. Tenho a certeza de que Dona Nicette está num lugar de muita luz, por tudo que cumpriu nessa terra, por tudo que passou para todos, ao lado do seu amor, o também querido Paulo Goulart.

EVA WILMA, ATRIZ

Guardo boas e divertidas lembranças dos momentos em que nossos caminhos se cruzaram. Na primeira vez, estávamos começando nossas carreiras de atrizes: Rio de Janeiro, Cidade Maravilhosa, capital do nosso país! Participamos de um espetáculo comemorativo no Teatro Municipal. Diretor famoso, autor brasileiro! Éramos jovens e enfrentaríamos a ousadia de aspirar uma profissão numa época em que o "normal" para as moças era o papel de boas donas de casa, profissão: do lar."

Tempos depois, já como atrizes em São Paulo, participávamos de um trabalho na televisão. 1971, TV Tupi, São Paulo. Era a primeira novela que além das gravações de estúdio, saía uma vez na semana para gravações externas. Locação! Ivani Ribeiro, grande autora, escrevera uma adaptação do livro *Meu pé de laranja lima*, de José Mauro de Vasconcelos para uma novela de TV. Sucesso, grande sucesso! Nessa época, além do trabalho na TV, nos dedicávamos aos cuidados com nossos filhos. Ao nosso papel de mãe. E nossos filhos, pequenos, se tornariam um estímulo maior ainda para o nosso trabalho.

Finalmente quando na "vida real" já éramos avós, fizemos o papel de irmãs num espetáculo, escrito por um famoso autor de cinema e produzido pela ousada dupla que apresentou no Brasil grandes espetáculos musicais: a Moeller & Botelho. *O que teria acontecido a Baby Jane* era o nome da peça. Na incrível história, éramos duas irmãs que tinham uma relação intensa de amor e ódio e, no final da história, passavam por um sensacional acerto de contas.

Foi quando na "vida real" escrevi para você uma sincera declaração de amor, que aqui transcrevo:

"Nicette, amiga querida: contracenar com você é igual a jogar bola com a melhor amiga e igual a brincar de casinha, de quando éramos crianças. Nossa relação sempre me vez sentir a maior cumplicidade. E uma prazerosa segurança.

É isso, Nicette querida, é para sempre".

FAFY SIQUEIRA, ATRIZ, CANTORA,
COMPOSITORA E HUMORISTA

Como atriz, eu bebo sempre em três fontes, toda vez que tenho que fazer um trabalho. É o Pai, o Filho e o Espírito Santo das minhas inspirações: Nicette Bruno, Marília Pêra e Nathalia Timberg. São as três pessoas para quem eu rezo. Meu último trabalho até esse livro ser feito, foi fazer a Vó Dita, personagem do Mauricio de Souza da Turma da Mônica. Esse personagem nunca sido tinha tirado do papel, para ter vida no teatro. Ela é avó do Chico Bento, da Mônica, do Cebolinha... Essa personagem foi feita por mim num grande musical chamado *Circo da Turma da Mônica*, em 2019. E, quando eu fazia a Vó Dita, toda hora eu me perguntava: Será que a Nicette faria a Vó Dita desse jeito? Será que ela vai gostar de ver isso? Isso vinha toda hora na minha cabeça!

Fora que bebo da fonte de Nicette, tem uma outra coisa que nada tem a ver com a atriz e sim com a pessoa Nicette Bruno. Muitas vezes ela abriu a casa dela para mim, sou grata ao carinho que ela sempre teve comigo, para me receber em jantares e almoços. Ela e sua família, gostam de se reunir em volta de uma boa mesa. Tem coisa mais gostosa que isso?! E para mim sempre foi muito prazeroso dividir com ela uma mesa espiritualista. Uma mesa onde a gente estava sempre rezando por um mundo melhor, ela sempre se preocupa com isso.

FERNANDA MONTENEGRO, ATRIZ

Nicette Bruno existe na minha memória, portanto na minha vida, desde 1947, quando eu, pela primeira vez, a vi na personagem "Ornella", ao lado de Dulcina, na peça "A Filha de Iorio", de D'annunzio. Por essa atuação ela recebeu, da Crítica, o primeiro Prêmio de sua carreira: "Atriz Revelação". Volto a vê-la em 1948, na montagem histórica de "Anjo Negro", de Nelson Rodrigues, com direção de Ziembinski.

Nicette segue sua vida como atriz respeitada, reconhecida, titulando todas as encenações nas quais atuou em personagens que lhe trouxeram mais de 10 Prêmios.

Nosso primeiro encontro sobre um palco aconteceu em dezembro de 1950, na peça "Altitude 3200", de Luchaire, direção de Ester Leão. Era um elenco de excelentes jovens atores, entre os quais Beatriz Segal e Fernando Torres. Nicette titulava a encenação. Estreamos nas vésperas daquele Natal. A peça não teve público, mesmo sendo apresentada no importante Teatro Copacabana. A temporada foi curtíssima e cada um de nós seguiu sua vida.

Em 1954, Fernando e eu já casados, fomos, com coragem, como tantos de nós das áreas culturais, tentar nossa sobrevivência de atores na cidade de São Paulo, que festejava seu 4º Centenário com um investimento cultural absolutamente impensável nos dias atuais. No nosso País, nunca mais vi uma gestão, nessa dimensão, atender à nossa cultura, portanto à nossa educação. A arte foi credenciada. Dimensionada. Um fenômeno. Na cidade em festa um dos espaços referenciais era o "Teatro de Alumínio", criação de Nicette e logo tendo ao lado Paulo Goulart — com quem se identificou e se perpetuou, penso, além da morte de Paulo.

Vez ou outra, Nicette e Paulo, Fernando e eu, nos juntávamos nos elencos das telenovelas. Nosso convívio sempre foi sadiamente fraterno. Fato a destacar: nunca vi Nicette sem um rosto repousado, sempre um sorriso bonito, autêntico, sem demagogia. Sempre uma adesão ao próximo. Com ela, a paz nunca esteve ausente: sua crença espiritualista era profunda.

Há um vazio na nossa esfera teatral com tantas perdas de colegas. Estamos nos despedindo. Atravessar, sobreviver a um século trágico como foi o século 20, sobre um palco, só nos honra. Portanto faço aqui, uma saudação extremamente amorosa a Nicette Bruno pelo que ela realizou em sua vida como mulher e como atriz.

Nicette, querida, ao saber que você partia dessa vida, me veio uma carência. Um susto. Uma dor. A nossa arte cênica se esvazia profundamente com esse seu adeus.

Os que a conheceram, como artista e ser humano, não a esquecerão jamais.

FRANÇOISE FORTON, ATRIZ E DIRETORA

O primeiro encontro que tive com Nicette, foi em São Paulo, em 1986, quando eu fiz *A divina encrenca*, uma peça do Geraldinho Carneiro com direção de Roberto Lage. A peça foi Teatro Paiol, que era administrado pela Bárbara Bruno, que também fazia parte do elenco. Ali mesmo, comecei uma amizade super gostosa com Bárbara e através dela, conheci seus irmãos Bethinha e Paulinho. Uma família de talentos! A vida seguiu e, em 1988, fiz na Rede Globo, à convite do diretor Roberto Talma, a novela *Bebê a bordo*, de Carlos Lombardi, onde eu fazia a personagem Gloria, filha de Nicette. Tivemos uma grande proximidade nessa novela, foi um encontro maravilhoso!

Quando eu estava de mudança de Brasília para o Rio de Janeiro, aluguei um pequeno apartamento em Ipanema, para me estabilizar e depois trazer minha mãe e meu filho Guilherme. De repente, a proprietária resolveu transformar o apartamento em apartamento de temporada e o preço aumentou muito. Fiquei desesperada porque eu não tinha como pagar um aluguel de temporada com aquele valor. Foi quando Nicette, generosamente, me convidou para morar com ela e Paulão – como eu o chamava carinhosamente. Aí me aproximei mais ainda de toda família.

Lembro-me do Paulão, um ser humano maravilhoso, alegre e brincalhão, sempre contando lindas, interessantes e divertidas histórias. Eu ficava impressionada com a harmonia e o amor que Nicette e ele tinham um pelo outro. Para mim, eles tinham uma ligação de alma! Esse período em que moramos juntos foi muito rico. Tinhamos momentos em que rezávamos juntas. Sentávamo-nos na sala e ela rezava. Não só quando acontecia algo doloroso, mas também por agradecimento às coisas boas que nos aconteciam ou pela vida. Suas palavras eram muito fortes, bonitas e delicadas sempre.

Em 1992, fiz a novela *Perigosas peruas* com Nicette, mais uma novela Carlos Lombardi, dirigida por Roberto Talma. Nós não gravávamos muito juntas, éramos de núcleos diferentes, mas sempre dávamos um jeito de nos encontrarmos no set. Em 2015, voltamos a estar na mesma novela, em *I love Paraisópolis*, e sempre arrumávamos uma brecha para tomar um café e papear. Qualquer desculpa era motivo para a gente se encontrar. E assim nossa amizade foi aumentando e se solidificando. Da amizade veio o carinho e o amor imenso que tenho por ela.

Um dia cheguei de brincadeira para os filhos dela e disse: "Vocês me autorizam a ser uma agregada da família?" Sempre foi um prazer imenso e uma felicidade enorme poder estar perto dela e da sua família. Em todos os momentos festivos sempre estive presente: aniversários, almoços, jantares... No Natal eu ficava um pouco com ela e sua família, a gente conversava e depois eu ia ficar com minha mãe e meu filho. No Ano Novo, sempre que posso, vou até ela, para sentir aquela energia boa de passagem de ano.

Quando perdi minha mãe, ela foi fundamental, porque meu deu colo, carinho e me ajudou a compreender a dor da perda. Quando fiquei noiva do Eduardo Barata, num jantar de meu aniversário, ela fez uma oração com nossas alianças, e disse palavras lindas com muita fé. Nicette é uma mulher de fé. Fé na vida. Fé em Deus. Fé nas pessoas. Sempre com um olhar diferenciado, para tudo e para todos. No meu casamento, ela ficou próxima do altar e segurou o buquê. Firme, quando necessário, sempre educada e ponderada, sem jamais levantar a voz ou comentar de alguém. Sempre alegre e positiva, e com um sorriso inesquecível. A força de um ser humano iluminado, abrindo as portas do mundo! Para mim, Nicette é um pássaro delicado, que por onde vai, leva amor. O que eu posso dizer para finalizar? Nicette, eu te amo!

> *"Dá-me uma mão a mim e a outra a tudo que existe,*
> *vamos os três pelo caminho que houver"*
>
> Fernando Pessoa.

GABRIELA DUARTE, ATRIZ

A Nicette tem o sorriso mais delicioso e sincero que já vi na vida. Nos conhecemos há muitos anos, eu era adolescente quando trabalhei e me aproximei muito da neta dela, Vanessa Goulart. Tive a sorte de participar de alguns almoços de domingo, na casa dela, com a família toda reunida. E que família linda! Era sempre um prazer estar ali com eles. Um exemplo de união, alto astral, alegria!

Alguns bons anos depois, fizemos uma novela juntas, *Sete pecados*. A princípio, não existia muita relação entre nossas personagens, mas, graças aos deuses, do meio para o final da novela, nossas personagens se cruzaram e passamos a contracenar quase que diariamente, e isso me proporcionou momentos de muita alegria e aprendizado. Nicette sempre foi uma presença tanto poderosa quanto carismática. Sua experiência e principalmente sua alegria são capazes de tranquilizar uma jovem atriz como eu era na época. Estar em cena com uma atriz como Nicete é, por si só, uma dádiva, uma aula.

Profunda e ao mesmo tempo simples na forma de se expressar, generosa e acolhedora com o colega de cena e acima de tudo, muito, muito carinhosa. A forma como ela coloca sua incrível personalidade a serviço das personagens foi e sempre será uma enorme lição para mim. Nicette é a prova viva de que, antes de ser um bom ator, é necessário ser um grande ser humano.

GIUSEPPE ORISTANIO, ATOR

Eu conheci a Nicette e toda sua família em 1979, quando fui fazer *Como salvar meu casamento*, minha primeira novela na TV Tupi. De lá para cá, especialmente na década de 80, nós desenvolvemos uma relação muito intensa, porque Nicette e Paulo dirigiam o Teatro Paiol, em São Paulo, produziam muita coisa no teatro e eu fiz muitos espetáculos com eles lá. Já fui inclusive noivo da Nicette na peça *Dona Rosita, a solteira* com direção do Abujamra. Foi uma experiência incrível, Nicette já era uma estrela consolidada, Paulinho era um garotinho, Bárbara era uma jovem já com a marca de uma excelente atriz. Fizemos também *Mãos ao alto São Paulo*, *O infalível Dr.Brochard*... Nesses períodos, muitas vezes eu ia com a Nicette para um Centro Kardecista muito bom em Curitiba do qual ela participava ativamente. Naquela época, nós fazíamos dois espetáculos no sábado e dois no domingo. Depois da segunda sessão de domingo, saíamos direto do teatro para rodoviária e lá íamos nós pra Curitiba. Nicette sempre que podia me levava com ela. Eu sempre tive uma relação de muito amor com Nicette e toda a família. Eles sempre foram muito queridos e generosos comigo.

GLÓRIA PIRES, ATRIZ

Nicette tem uma característica muito marcante, que é a alegria. Uma leveza, que considero ser o bom humor do bem viver. Interessante notar que essa mulher pequenina e frágil sempre foi, desde muito cedo, uma força da natureza, muito determinada e positiva, que soube acolher as surpresas que a vida trouxe e que, por algumas vezes, se transformaram em enormes desafios. Creio que essa disponibilidade para a vida foi o que a aproximou do teatro e das personagens que ela interpretou, sempre com grande generosidade. Ela é um exemplo de artista, mas, acima de tudo, de ser humano completo.

ISABELLE DRUMMOND, ATRIZ

Nicette foi um dos meus grandes presentes na fase do *Sítio do pica-pau amarelo*. Uma atriz de grande disciplina e que me ensinou demais. Fora o carinho, quando me levou em sua casa e cuidou de mim, como se fosse sua filha ou neta. Nunca esquecerei. Realmente fui agraciada de acompanhar de perto o seu trabalho sólido e brilhante. Minha Dona Benta. Minha querida Nicette. A amo para sempre.

ISA XAVIER, ATRIZ, INTEGRANTE DA
DUPLA ADORIO —TEATRO E DANÇA NA
PERNA DE PAU E IRMÃ DE NICETTE.

Aprendizados do meu amor eterno, Nicette.

Nicette nasceu em 07 de janeiro de 1933, em Niterói. Papai foi quem fez seu bercinho rosa e colocou, sem saber do destino, uma estrela dourada como adorno. Ali, começava a grande jornada dessa gigante estrela.

Durante 8 anos foi filha única, logo Deus mandou Rodolfo como seu irmão, porém um de seus sonhos era ter uma irmã. Tanto pediu que Deus, como sempre, não demora, capricha e ouviu seus pedidos: enviou-lhe mais 10 irmãos. Nicete era a primeira e eu a décima primeira, somando seis mulheres e seis homens.

Eu era sua irmã caçula e a única também atriz, como ela. Tivemos vários resgates familiares com nossa relação. Ela me ensinou muita coisa! A primeira é que devemos ser fortes diante dos embates da vida. Morei com ela para fazer CAL (Casa de Artes de Laranjeira) e saí de sua casa para casar, ela tinha muito orgulho disso. Para todos, me apresentava: essa é Isa, minha irmã- filha saiu da minha casa vestida de noiva. Sempre sorridente, o que era sua marca.

Um certo dia, a empregada faltou e dividimos as tarefas de casa, morávamos na Epitácio Pessoa 3100/202 e lá fui eu lavar a louça do café da manhã. Paulo organizando os copos e Ni coordenando geral. Ao lavar uma jarra de suco de cristal, ela estava rachada e não vi, coloquei a mão por dentro para passar a esponja o logo o que estava rachado, se quebrou. O sangue jorrava e meu extinto foi correr para Paulão em busca de proteção e socorro, logo Nicete veio atrás, para Isinha, para Isinha! O Paulo não pode ver sangue, ele desmaia. Ela correu para a cozinha, pegou dois panos de prato e enrolou em meu punho, que não parava de sangrar. Me levou para o Hospital da Lagoa e ao receber os pontos, que foram sete, eu ia desmaiando pós anestesia. Ela batia palmas e dizia: força Isinha, força! Nós somos fortes e nada vai nos vencer. Ali, aprendi que não importa o tamanho e as diferenças de cada um, o que importa é respeitar a individualidade, ser sempre forte, por maior que seja a dor na vida nós temos que enfrentar e mesmo que doa temos que ser fortes.

Uma outra situação foi quando Nicete sempre me ensinou a por onde passar fazer girar a economia do lugar. É muito importante esse movimento do receber e dar e isto ela exemplificava de maneira majestosa e praticava direto em suas produções de teatro e turnês.

Assim, eu e Raul, meu marido, sempre fizemos quando passamos com nossos shows e teatro nas cidades e países. Lembrando dos ensinamentos da Nicete: temos que deixar nossa contribuição por onde passarmos.

Nicete também não gostava que chorasse, muitas vezes discordava dela pois sou chorona, porém ela dizia: Isinha, quando eu era criança eu chorava por alguma situação de não sucesso e mamãe falava: Por que está chorando minha filha? Chorar resolve? Chorar adianta? Porque se adiantar nós vamos chorar juntas, pois aumenta o crédito. E assim, fico com o sentido maior de fortaleza nesta postura que me ensinou e tinha como princípios e prática de vida.

Outra lembrança boa é a positividade dela. Nunca liguei para ela e tive negativa de retorno. Sempre perguntando: Como você está, minha irmã? E ela sempre respondia: "Estou ótima, Graças à Deus!".

Outra verdade que sempre vivíamos era comemorar o aniversário 24 horas. Nicete e Paulo tinham estes hábitos e sempre entravam os aniversários deles, em janeiro, começando as comemorações à meia noite.

O medo do bicho que voa! Nicete não gostava de bichos que voavam e tinha pavor de barata. Certo dia, quando mocinha, saí para uma festa no saudoso Tivoli Park, na Lagoa. Nicete estaria chegando na última ponte aérea de São Paulo e quando chegou em casa eu havia acabado de sair. Para sua falta de sorte, apareceu, por volta de 23:50, uma barata saindo da cozinha para a sala e ela ficou totalmente amedrontada e espavorecida. Cheguei por volta das três horas da manhã e lá estava Nicete acordadinha atrás de um movelzinho que existia em sua sala, com porcelana, e ela disse: "Nossa Isinha, demorou, eu estou numa verdadeira guerra com uma barata que apareceu. Eu peguei o mata barata dei, com coragem e pavor, uma 'spraizada' nela, mas ela resiste e está viva, socorro Isinha". Foi tenso, engraçado e inesquecível. A madrugada das duas irmãs rendidas por uma barata, apenas uma barata. Ela tinha pavor! "Essa foi forte!" Nicette sempre usava essa frase. Quando a vida nos surpreendia com alguma situação, ela usava essa expressão.

Nicette sempre adorava festas e sabia receber como ninguém as pessoas queridas. Em meu casamento com Raul Farias Lima foi nossa madrinha com Paulo. Nos deu o bolo do casamento que teve uma particularidade grande: foi o bolo da minissérie *Bonitinha mas ordinária*. Ni ficou apaixonada, pois sobre o bolo havia dois passarinhos que giravam. Na Globo, funcionou! No nosso casamento, não e no dia seguinte, ela falou: "Isinha, você viu os passarinhos voarem? Não, né!". Eles não voaram e o bolo foi caríssimo por causa desses mecanismos. Que pena.

Foto três quartos: quando Nicete vinha em Petrópolis na casa do papai, sempre tirávamos fotos das irmãs e ela sempre elegante e sincera falava: meninas aprendam todos três quartos e não de frente, chapada. Ligeiramente viradinha para o lado, favorece a todos. Segredinho de uma longa carreira! Segredinhos de uma Diva.

Peculiaridades da intimidade, sempre fui sua herdeira e criei a marca que ela amava, NB Fashion, e toda vez que estávamos juntas e eu vestia uma herança sua ela dava um sorrisinho, uma piscada e eu dizia no seu ouvido: "Ni, NB Fashion", ela amava!

LEILOCA NEVES, MULTIMÍDIA

É um pássaro? Um cometa? Não, é a Nicette Bruno! (Ou: Olha a Nicette Bruno aí, gente!)

Nicette Bruno deveria vir sempre seguida de um ponto de exclamação, quem sabe ele consegue traduzir ao menos a metade do entusiasmo dessa capricorniana com ascendente em Áries. Nicette é um dínamo! Quase uma atleta, energia a mil, ectoplasma idem.

Mas vamos por parte. Corta para o final dos anos 40: meu pai, Mário Neves, conheceu minha mãe, Elody, no teatro. Faziam peças no Clube Ginástico Português, hoje Sesc Ginástico, Rio de Janeiro. E ele trabalhou com Nicette na Associação Cristã de Moços (ACM). Pena que eu ainda não era nascida e pena que ele se foi em 1975.

Ser amiga de Nicette é uma dádiva. Sempre carinhosa e com resistência física de deixar muito adolescente no chinelo! Boa companhia em todos os momentos, seja conversando, jogando buraco, indo ao teatro, ao restaurante, enfim, um ver-da-dei-ro espetáculo!

Por conta da pandemia, em 2020, nossos papos são por telefone e sempre, sempre, encontramos um motivo para gargalhar. Desde sempre, costumo dizer que não nascemos em mono, mas em estéreo, pois a Nicette, apesar de não dominar a tecnologia, nunca foi "analógica", já nasceu digital.

Sinto que nossa amizade é de vidas pregressas, pois desde que nos conhecemos, ficamos amigas. Ambas capricornianas (7 de Janeiro) com o mesmo ascendente Áries.

Impossível dissociar Nicette do querido e saudoso Paulo Goulart. Casal extremamente alegre e mega sábio. Lembro até hoje do Paulo falando sobre as pausas na interpretação. Até sua visão de marketing era surpreendente, estou falando de 30 anos atrás: você dava uma ideia, Paulo ampliava e a tornava viável em um frame. Coisas de quem tem ascendente no visionário signo de Aquário.

Os dois nasceram no mesmo ano, com diferença de dois dias, ou seja, nos seus mapas astrais, apenas ascendentes e Lua são diferentes. Com urano na Casa um, Nicette sempre comungou com a solidariedade, ajudando várias instituições, inclusive fundou a Casa da Fraternidade em São Paulo.

Além do humor intenso e do ecletismo artístico, também estava presente com Paulo e seus poemas, Nicette e seu piano. Já tive o prazer de ficar hospedada na casa deles, no Rio e em São

Paulo, e Nicette, muito vaidosa, já estava "montada" com seu salto e make, em pleno café da manhã. Puxou a mãe, filha da Libriana Nonoca, sobrinha da taurina Dedéia, avó da virginiana atriz e autora Vanessa Goulart, bisavó da geminiana Malú, para citar apenas alguns, pois a família é grande. E criativa.

Sendo Kardecistas, tenho certeza de que foi graças a esta profunda espiritualidade que ela encontrou alento para suportar a ausência do Paulo. Não tenho a menor dúvida que já são almas gêmeas eternizadas afora, inclusive a música preferida do casal sempre foi "Eu sei que vou te amar", de Tom Jobim e Vinicius de Morais. Quem sabe aqui cabe uma "licença básica", tipo "Eu sei que vou te amar, por todas as minhas vidas eu vou te amar" ...

Que sorte conviver com eles há décadas, nos nossos aniversários, no da Beth, nas reuniões que Nicette adora promover, sempre com um casting impecável.

Lembro de um almoço de domingo (raridade, estávamos só nós três), eu tinha recebido convites para um camarote no Sambódromo e os convidei.

—O que acham? Perguntei.

Resposta do Paulo, sempre com humor na veia:

—Querida, você sabe que nessa casa quem decide tudo é o Bruno. Eu sou apenas a Paulete!

Como se não bastasse o talento e tudo o mais, Nicette é, ainda por cima, a grande matriarca desta família tão peculiar e eclética.

MARCELO MÉDICI, ATOR

Falar de Dona Nicette Bruno é fazer um apanhado de toda história do teatro e da teledramaturgia no Brasil. Lembro-me de assisti-la no teatro inúmeras vezes e escolheria pontuar sua atuação no espetáculo musical *Somos irmãs* e em *O que terá acontecido a Baby Jane*. Em *Somos irmãs*, por se tratar de um espetáculo com elenco grande, era muito impressionante observá-la ao lado da espetacular Suely Franco, mesmo interpretando a mais discreta das irmãs Batista, atraindo também todos os olhares. Isso só os grandes conseguem. Em *Baby Jane*, ao lado da também sensacional Eva Wilma, novamente Dona Nicette pega a personagem mais contida, dessa vez atuando numa cadeira de rodas, que personagem exigia. Mais uma vez, ela estava imensa.

Das três novelas que fizemos juntos, em duas delas não estivemos próximos porque nóvela é assim mesmo, quando os núcleos dos personagens são diferentes, mal nos encontramos. Nessas, ela me ensinou à distância, pela elegância, profissionalismo e alegria de estar ali. Dona Nicette nunca foi vista de mau humor, de cara fechada. No nosso último trabalho, fomos mãe e filho. A Primeira coisa que ela me pediu foi que não a chamasse de Dona Nicette, prontamente obedeci. Tive essa imensa honra, privilégio e prazer de estar ao lado de uma verdadeira Dama! Tivemos cenas lindas, demos muitas risadas, e eu pude dar até alguns bombons de cereja, que ela só podia desfrutar de vez em quando, mas quando comia, o fazia com carinha de menina levada.

Essa mesma carinha estampava o rosto dela antes e depois de uma cena bem feita, engraçada. Ela se divertia de verdade, era a mais decorada de todos, pois diversão nada tinha a ver com falta de comprometimento. Ninguém tem coragem de ir para o estúdio com uma cena mal decorada quando se vai contracenar com uma rainha. Quando gravamos nossa primeira cena, ela me disse que, nessa profissão, nunca devemos esperar nada. Nem reconhecimento. Depois da novela, ela foi à minha estreia no Rio de Janeiro, e se preparava para estrear uma nova peça, como eu estaria em cartaz, então combinei de assisti-la no ensaio. Com a pandemia, tudo foi adiado, liguei para ela, novamente batemos um papo delicioso, e marcamos de nos ver. Não aconteceu. Ela é uma peça que fica sem reposição, por tudo, por tanto.

Nicette Bruno foi brilho e paz, porque teve uma vida muito bonita e mereceu cada homenagem, aplauso e afago. Eu amo Nicette Bruno.

MARCOS CARUSO, ATOR, AUTOR E DIRETOR

Nicette dignificou o significado de ser humano. Não passou pela vida, mas por vidas. Teve filhos (milhões que acarinhou), escreveu livro (volumes repletos de ensinamentos) e plantou árvore (e,em torno dela, uma floresta que só frutifica). Nicette, sinônimo: fraternidade.

MARCUS MONTENEGRO, EMPRESÁRIO E ESCRITOR

A minha relação de amizade com Nicette, começa em 1989, quando eu resolvi morar em São Paulo. Produzi o espetáculo infantil *Os desenhos animados,* com Flávia Monteiro, e o show *Fafy Siqueira ou não queira com Fafy Siqueira,* no Teatro Paiol, que era o teatro da família. Assim, a gente se conheceu e estabeleceu uma relação muito forte de amizade. Depois de dez anos, Nicette e Paulo vieram trabalhar comigo, já fazendo parte do meu casting e nós fizemos grandes montagens juntos. No Rio de Janeiro, *Sábado domingo e segunda,* de Eduardo Filippo, com direção da sua filha Bárbara Bruno e em 2006, levei para Portugal, a peça *O homem inesperado* de Yasmina Reza, com direção de Emilio de Mello. Nós viramos uma grande família, minha relação com Nicette era como a mãe e filho. Para mim, ela foi a atriz mais generosa e espiritualizada que conheci em toda minha vida. Adorava estar com Nicette constantemente, principalmente nos deliciosos almoços em sua casa, nos quais reunia amigos e familiares. Encontros muito felizes, amorosos e espiritualizados. O mundo ficou muito mais pobre sem Nicette.

MAURO MENDONÇA, ATOR

Nicette e Paulo uma vez convidaram a mim e a Rosamaria para um almoço no apartamento deles na Lagoa, no Rio de Janeiro. Eu intimei durante muito tempo para a gente repetir esse almoço algum dia! Era uma coisa maravilhosa o encontro com Nicette e Paulo e o almoço também. Um grande aprendizado encontrar-se com eles! Agora, para conhecer realmente a atriz Nicette Bruno, em uma das últimas gravações dela, ela define o que é ser ator maravilhosamente bem. Esse depoimento foi em *O cravo e a rosa*, documentário comemorativo dos 60 da minha carreira e de Rosamaria, dirigido por Jorge Farjalla. Eu sempre fui vidrado em Stanislavski, que foi um diretor russo que ficou conhecido por sua técnica usada na atuação para atores e atrizes para preparação de personagem. Nicette falou da experiencia dela, igualzinho a que Stanislavski pregava, mas falou de uma forma simples, direta e verdadeira sobre a arte de representar. Ela disse: "É uma coisa extraordinária você se despir da sua personalidade para vivenciar uma outra individualidade." Agora, como pessoa, era um ser humano adorável! Dom Paulo teve sorte! Ele não encontrou nenhuma gigante de altura, mas uma gigante como pessoa. Isso deu muita felicidade para ele e ainda os filhos incríveis e maravilhosos que tiveram—Bárbara, Beth e Paulinho. Uma belíssima página do teatro e da dramaturgia brasileira, a vida de Nicette.

MARCO RODRIGO, DIRETOR, CANTOR E ATOR

Nicette é uma atriz espetácular! Uma pessoa espetacular! Uma artista espetacular! Tive a felicidade e honra de dirigi-la em três oportunidades. No teatro, em *Somos irmãs*, e, na televisão, em *Sítio do pica-pau amarelo* e *I love Paraisópolis*, na Rede Globo. Essas experiências foram incríveis. Consegui ver de perto uma atriz talentosa, minuciosa e generosa, sempre com vontade de buscar mais, fazer melhor e com uma preocupação incrível com o outro. Uma artista que gostava de trocar e dividir conhecimentos e descobertas para poder sempre se sentir começando e aprendendo. Tinha uma busca pelo impensável, o inimaginável, o improvável, que mostrava como sua visão artística sempre queria ir além. Nunca vamos esquecer essa mulher incrível e eu, particularmente, levarei para sempre no coração os meus dias com a minha Dona Benta.

NANNY PEOPLE, ATRIZ E HUMORISTA

Falar de Dona Nicette Bruno é falar literalmente da minha vida, falar da minha história no teatro. Eu cheguei em São Paulo em 1985 e tive logo a graça de conseguir um trabalho no Teatro Paiol. Comecei na bilheteria. Fiquei no Teatro Paiol de 1985 a 1995. E fui literalmente abraçada, agraciada, protegida e formatada pela família Goulart-Bruno. Bárbara Bruno foi minha grande madrinha, convivia diariamente com ela. E Dona Nicette, bem dizer uma instituição, tive o privilégio de conhecer ela mais intimamente quando a gente fazia *À margem da vida*, eu fui sua camareira e fui diretora de cena. Durante dez anos eu trabalhei em todas as peças que ela fez no Teatro Paiol. Dona Nicette me ensinou no sentido mais empírico da palavra, profissionalismo, ética, postura, além de espiritualidade. E, tecnicamente, o trabalho dela enquanto atriz, eu aprendi observando. Enquanto eu fui camareira em *À margem da vida*, com direção de Abujamra, se eu não me engano ela estava comemorando quarenta anos de carreira, eu fui muito agraciada de ter podido aprender com ela, com a fonte de sabedoria dela. O fato d'eu fazer show na noite, foi a Barbara Bruno que me incentivou demais. Eu fui fazer um talk show na primeira boate em que comecei a trabalhar e chamei a Bárbara para ser a primeira entrevistada. Quando acabou ela me disse: "Você faz muito bem isso Nanny, devia investir nisso."

Então Dona Nicette e Bárbara Bruno me ensinaram que eu podia ser o que eu quisesse, porque ator não tem sexo. O que importa é seu compromisso com a arte, sua verdade e a sua lealdade com o palco. Isso principalmente aprendi com Dona Nicette. Às vezes ela chegava sem voz para fazer o espetáculo e a voz aparecia em cima da hora. O quesito família que eu deixei em Minas, eu me enraizei com a família Goulart Bruno. Tive o privilégio e a sorte de ter sido adotada por essa família. Tudo o que eu sei da minha vida profissional, desde fechar o borderô até toda carpintaria teatral, eu aprendi no Teatro Paiol sob a batuta da Dona Nicette, da Bárbara Bruno, da família Goulart Bruno. Eu sou muito agradecida por ter tido esse privilégio na minha vida.

Uma coisa muito tocante que aconteceu foi quando eu fiquei muito tempo sem vê-la e só fui reencontrá-la quando Seu Paulo faleceu. Ele foi velado no Teatro Municipal e eu estava em cartaz no Teatro Gazeta. Eu fui de madrugada, dar um beijo na família. Quando eu cheguei, ela me estendeu o braço e me disse: "Eu tinha certeza que você viria." E a gente se abraçou muito! Ali ficou claro que por mais que o tempo passe, nós nunca iremos perder o vínculo na vida.

Falar de Dona Nicette é como falar da minha mãe, é como falar de Hebe Camargo, é como falar de Lilian Cabral. São mulheres que me deram as mãos, me apararam, me ensinaram o caminho, é assim que se faz. Eu não me perdi de mim mesma, por causa de pessoas como Dona Nicette Bruno.

NÍVEA MARIA, ATRIZ

Falar de Nicette Bruno é falar de privilégio e gratidão. Privilégio no sentido de ter conhecido uma colega de trabalho, uma artista empreendedora, forte, corajosa, inteligente e talentosa. E gratidão como ser humano, como mãe, como mulher que sempre chegava perto de você com um sorriso, cheio de alegria, de tranquilidade, de paz, de solidariedade. E um olhar de luz, de esperança e que só num bom dia ela transmitia tudo que você precisava naquele momento. Além de ter a capacidade através de uma conversa de te dar soluções, te ajudar, aquilo que ela nem sabia que você estava sentindo. Uma mulher que eu tive o prazer de várias vezes abraçar e sentir o calor e o carinho.

PAULO GOULART FILHO, ATOR, BAILARINO E FILHO DE NICETTE

> *"A estrela d'alva/ No céu desponta / E a lua anda tonta/ Com tamanho esplendor"*
>
> Pastorinhas, Noel Rosa

Sempre que ouço essa canção lembro-me de minha mãe. Eu bem pequeno, ela com seus dedos entrelaçados aos meus e cantando para eu dormir. Sentimento de ternura, segurança, um amor infinito só de mãe. Esse sentimento permeou toda minha vida. Foi com base nesse amor que trilhei meus caminhos, eduquei meus filhos e sigo até hoje em minha caminhada. Minha mãe é um ser de luz, veio a esse mundo com um propósito muito claro, servir de exemplo! Exemplo de mulher, de mãe, de atriz, de ser humano. Sua felicidade é ver os outros felizes, através de sua arte tocou o coração de seu público e através de sua vida mostrou que é possível ser bom, fraterno e feliz. Nunca vi alguém que gosta tanto da vida. Ficar sozinha não é com ela, ela gosta de gente, de pessoas amigas a seu lado, sempre pronta a estender a mão a quem precisar. Fazer o bem sem ver a quem e sem esperar nada em troca. Tenho o privilégio de ser filho desse ser iluminado e agradeço todos os dias por isso. Sentimento maior de todos, "Amor", teu nome é Nicete!

REGIANA ANTONINI, ATRIZ, AUTORA, ROTEIRISTA E DIRETORA

E de repente, ela chegava. E parecia que o sol tinha invadido o camarim das atrizes. E com a sua alegria de sempre, ia logo dizendo: "bom dia!". E esse bom dia parecia ser mágico, porque todas nós que estávamos ali, no camarim, sorríamos e realmente acreditávamos que o nosso dia seria incrível! Em seguida, trocava sua roupa, ficava prontinha com o figurino da sua personagem. Se aproximava de mim e dizia: "Querida, você tá ótima! Que cabelo bonito, mas passa um batonzinho, vai! Vamos passar o nosso texto?" Ela adorava ensaiar, adorava estar ali! Nosso camarim era uma festa! Um evento! Sim, porque depois de passar o texto umas dez vezes, ela contava casos e mais casos. Ríamos muito! Mas ela também nos emocionava! Sim, quando falava do Paulo Goulart, o grande amor da sua vida! Falava do sentimento e da cumplicidade que um tinham pelo outro. Quando falava da sua família, seus olhos marejavam, mas de felicidade. Nunca vi a Nicette triste! Sempre firme, com pensamento positivo, com a certeza absoluta que tudo ia dar certo. "E se não desse, não era para ser. Mas, outra coisa viria e seria muito melhor". Era assim que ela pensava.

Savalla chegava, Cristina Pereira, Edvana Carvalho também, e então, nos juntávamos ao Edmilson Barros e ao Zé Carlos Moreno. Todos nós fazíamos os vizinhos que moravam na vila da novela *Pega pega*, da querida Cláudia Souto. Viramos uma família! E no meio da gravação, se alguém esquecesse o texto, ela dizia: "você tem que falar isso"! Ela sabia o texto de todos.

Nicette não podia comer doce. Mas, ela amava uma paçoca! Quando fomos gravar a festa junina da vila, eu de dieta e ela sem poder comer, por conta da glicose, ficamos com água na boca. De repente ela me fala: "ai que vontade de comer só um pedacinho de paçoca!" Não aguentei, falei: "tá bem, eu divido com você"! E fui pegar escondido, pois as paçocas eram para a cena. Dei de cara com o Danton Mello, que fazia a mesma coisa. Nicette comeu aquele pedaço de paçoca como se fosse um manjar dos deuses! Era maravilhoso estar ao lado dela.

Hora de ir embora, ela se aproximava de mim e perguntava: "Querida, como você vai embora?" Sim, ela tinha um carinho e um cuidado enorme comigo.

Amava jogar e ter amigos em casa. Eu sempre ia lá aos domingos, junto com uma turminha incrível: Rodrigo Fagundes, Wendell Bendelack, Fábio Felipe, Edmilson Barros e as vezes a Cláudia Souto. De repente, os filhos chegavam: Barbara e Paulo com a sua família. Passávamos a tarde jogando, brincando. Aí, ela servia um jantar delicioso, feito especialmente para nós. Eu me sentia em casa!

Tivemos a ideia de fazer uma peça juntos. Então, escrevi *Paredes* especialmente para ela. Cada um de nós, teria uma personagem. Seriam nove atores. Fizemos várias leituras. A direção seria do Wendell. E a cada leitura, um aprendizado. Ela tinha uma serenidade e uma generosidade quando atuava, quando lia. Eu me sentia muito mais que honrada, eu me sentia enorme! Nicette seria a protagonista do meu texto! Infelizmente, não tivemos tempo para isso. Mas a personagem sempre será dela. Ela vai, generosamente, emprestar para uma outra atriz.

Um dia, contei para ela que quando eu era criança vi a novela *A Gordinha*, que ela fazia. Minha mãe adorava a Nicette! E eu, de tabela, me apaixonei por ela também. E quando víamos o nome dela no elenco de outra história, eu pensava: "essa novela vai ser ótima! Tem a Nicette no elenco!" E Era mesmo. Cresci vendo a Nicette atuar na TV, no teatro. E ela ainda fez *Doidas e santas*, um filme cujo roteiro foi escrito por mim, pela Cláudia Gomes e pelo Pedro Antônio, era inspirado na minha peça. A personagem, dona Elda, a mãe da protagonista, era uma homenagem que fiz para minha mãe! Quando soube que era a Nicette quem ia fazer, pensei: "isso é coisa da minha mãe! Ela escolheu a Nicette!"

Nicette era iluminadíssima e tinha muita fé! Era espiritualizada, sabia que um dia, voltaria a encontrar com o Paulo, seu amor de uma vida inteira. Falava da morte não como sendo um fim, mas como uma transformação, uma passagem. Quando Nicette partiu, claro que fiquei muito triste, mas, ao mesmo tempo, pensei: "ela agora, vai se encontrar com o Paulo". Isso meio que me consolou. Dentro de mim, eu sabia que ela estaria bem. Estaria envolvida numa luz branca, ao lado do seu amor.

Nunca vou me esquecer dessa mulher, que era pequena no tamanho, mas uma "giganta" no talento, na alegria, na fé, na generosidade, na simplicidade e no amor!

Nicette, você foi e sempre será uma das pessoas mais incríveis e especiais que conheci na vida! Vai fazer muita falta! Nenhum camarim será o mesmo sem você! Luz sempre.

RODRIGO FAGUNDES, ATOR

Ter tido o privilégio de conviver com dona Nicette é certamente um dos melhores tesouros que conquistei na vida! Sempre a admirei e acompanhei seus trabalhos, no teatro e na tv, e pensava: será que um dia falarei com ela? Então, através da arte. nos encontramos, na novela *Pega pega* em 2017 e não nos separamos mais. Uma artista completa, que nos encantava com sua história e seu amor por tudo e por todos! Como sinto saudade de passar as tardes com ela ouvindo e absorvendo sua experiência e como encarava nossa profissão. Uma dama! Uma atriz completa! Uma amiga! Que bom que tivemos esse tempo juntos, e, sempre que esmoreço, me pego lembrando das nossas conversas, e sou tomado por uma força que me ajuda a ir em frente! Espero um dia reencontrá-la! E acredito que isso acontecerá! Nosso patrimônio! Para sempre Nicette!

ROSAMARIA MURTINHO, ATRIZ

A primeira vez que ouvi falar de Nicette Bruno, foi quando passei num local e vi escrito TINB, que era um pequeno teatro: Teatro Íntimo Nicette Bruno. O nome já dizia como ela trazia a carreira para sua intimidade. Depois, trabalhamos juntas para implantar a novela no cotidiano dos brasileiros e a resposta está aí: o Brasil todo conhece e passamos de colegas a amigas. Nicette tinha na sua personalidade uma coisa que acho admirável: o reconhecido afeto com que ela tratava sua família, ela passava para os colegas de cena. Não me lembro de ter trabalhado com alguém com essa capacidade de afeição que vinha dela, quando trabalhamos juntas. Frequentei sua casa e conheci uma família teatral que era a Nonoca, sua mãe, a excelente atriz Eleonor Bruno, para quem Nelson Rodrigues escrevia peças. Seu marido-companheiro em atitudes e carreira, Paulo Goulart, seus filhas Bárbara e Beth e Paulinho e os netos. Frequentar a casa de Nicette era uma coisa esperada, pois teríamos uma noite de cultura, aprendizado e, principalmente, uma noite de afetividade, o que tornava o nosso trabalho muito mais prazeroso. Que bom que podermos ter sido amigas.

SIMONE GUTIERREZ, ATRIZ

Você não pode ver o que lhe vai acontecer, nem hoje e nem amanhã. Mas você pode olhar para trás, olhar para os anos que passaram, e para tudo que lhe aconteceu, desde as pequenas coisas até os grandes acontecimentos. Eu posso afirmar que trabalhar com Nicette Bruno foi um desses grandes acontecimentos que a vida me proporcionou. Não só pelo fato de admirá-la como artista, mas por todo aprendizado que ela certamente fazia questão de nos oferecer, tão generosamente, a cada cena gravada. Com Nicette pude compartilhar experiências que me tornaram uma profissional melhor, dentro e fora de cena. Momentos únicos que recordarei para o resto da vida. Foi uma honra para mim, Nicette, e só te agradeço por ser tão abençoada.

SUELY FRANCO, ATRIZ

Conheço Nicette desde que o Paulinho tinha três anos de idade. Frequentei a Casa da Fraternidade em São Paulo, centro Kardecista que Nicette e Paulo comandavam. Eu sempre que podia ia até lá mergulhar um pouco na doutrina espírita. Nicette, além da grande atriz e a pessoa que é, tem uma tranquilade para lidar com a vida e com as coisas. Isso passa para quem está ao lado dela. Quando contracenamos juntas, ela me passa essa tranquilidade e isso dá muita segurança para gente no palco. Quando fazíamos a temporada do musical *Somos irmãs*, eu ficava impressionada com a força e o entusiasmo de Nicette. Nunca ouvi ela reclamar "estou cansada".

Fazíamos a peça de sexta a domingo. Nicette gravava no Rio O sítio do Pica-pau amarelo durante a semana e ainda todos os finais de semana. Junto com a peça, ela fazia um bate e volta para o Rio, sextas e sábados. E sempre que acabava o espetáculo, ela ainda se arrumava inteira para ir jantar com o Paulo. Impecável! Fico impressionada a vitalidade e a força que ela tem, é de se aplaudir em pé. Nicette é vida, é energia, é amor! Isso que impulsiona essa mulher!

THELMA GUEDES, ESCRITORA

O Mistério de Nicette

A primeira vez que vi Nicette Bruno em cena foi na novela *A Gordinha* exibida pela extinta TV Tupi, em 1970. Eu tinha apenas dez anos de idade e me deliciava com a personagem doce, que parecia tão ingênua, mas que, na verdade, era muito esperta, ousada e sedutora. E mesmo que a atriz não tivesse o perfil longilíneo das modelos de passarela, exibia um brilho que a tornava a mais encantadora das protagonistas da TV. Era de uma energia inspiradora, que me influenciou profundamente na infância. Eu queria ser como ela! Pois, por onde passava, em cada cena que atuava, Nicette deixava um rastro de luz. A partir de então, passei a acompanhá-la em todos os trabalhos que fazia na televisão. Mas também fui assisti-la no teatro. E a empatia que eu sentia pela atriz baixinha e carismática foi se transformando em admiração, respeito e reverência por uma intérprete de estatura máxima. Uma das maiores atrizes de sua geração.

Quando eu nem sonhava em ser autora de novelas, Nicette já era um ícone para mim. Imaginem a emoção que senti quando, em 2005, ela fez a dona Ofélia na novela *Alma gêmea*, de Walcyr Carrasco, em que eu trabalhava como colaboradora. Muitas vezes, eu ia assistir às gravações e ficava quietinha, olhando de longe, Nicette atuar. Muito profissional, séria, compenetrada, paciente e afetuosa com todos, nunca a vi ansiosa por ter que esperar para gravar, nunca a vi chegar sem ter o texto na ponta da língua, nem reclamar de cansaço, nem tratar com rispidez ou desatenção qualquer um, dentro ou fora do set de gravação. Mas sempre a vi brilhando, em todas as cenas, mesmo naquelas em que era apenas uma coadjuvante.

Quase dez anos depois, em 2014, eu já era autora e ia estrear minha quarta novela, *Joia rara*, em parceria com Duca Rachid. Convidamos Nicette a integrar o elenco e ficamos eufóricas quando ela aceitou. Nicette foi, então, a "dona Santinha", uma portuguesa rabugenta e implicante, que infernizava seu genro Arlindo, dono de um cabaré. Vê-la fazendo uma história minha, dizendo um texto meu, era ver um sonho se realizando. E mais uma vez Nicette deu uma aula de profissionalismo e de vida para todos nós, quando voltou para gravar a última da cena da novela, mesmo depois da morte de seu companheiro de uma vida inteira, Paulo Goulart, que faleceu um mês antes da novela terminar.

Inventamos uma viagem para a personagem de dona Santinha e decidimos dispensar a atriz para viver o luto. Mas Nicette fez questão de voltar para gravar o final da trama. Duca e eu participamos como figurantes nessa última cena. E nunca vou me esquecer da emoção de todos, quando o personagem Arlindo chama dona Santinha ao palco do cabaré. Nós autoras, junto com a diretora e todo o elenco, choramos ao vê-la ali, firme, forte, com aquela luz e aquele sorriso que todos conhecemos. Mesmo tendo acabado de se despedir do seu grande amor. Mas a gente sabia que aquela subida ao palco do cabaré era mais do que a volta de Santinha à trama da novela. Simbolizava o retorno de Nicette ao seu lugar no mundo: o palco, a cena, sem o qual ela não pode viver. Em 2019, a convidamos de novo para trabalhar conosco, para viver a personagem Ester, uma clássica mãe judia, que mima "seu filhinha" Abner. E mais uma vez ela aceitou nosso convite E mais uma vez pude vê-la brilhando numa trama na qual sou uma das criadoras. E mais uma vez vi meu sonho realizado.

Que Nicette Bruno é uma grande mulher e uma das maiores atrizes brasileiras todos sabem. Mas o que mais impressiona mesmo é ver que — para além do seu talento — ela tem uma luz, um brilho, uma juventude e uma beleza que não apenas se mantêm, mas crescem a cada dia. Que segredo? Que magia? Que mistério tem Nicette?

TONY RAMOS, ATOR

Quando a gente resolve falar sobre alguém tão querido, alguém que fez muito parte da sua vida profissional, com quem você conviveu, você fica buscando alguns adjetivos, para tentar explicar as qualidades dessa pessoa, para tentar falar sobre o carinho que essa pessoa sempre teve com toda uma comunidade, não somente com alguns amigos. Essa era Nicette Bruno. Eu confesso que quando fui convidado por Cacau a dar esse depoimento sobre Nicette, fiquei buscando essas palavras. Resolvi até gravar esse depoimento para ele, porque falando vou me lembrando de coisas e não vou pensando para digitar as coisas que estou pensando. Assim eu deixo fluir. Fluir aquilo que desde o instante que soube da internação de Nicette pela Covid-19, obviamente nos preocupamos, minha companheira e eu, com aquela notícia, mas evidentemente sabendo que ela era muito forte, que ela ia vencer, entramos na corrente que a própria Bethinha propôs e pediu a tantos. Mas, independente da Beth pedir, ficamos preocupados e, na mesma hora, em nossas orações, em nossos pensamentos e em nossas conversas, dizíamos que ela sairia dessa. Infelizmente isso não aconteceu.

Eu conheci Nicette, seguramente, há cerca de cinquenta anos. Não são cinquenta meses, são cinquenta anos, cinco décadas. Trabalhamos juntos na TV Tupi de São Paulo, e claro, também fizemos trabalhos na TV Globo. É uma caminhada de muitos, muitos anos. Curiosamente, não nos visitávamos com frequência, não havia essa intimidade cotidiana. Mas como eu sempre dizia para ela para o próprio Paulo, seu querido companheiro, sobre essas possibilidades que as vezes a distância faz com que não nos visitemos, faz com que não nos comuniquemos, mas eventualmente nos encontramos em algum evento, aniversario de alguém ou eventos promovidos pela própria empresa. Eu sempre dizia para ela, quando estávamos gravando, "eu me lembro do dia em que você e Paulo nos convidaram, a mim e a Lidiane, para sua casa em São Paulo". Uma casa gostosa que eles tinham perto do Butantã e do Cidade Jardim, ainda na época da TV Tupi. Fomos uma noite lá, para falar sobre vida, religiosidade, espiritualidade. Foi uma noite inesquecível! Eram bons momentos sempre que eu estava trabalhando ou quando eu me encontrava com eles, pelos nossos corredores. Sempre falávamos sobre a vida, mas a partir de uma visão espiritualista. Não sou Kardecista, não sou um homem da prática espírita, mas conheço e já li muito, fiz um filme sobre Chico Xavier, então sempre fui muito interessado e sempre conversava sobre o assunto. E como eu tenho um pensamento ecumênico muito forte dentro de mim, eu trocava essas ideias com Nicette ou com Paulo.

Eu trabalhei mais com Nicette. Ela fez minha mãe em novela, minha amiga, aquela conhecida, uma vizinha... Fez uma madre, na novela *Rosa dos ventos* na TV Tupi, em 1973, onde eu interpretava o Quico, então a versatilidade dessa atriz, me encantava. Ela era definitivamente uma grande atriz, de um carisma e de uma empatia popular. Ela entendia cada um de nós. Do porteiro da emissora ao vice-presidente da empresa, aos diretores e seus companheiros e companheiras de trabalho. Quando a gente fala isso, difícil para o leitor imaginar, mas eu creio que não será tão complicado, para entender a dimensão dessa mulher.

Nicette Bruno era uma mulher de uma dimensão que transcendia sempre isso. Amor, afeto, respeito, carinho, solidariedade, que era muito presente nela. Eu gostarei sempre de lembrar dela com aquele sorriso amplo, uma gargalhada deliciosa e sempre pronta para ouvir e, ao mesmo tempo, a gente ouvia dela grandes histórias e grandes definições. Uma excepcional mãe, uma excepcional companheira de Paulo, uma história com o Teatro Brasileiro. Eu me lembro de perguntar a ela como tinha sido a experiência dela e de Paulo em Curitiba, fazendo Teatro e Televisão. Como tinha sido sua experiência com o Teatro de Alumínio, pelo qual eu passava e ficava olhando aquele teatro emblemático em São Paulo. E ela ia narrando, assim como falava de sua família, de sua mãe, de sua avó as suas ligações com o Teatro Brasileiro. Era uma história muito rica e viva. E eu ficava ouvindo.

Sabe aquele momento que você fica aguardando para gravar? Eu realmente conversava de tudo um pouco. Falávamos de família, do dia a dia, de educação de filhos, dos netos. Era uma troca linda! E ao mesmo tempo eu fazia perguntas sobre sua carreira, por exemplo, "como era em 49, você tão jovem fazendo a peça tal". E ela me dizia. Ela era pronta para o diálogo. Uma pessoa muito especial. O Brasil perdeu uma das suas grandes atrizes, sem dúvida, o Brasil perdeu uma figura emblemática na sua cultura, sem dúvida, mas o Brasil perdeu também uma grande mãe. Ela era uma grande mãe, no sentindo de sua grande empatia com todos. Com sua preocupação com o país, a sua consciência absolutamente clara, a sua justiça, sempre presente.

Ela tinha um senso de justiça muito forte e, principalmente, a sua absoluta tolerância com tudo e com todos. Muitas saudades nos deixam e nos deixarão sempre com essas saudades. A saudade é eterna da querida Nicette Bruno. Ela com certeza está num espaço, eu sei que ela acreditava muito, recebida por Paulo e por outros companheiros. E de fato, apesar do choque dela ter sido levada tão violentamente pelo Covid-19 e tão repentinamente, que nós ficamos com essa imagem fantástica, dessa grande figura, dessa grande atriz, dessa grande pessoa, chamada Nicette Bruno. Obrigado a ela, sempre. Vivas a Nicette... Sempre!

TOTIA MEIRELES, ATRIZ

Nicette Bruno era daquelas mulheres que você olhava, conhecia um pouquinho e já queria ser amiga para sempre. Nós fizemos as novelas *Mulheres de areia* e *Salve Jorge*, mas, foi no musical *Pippin*, em 2018, que a gente conviveu mais tempo. Nós dividíamos a bancada do camarim. Era uma honra! Primeiro, eu ter tido uma atriz do quilate dela ao meu lado e, segundo, poder ver como aquela atriz se comportava. Uma universidade! E o que eu aprendi com Nicette é que atriz não tem idade, ela tem que ter cabeça aberta. Nicette era uma senhora de 85 anos totalmente moderna. Para profissão dela, para ela executar bem, ela não media esforços, ela não pensava duas vezes. Charles Moeller, o diretor do espetáculo, uma vez falou para ela, na hora de marcar a peça: "Então Nicette, você coloca a mão no sexo do menino". E ela colocava sem o menor pudor, no maior profissionalismo. Eu pensei na hora: "Meu Deus, que maravilha!" E ela ainda falava coisas picantes, lógico que brincando, e se acabava de rir, ela se divertia.

Ela ficava aproximadamente uns vinte minutos em cena no *Pippin*, num espetáculo de duas horas e meia, e roubava a cena. Nicette era ovacionada todas as noites. Só uma grande atriz, uma diva do teatro consegue isso. Fora o carisma! Ela tinha um carisma que era uma coisa incrível! Quando entrava em cena, ninguém conseguia tirar o olho dela. Por ter sido tão espiritualizada, parecia que não andava, mas que flutuava. Ela estava sempre com aquele sorriso, sempre uma palavra amiga, sempre positiva na vida. Nada era ruim. Ela sempre via o lado positivo das coisas, mesmo em situações complicadas, era uma pessoa com quem você queria conviver.

O teatro era a praia dela. Nicette convidava todo mundo para a sua casa e fazia aqueles jantares até altas horas e ela ficava lá firme e forte. Nicette gostava de viver. Isso é o que vou levar do meu último trabalho com ela: que atriz não tem idade, atriz não tem barreiras para fazer bem o seu personagem. Isso é uma lição de vida. Para mim, realmente, ela foi uma lição. Tenho muitas saudades, muitas saudades.

CRONOLOGIA

TEATRO

1945– *O fantasma de Canterville;*
1946 – *Romeu e Julieta*, como Julieta;
1947 – *3200 metros de altitude;*
1947 – *A filha de Iório*, como Ordella;
1947 – *Dias felizes;* 1947 – *Já é manhã no mar*, como Princesa;
1948 – *Anjo negro*, como Ana Maria;
1948 – *Cremont;* 1948 – *Ele, ela e o outro;*
1948 – *Fausto*, como Margarida; 1948 – *O balão que caiu no mar;*
1948 – *Os homens... O mundo é nosso*, como Clara;
1948/1949   *Trevas ardentes;*
1949 – *A megera domada;*
1949 – *As solteironas dos chapéus verdes;*
1949 – *Convite à vida;*
1949 – *Dias felizes;*
1949 – *Família;*
1949 – *Já é manhã no mar*, como Princesa;
1949 – *Mensagem sem rumo;*
1949 – *Na alcova da marquesa;*
1949 – *O amor e a morte ;*
1949 – *O Balão que caiu no mar*, como Baleia;
1949 – *Os homens;*
1949 – *O Sorriso de Gioconda*, como Dora Hutton;

1950 – Alegres canções na montanha e 3.200 Metros de Altitude;
1950 – As águas, como Edna;
1950 – Branca de Neve, como Branca de Neve;
1950 – Caminhantes sem lua, como Camila;
1950 – Contrastes, como Sonia;
1950 – O Rei Maracá;
1951 – De amor também se morre, como Tessa;
1951 – Dias felizes;
1952 – Amor versus casamento;
1952 – Senhorita minha mãe;
1953 – Improviso;
1953 – Ingênua até certo ponto;
1953 – Os amantes;
1953 – Week End, como Sorel Bliss;
1953/1954 – É proibido suicidar– se na primavera
1954 – Amor versus casamento;
1954 – Lição de botânica;
1954 – O primo da Califórnia;
1954 – Senhorita minha mãe;
1955 – Ingenuidade;
1955/1956 – Bife, bebida e sexo;
1956 – Poeira de estrelas;
1957 – A vida não é nossa;
1957 – Marido magro, mulher chata;
1957 – Os amantes;
1957 – Paixão da terra;
1957/1958 – Marido magro e mulher chata;
1958 – Casal entre aspas;
1958 – Inimigos íntimos, como Ivone;
1958 – O filhote do espantalho;

1958 – *Um francês em nossas vidas*;
1958/1959 – *Pedro Mico*, como Maria Aparecida;
1959 – *A compadecida*;
1960 – *Pedro Mico*;
1961 – *Inimigos íntimos*, como Ivone;
1961 – *Pedro mico*;
1962 – *Paixão da terra*;
1962 – *Zefa entre os homens*, como Zefa;
1963 – *O boi e o burro no caminho de Belém*;
1963 – *Um elefante no caos*;
1964 – *A megera domada*;
1965 – *O santo milagroso*;
1965/1966 – *Escola de mulheres*, como Inês;
1967 – *Boa tarde, excelência!*, como Felícia;
1968 – *As criadas*;
1968 – *O olho azul da falecida*;
1968 – *Os últimos*;
1973/1974 – *Os efeitos dos raios gama sobre as margaridas do campo*;
1974 – *O prisioneiro da segunda avenida*;
1974 – *Papai, mamãe & cia*;
1976 – *Classe média, televisão quebrada*;
1976 – *Papai, mamãe & cia*;
1978 – *Casal classe média, televisão quebrada*;
1980 – *Dona Rosita, a solteira*;
1980/1981 – *Mãos ao alto, São Paulo!*;
1982 – *Os efeitos do raio gama nas margaridas do campo*;
1982/1983 – *Agnes de Deus* – Madre Mirian Ruth;
1984 – *Ao papai com dinamite e afeto*;
1984 – *Boa noite, mãe*;
1985 – *Flávia, cabeça, tronco e membros*;

1985/1986 – *Trilogia da louca*;
1986/1987 – *A casa de Bernarda Alba*, como Pôncia;
1987 – *Aviso prévio*;
1988 – *À margem da vida*;
1989/1990 – *Meu reino por um cavalo*;
1990 – *Flávia: cabeça, tronco e membros*;
1991 – *Céu de Lona*, como Paloma;
1993 – *Ulf*; 1994 – *Enfim sós*;
1996 – *Gertrude Stein, Alice Toklas & Pablo Picasso*;
1996/1997 – *Roque Santeiro, o musical*;
1998/1999 – *Somos irmãs*, como Dircinha Batista;
2000 – *Crimes delicados*;
2003/2004 – *Sábado, domingo e segunda*;
2005 – *As alegres canções da montanha*;
2006 – *O homem inesperado*, como Marta;
2008 – *O homem inesperado*;
2010 – *O homem inesperado*;
2011 – *A tempestade* ;
2014 – *Perdas e ganhos*;
2016 – *O que terá acontecido a Baby Jane?*, como Blanche Hudson;
2018 – *Pippin*, como Berthe;
2020 – *Quarta–Feira, sem falta, lá em casa*.

TELEVISÃO

1952 – Grande Teatro Monções: *De amor também se morre*, como Tessa;
1952 – Grande Teatro Monções: *Festim diabólico e A corda*;
1952 – Grande Teatro Monções: *Fugir, casar ou morrer*;
1952 – Grande Teatro Tupi: *De Nova York para Detroit*;
1952 – Grande Teatro Tupi: *Esquina perigosa*;
1952 – Tele– Comédia Tupi: *Senhorita minha mãe*;

1953/1954 – Teatro Nicette Bruno;

1955 – Teatro de Abílio Pereira de Almeida: *O primo da Califórnia*;

1955 – Teatro do Rio da TV Rio: *Ciúme*;

1956 – Teatro de Comédia Piraquê TV Tupi: *Casamento no Uruguai*;

1956 – Teatro de Comédia Piraquê TV Tupi: *Chuvas de verão*;

1956 – Teatro de Comédia Piraquê TV Tupi: *Feia*;

1956 – Teatro de Comédia Piraquê TV Tupi: *Felisberto do café*, como Dulce;

1956 – Teatro de Comédia Piraquê TV Tupi: *Não mate o seu marido!*;

1956 – Teatro de Comédia Piraquê TV Tupi: *O Sabe-tudo*, como Ester;

1956 – Teatro de Comédia Piraquê TV Tupi: *O último Guilherme*;

1956 – Teatro de Comédia Piraquê TV Tupi: *O urso*;

1956 – Teatro de Comédia Piraquê TV Tupi: *Para servi-la, madame*;

1956 – Teatro de Comédia Piraquê TV Tupi: *Pivette*;

1956 – Teatro de Comédia Piraquê TV Tupi: *Sol de primavera*;

1957 – TV de Comédia Tupi: *É proibido suicidar– se na primavera*;

1957 – TV de Comédia Tupi: *O amor que não morreu*;

1957 – TV de Comédia Tupi: *O maluco nº 04*; 1957/1958 – TV Paulista: *Marido magro, mulher chata*,

1958 – Grande Teatro Tupi: *ciúme*;

1958 – Grande Teatro Tupi: *De amor também se morre*, como Tessa;

1958 – Grande Teatro Tupi: *Um soldado em Nova York*;

1958 – *Suspeita*;

1959 – Grande Teatro Tupi: *Os enamorados*;

1959 – Grande Teatro Tupi: *Que o céu a condene*;

1959 – TV Continental: *Isto é estória*; 1959 – *O Guarani*;

1959 – Teatro câmera um: *Morte de encomenda*;

1959 – Teatro câmera um: *Os olhos do cadáver*;

1959 – TV Continental: *Teatro de ontem*;

1959 – Teledrama TV Continental: *Um bonde chamado desejo*, como Blanche Dubois;

1959/1960 – TV Continental: *Teleteatro das quartas feiras*;

1959/1963 – TV Continental: *Dona Jandira em busca da felicidade*, como Dona Jandira;

1960 – Teledrama TV Continental: *Quatro destinos*;

1966 – *A noiva do passado*;

1967/1968 – *Os fantoches*, como Estela;

1968/1969 – *A muralha*, como Margarida Olinto;

1968/1969 – *Legião dos esquecidos*;

1969/1970 – *Sangue do meu sangue*, como Clara;

1970 – *A gordinha*, como Mônica Becker;

1970/1971 – *O meu pé de laranja lima*, como Cecília;

1971/1972 – *A fábrica*, como Clara;

1972 – *Signo da esperança*, como Luísa;

1972/1973 – *Camomila e bem-me-quer*, como Margô;

1973 – *Rosa dos Ventos*, como Madre Maria das Neves;

1973/1974 – *Divinas & maravilhosas*, como Helena;

1976/1977 – *Papai coração*, como Sílvia;

1977 – *Éramos seis*, como Dona Lola; 1978/1979 – *Salário mínimo*, como Zilda;

1979/1980 – *Como salvar meu casamento*, como Dorinha;

1981 – *Obrigado, doutor*, como Irmã Júlia;

1982 – *Sétimo sentido*, como Sara Mendes;

1983 – Caso Verdade TV Globo: *Chico Xavier, um infinito amor* ;

1983 – Caso Verdade TV Globo: *Procura-se amor*;

1983 – *Louco amor*, como Isolda Becker;

1983 – Quarta Nobre TV Globo: *O fantasma de Canterville*, como Mary Anne;

1984 – *Meu destino é pecar*, como Clara Castro;

1985 – Caso Verdade TV Globo: *Cartas marcadas*;

1985 – *Tenda dos milagres*, como Joana;

1986 – *Selva de pedra*, como Fanny Marlene;

1988/1989 – *Bebê a bordo*, como Branca Ladeira;
1990 – *Rainha da sucata*, como Neiva Pereira;
1992 – *Perigosas peruas*, Vivian Bergman;
1993 – *Mulheres de areia*, Julieta Sampaio Juju;
1994 – *Incidente em Antares*, como Lanja Vacariano;
1995 – *A próxima vítima*, como Nina;
1995 – *Engraçadinha... Seus amores e seus pecados*, como Zezé;
1997 – *O amor está no ar*, como Úrsula Souza Carvalho Uchoa;
1998 – *Labirinto*, como Edite;
1998 – *Mulher: amor secreto*, como Diná Brandão;
1998 – *Mulher: de braços abertos*, como Diná Brandão;
1998 – *Mulher: ninho vazio*, como Diná Brandão;
1998 – *Sai de baixo*: "Sexta, sábado e suingue", como – Ivone;
1999 – *Andando nas nuvens*, como Judite Mota;
1999 – *Flora encantada*;
1999 – *O belo e as feras: desgraça pouca é bobagem*, como Eleonora;
2000 – *Aquarela do Brasil*, como Glória;
2000 – *Brava gente: o santo e a porca*, como Benona;
2000 – *Você decide: a volta*, como Zélia;
2001/2004 – *Sítio do pica-pau amarelo*, como Dona Benta;
2004 – *Xuxa no mundo da imaginação*;
2005/2006 – *Alma gêmea*, como Ofélia Santini;
2006 – *A diarista*: "Quem rouba tem!", como Jane;
2006/2007 – *O profeta*, como Tia Cleide;
2007/2008 – *Sete pecados*, como Dona Juju;
2008 – *Dicas de um sedutor: amor não tem idade*, como Rosa;
2008 – *Especial fim de ano: Nada fofa*, como Dona Nice;
2010/2011 – *Ti Ti Ti*, como Júlia Spina;
2011/2012 – *A vida da gente*, como Iná Fonseca;
2012 – *As brasileiras*: "A mamãe da Barra", como Isaura;

2012/2013 – *Salve Jorge*, como Leonor Flores Galvão;

2013/2014 – *Joia rara*, Santinha;

2015 – *I love Paraisópolis*, como Izabelita;

2016 – *Criança Esperança especial*, como Dona Benta;

2017/2018 – *Pega pega*, como Elza Mendes da Silva;

2018/2019 – *Malhação: vidas brasileiras*, como Estela Santos;

2019 – *Órfãos da terra*, como Ester Blum;

2019/2020 – *Éramos seis*, como Madre Joana.

CINEMA

1947 – *Querida Suzana*;

1952 – *O canto da saudade: lenda do Carreiro*, como Nicette Bruno;
1953 – *Esquina da Ilusão*, como Iracema;

1972 – *A marcha*, como Lucila;

1998 – *Vila Isabel*; 1998 – *Zoando na TV*, como Dona Xênia;

2002 – *Seja o que Deus quiser!*, como Velha maluca;

2008 – *A guerra dos Rocha*, como Nonô;

2010 – *A casa das horas*, como Mrs. Celeste;

2016 – *Doidas e santas*, como Elda;

2018 – *O Avental Rosa*, como Dona Tereza;

"Com amor é como temos que levar a vida.
Com amor é que conseguimos superar tudo.
Com amor é que a gente muda nossas relações.
Com amor é que construímos uma família.
Com amor é como devemos olhar para o outro.
Com amor a gente consegue morrer em paz.

E por isso, tenho a certeza de que quando eu deixar esse plano, eu vou tranquila, porque tudo na minha vida sempre se resumiu a uma só palavra: amor".

Nicette Bruno

FOTOS

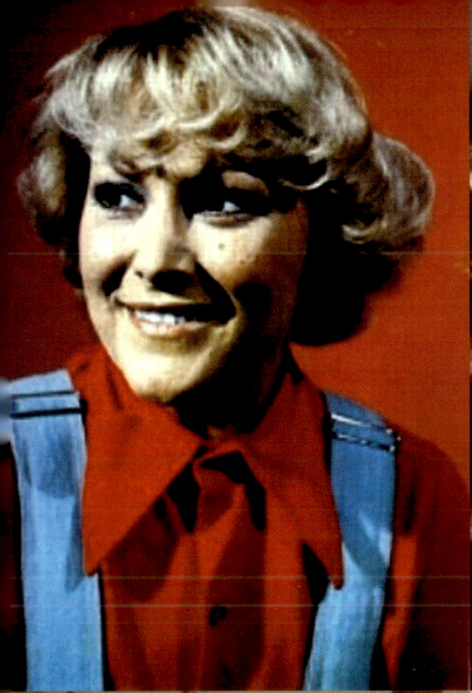
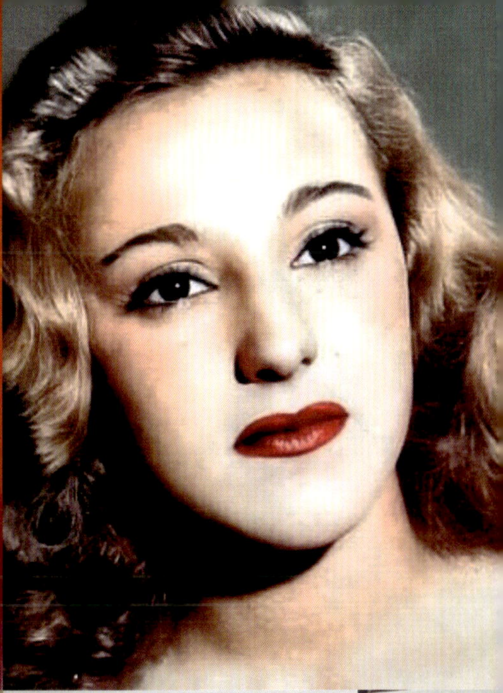
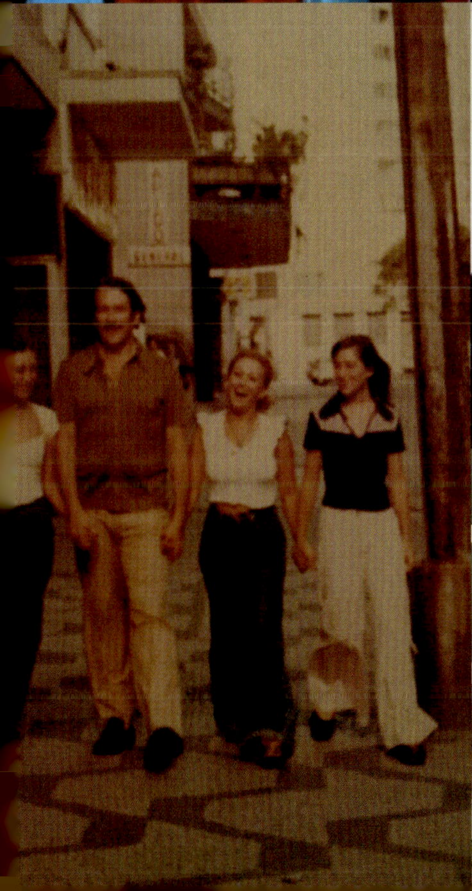
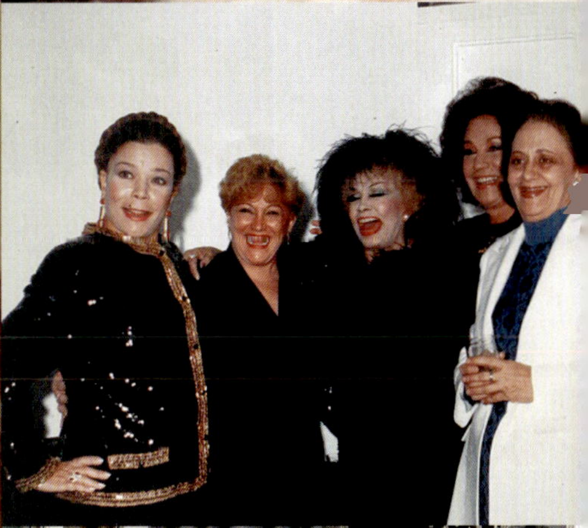
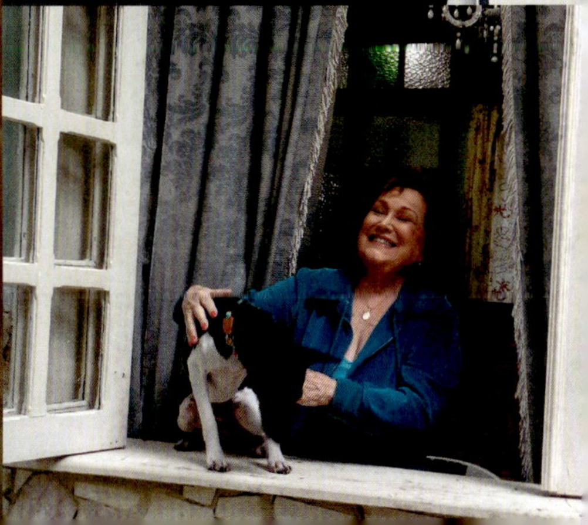

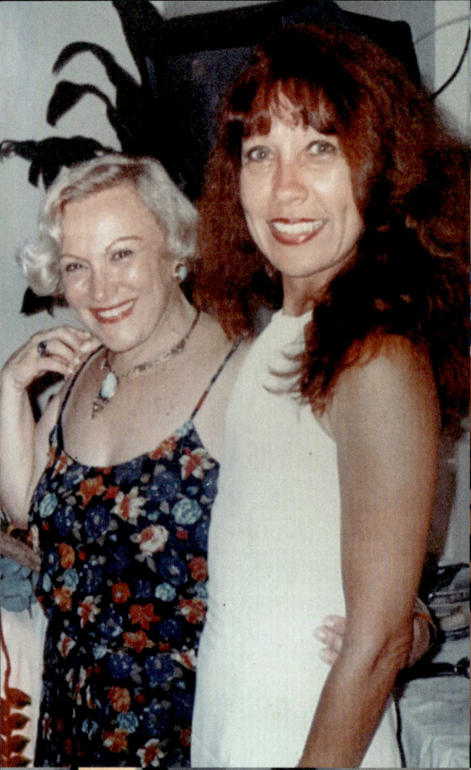
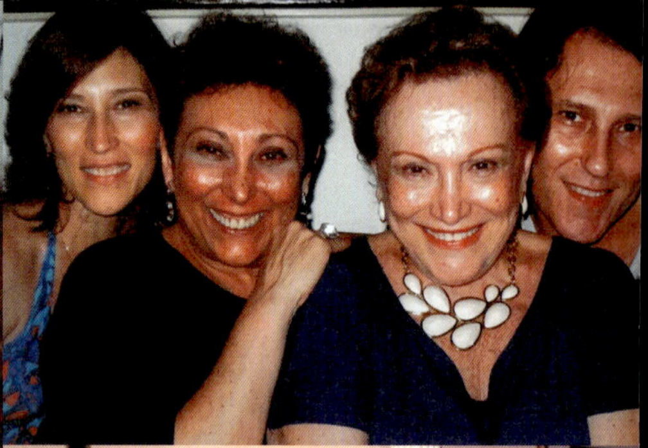
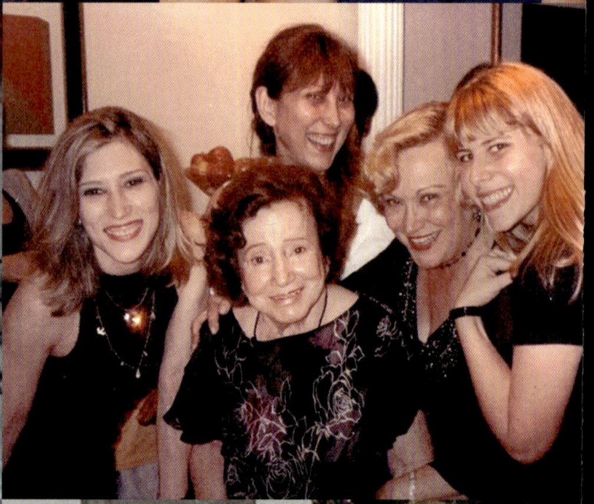
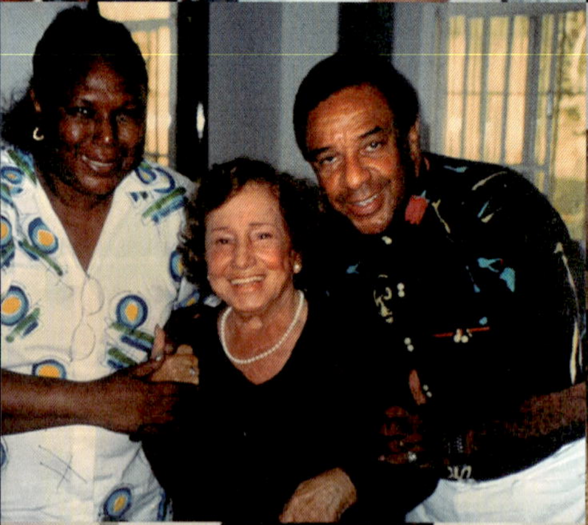
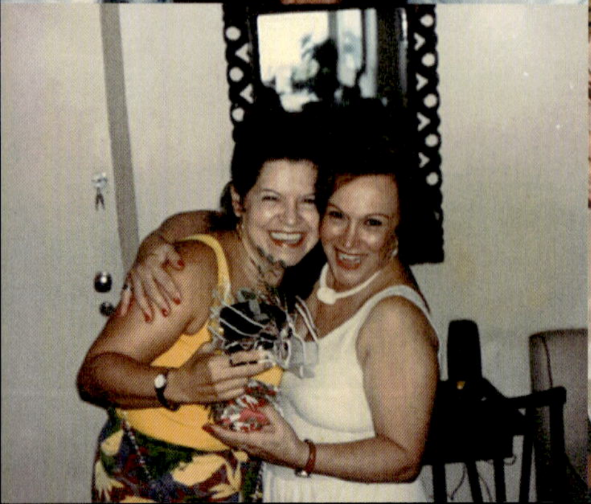
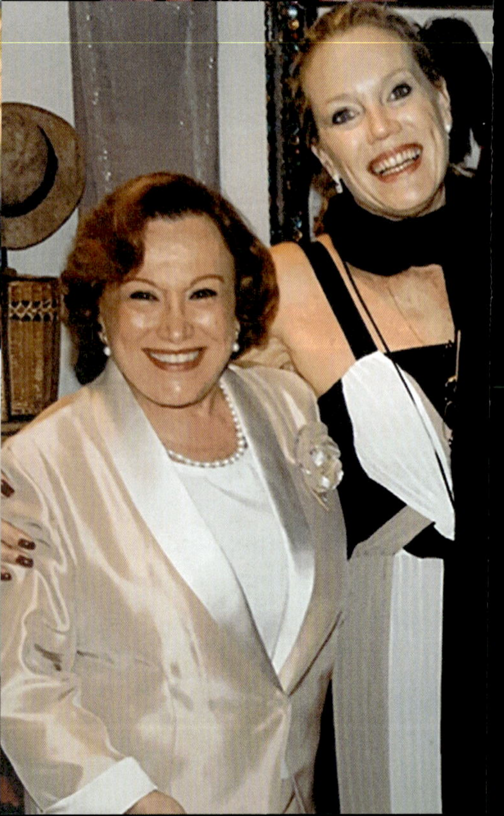

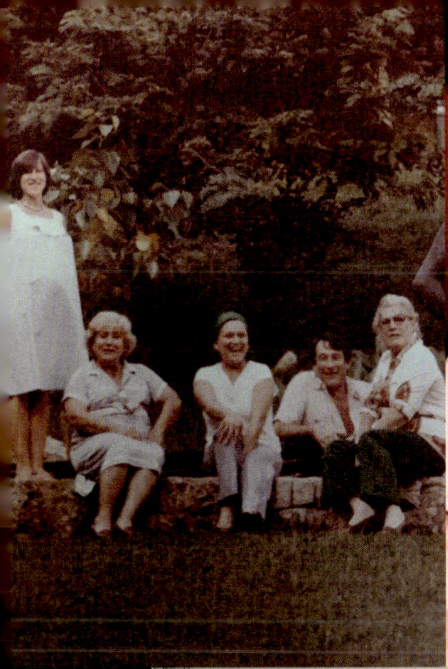
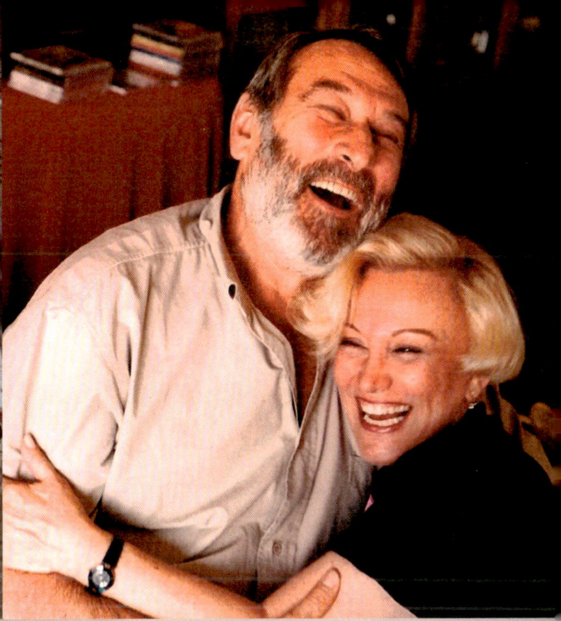
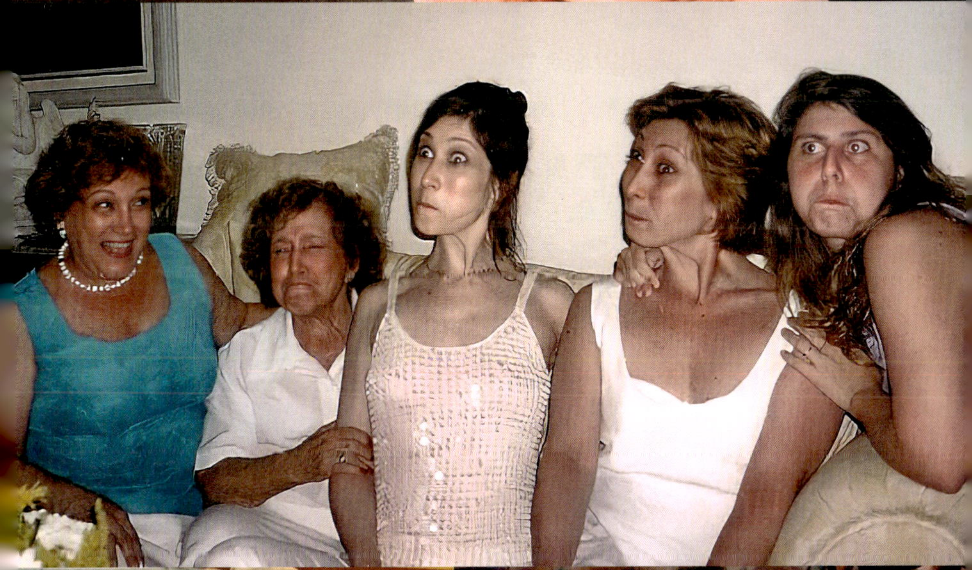
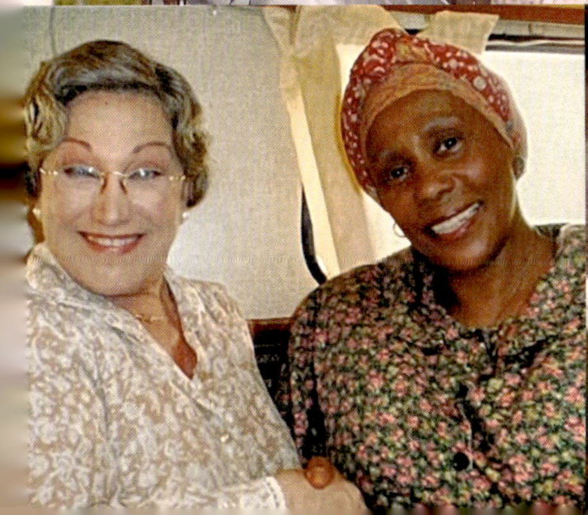
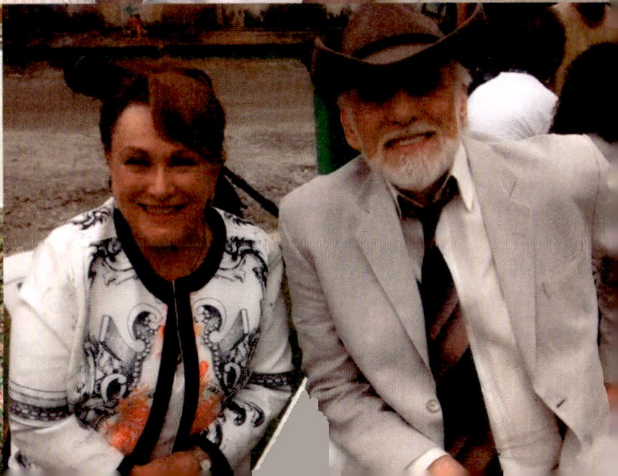

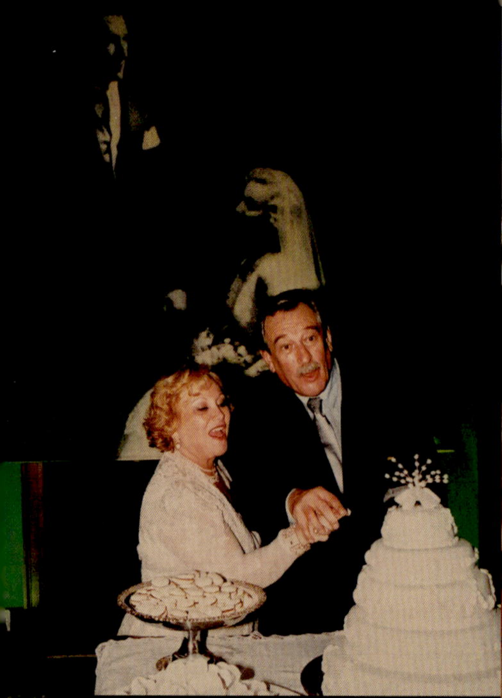
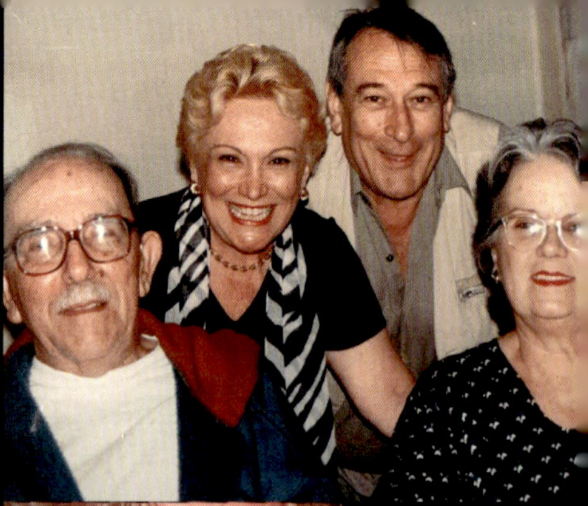
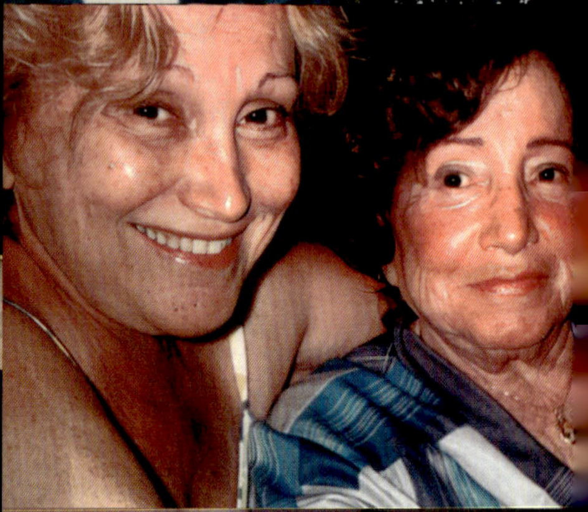
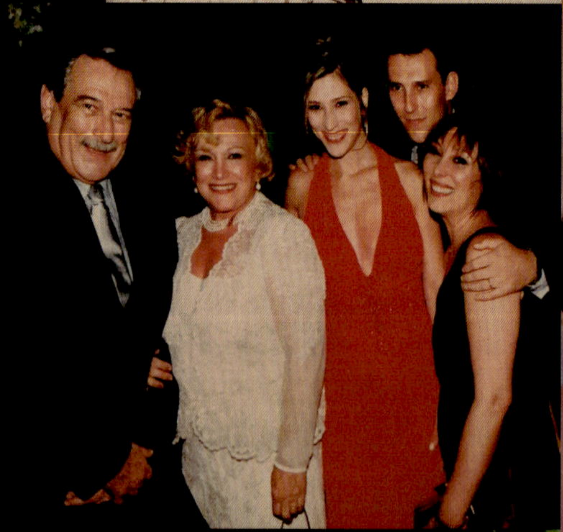
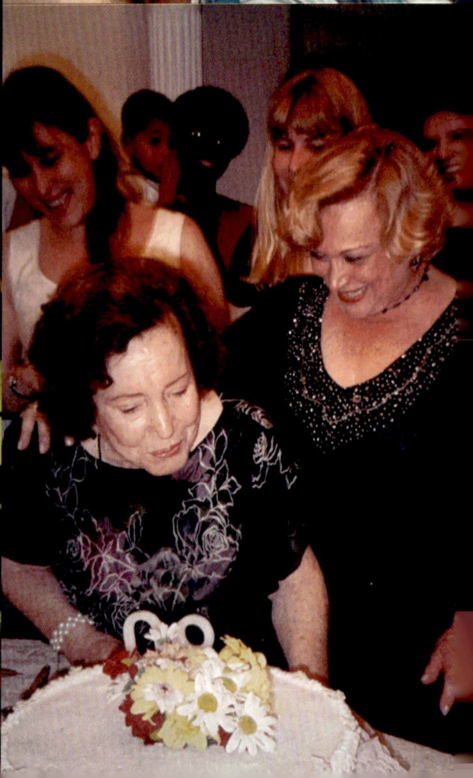
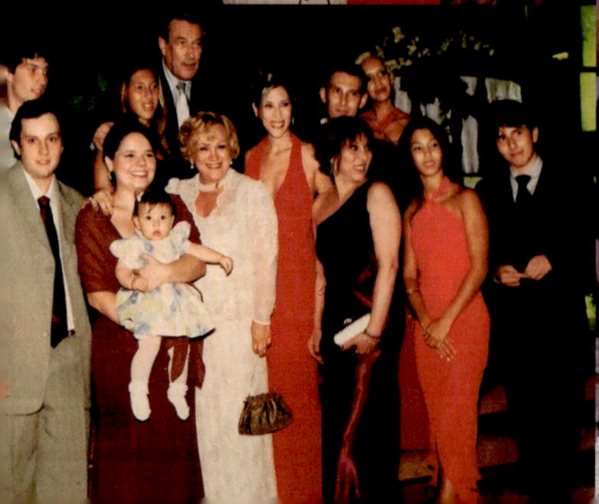

3º PRÊMIO
APTR